I. GEOFFROY

Un Mois en Italie

DIJON
IMPRIMERIE DARANTIERE
Rue Chabot-Charny, 65

1909

AU LECTEUR

L'ACCUEIL bienveillant que mes amis ont réservé au récit de mon excursion en Espagne m'a engagée à revoir les notes prises il y a quelques années, à les classer et à les imprimer.

Puissé-je faire partager à mes lecteurs les émotions variées que j'ai ressenties à la vue de ces antiques cités italiennes, célébrées par la lyre de poëtes immortels.

I. G.

Paris, 26 Juillet 1908

CHAPITRE I

RÉGION DE L'EST

A la fin d'août 1899 nous employâmes nos vacances à visiter les principales villes d'Italie. Ce délicieux voyage nous laissa un souvenir ineffaçable par la beauté des sites, l'élégance des villes et l'agrément de la société en la compagnie de laquelle nous le fîmes.

Nous nous dirigeâmes vers ce pays merveilleux par Belfort, Modane et Turin.

De Paris à Belfort la ligne suit la contrée fertile de l'Est. D'abord elle parcourt la vallée de la Marne qu'elle franchit à Nogent sur un magnifique viaduc ; ensuite, elle gravit le plateau de Brie pour aboutir à la vallée de la Seine qu'elle remonte jusqu'à Troyes.

Troyes, ville très ancienne, conserve encore dans certains quartiers ses ruelles étroites et tortueuses, bordées de vieilles maisons avec faîtages en auvent et pignons pointus. Parmi les hommes illustres nés dans la capitale champenoise, on cite le pape Urbain IV qui fit élever, à l'endroit même de l'échoppe du cordonnier, son père, une église de style gothique parfaitement conservée. Le sculpteur Girardon, le peintre Mignard naquirent également dans la vieille ville des comtes de Champagne.

A Troyes, la voie ferrée franchit la Seine et arrive dans la vallée de l'Aube; elle passe à Bar-sur-Aube, coquettement assise au bord de la limpide rivière qui lui donne son nom. Cette ville s'étend au pied d'une colline qui, sous la domination romaine, était un camp fortifié des plus importants.

La petite chapelle élevée sur le plateau de cette montagne est le but d'un pèlerinage en l'honneur de sainte Germaine. Cette vierge, nouvelle Geneviève, voulut braver les fureurs du barbare Attila, mais ce roi farouche, ne pouvant entraîner dans son camp la vertueuse bergère, la fit décapiter. L'endroit où la tête tomba ne put jamais être comblé, et les jeunes filles du pays, en quête de mari, viennent à tour de rôle déposer une épingle dans cette excavation. Si, l'année suivante, elles retrouvent leur épingle, elles sont certaines de rencontrer, dans un délai rapproché, l'époux désiré.

Les légendes sont la poésie de l'histoire, elles la nimbent d'une auréole qui rayonne de plus en plus, à mesure qu'elles-mêmes s'enfoncent dans les brumes de l'espace et du temps. Quoi de plus naïf et de plus touchant que la vie de cette bergère ?

Un jour, désirant aider à la construction d'une

chapelle, elle descendit à la rivière pour y puiser de l'eau ; de sceptiques ouvriers ayant souri de cet acte, Germaine, pour confondre leur incrédulité, voulut prouver la puissance de son Dieu. Après une invocation au Seigneur, elle saisit un tamis, l'emplit et, sous leur œil étonné, le transporta jusqu'au chantier. Peut-être croira-t-on que l'onde limpide passa à travers les mailles de ce seau improvisé ? Nullement, la Providence veillait, et, seules, deux gouttes tombèrent qui formèrent deux sources à l'endroit même où elles touchèrent terre.

Cette légende n'est-elle pas fraîche et délicieuse comme le cristal des gentils ruisselets qui serpentent en gazouillant pour aller se perdre dans la rivière ?

Mais, je m'étends sur sainte Germaine et sur Bar, alors que cette ville, entre celles dont j'ai à parler, est d'infime importance. Je dirai pour toute excuse que ce pays est presque mon lieu de naissance, et que, d'après la loi naturelle, tout oiseau aime son nid !

Je quitte Bar pour reprendre le train. Après avoir suivi le cours de la rivière, nous traversons la forêt de Clairvaux, immense et giboyeuse, à la lisière de laquelle j'entrevois, ombragée par des arbres séculaires, l'ancienne abbaye de saint Bernard, aujourd'hui transformée en maison de détention. Quelle antithèse ! Hier, des moines, aujourd'hui des forçats !...
Il y a quelques années, un esprit malicieux s'avisa, en une poésie légère et mordante, de faire descendre du ciel, où il doit se trouver certainement, le Grand Abbé curieux de revoir son ancienne demeure ! Mais

les coqs-à-l'âne et les quiproquos des nouveaux hôtes de son vieux monastère effrayèrent tellement le pauvre saint, qu'il s'enfuit épouvanté, en se demandant si c'était là ce qu'on appelait ici-bas le progrès et le langage de la civilisation.

Nous entrons dans la Haute-Marne, pays accidenté et d'aspect plus sévère. Après avoir franchi le val de la Suize sur un viaduc de 500 mètres de long sur 50 de haut, nous arrivons à Chaumont, chef-lieu de préfecture, qui vit naître le sculpteur Bouchardon. Cette ville, située sur la hauteur, est peu commerçante; elle rivalise avec Langres, et toutes deux se disputent la prépondérance dans le département.

Chaumont est fière de posséder le Préfet, Langres se console avec son Evêque. Cette dernière ville est beaucoup plus ancienne; il en est fait mention longtemps avant la domination romaine; César s'y installa et y établit son camp, rendu à jamais célèbre par l'épisode d'Eponine et de Sabinus.

> Langres, sur son rocher
> Moitié fou, moitié enragé....

a conservé le caractère des places fortes du Moyen Age. D'anciennes constructions abondent dans ses rues étroites, où se croisent prêtres et soldats. Le plateau de Langres, point stratégique de grande importance, s'élève à une altitude de près de 500 mètres; aussi l'air y est-il constamment vif, et la température toujours fraîche.

La voie ferrée traverse les vertes prairies des sources

de la Marne, pâturages où paissent en liberté de nombreux troupeaux, dont le lait produit un fromage succulent et renommé. Après avoir franchi un long tunnel, la ligne arrive dans le bassin de la Saône; traverse la vallée de l'Amance, passe à Vesoul, — préfecture perchée sur sa colline et d'un joli aspect, — puis à Lure. Dans ces villes de la Haute-Saône, la forme des clochers est partout semblable ; ils ne sont pas coniques, mais carrés, surmontés d'un grillage en fer ; ils rappellent ceux de l'Espagne, nation à laquelle cette contrée franc-comtoise fut soumise pendant de longues années.

Le pays est fertile et boisé, l'horizon s'élargit : au loin, on aperçoit les Vosges, le Ballon d'Alsace, puis on pénètre dans la vallée de la Savoureuse, département du Bas-Rhin ; encore quelques instants, et l'on arrive à Belfort !

Belfort, place forte, fit preuve d'un héroïsme admirable lors de l'invasion de 1870. Aujourd'hui même, en cas de guerre, cette ville, devenue malheureusement frontière, aurait une importance stratégique considérable ; aussi, sa population se compose-t-elle surtout de soldats de toutes armes. Les nombreuses casernes et les forts importants construits depuis peu l'entourent comme d'un cercle protecteur, et le Lion superbe et farouche, qui surgit de son rocher comme un défenseur invincible, personnifie le caractère héroïque des Belfortais : *Vaincre ou mourir*, telle est la devise de leur patriotisme.

Depuis l'annexion, Belfort s'est augmenté considérablement ; le quartier de la gare, créé de toutes pièces, a pris une grande extension. Une avenue de maisons modernes, de magasins élégants, mène à la vieille ville sombre et mal bâtie. La Préfecture, avec ses murailles épaisses, ne semble pas abriter la gaité, et j'ai plaint le pauvre sous-préfet quittant une ville importante pour arriver dans cette prison ! Mais je ne m'attardai pas à cette réflexion, sachant que l'espoir a des ailes !...

Laissons ces aperçus fantaisistes et reprenons notre voyage. Le lendemain matin, nous suivons la ligne de Delle, frontière suisse ; passage ennuyeux à la douane. Nous sommes en plein cœur des montagnes du Jura, sites pittoresques, vallées verdoyantes, égayées par le soleil, et animées par des troupeaux.

Nous passons à Porrentruy, ville coquette, au pied d'une colline dominée par le vieux château, ancien apanage des évêques de Bâle. L'une des tourelles, parfaitement conservée, renferme encore les oubliettes ; du sommet de cette tour, la vue s'étend sur une vallée renommée pour la beauté de son site et pour sa fertilité. Ce burg féodal sert aujourd'hui de retraite à de jeunes orphelins suisses.

Saint-Ursanne, petit village assis dans la verdure, entouré de montagnes boisées, offre l'illusion d'un véritable décor d'opéra-comique. A Delémont, embranchement important, nous quittons la direction de Bâle pour suivre celle de Lausanne.

Près Sanceboz, la ligne en zig-zag présente un aspect curieux ; après avoir obliqué jusqu'à Bienne (Suisse allemande) nous revenons en arrière, côtoyons le lac de Bienne, celui de Neuchâtel, nous passons à Yverdon, station renommée pour le traitement des maladies nerveuses et des affections du larynx; puis, après de nombreux kilomètres, au milieu de plaines entourées de collines, nous arrivons à Lausanne.

CHAPITRE II

SUISSE

LAUSANNE, ville pittoresquement bâtie en amphithéâtre, descend doucement jusqu'aux rives enchantées du lac Léman. Avec ses maisons aux toits rouges et pointus, ses rues étroites et tortueuses, cette ville rappelle les vieilles cités allemandes des bords du Rhin. Il vous semble voir voltiger, dans l'air ambiant, les farfadets chers aux légendes; ou surgir, à l'extrémité d'un corridor obscur, l'un de ces personnages mystiques, créés par l'imagination des chroniqueurs germaniques!...

Située sur le point le plus élevé de la ville, la cathédrale s'élève fière et majestueuse. Catholique autrefois, protestante aujourd'hui, cette église offre le contraste existant entre ces deux cultes. Les vitraux anciens, les boiseries sculptées donnent la note décorative et chaude du catholicisme; la sévérité de l'autel, remplaçant la splendeur du tabernacle, le froid des murs non décorés, caractérisent la rigidité et la sécheresse du protestantisme.

Je me dirige vers le vieil Hôtel de Ville, et, prenant le chemin de fer à crémaillère, je descends entre de pittoresques villas, jusqu'à l'embarcadère d'Ouchy. Là, je suis absolument séduite par la transparence du lac et la beauté du paysage. C'est la nature coquette, élégante, raffinée, qui, pour paraître toujours belle, a dédaigné tout ce qui pouvait la déprécier. L'onde bleue s'étend à perte de vue, entourée de châlets, de châteaux et d'ombrages ; par ci par là, des bateaux, véritables mouettes, glissent légèrement au milieu d'une écume de neige et sillonnent le lac en tous sens. De l'autre côté, sur la rive opposée, la station thermale d'Evian apparaît située au pied d'énormes rochers.

De Lausanne à Genève le trajet est délicieux ; la ligne côtoie les bords du lac, couverts de plantations et de vignes. Elle passe à Prangins, asile choisi par le prince Jérôme Napoléon comme habitation pendant son exil ; puis à Coppet, résidence favorite de Mme de Staël, retraite où elle écrivit ses célèbres ouvrages. Le château et le parc de Necker, ministre de Louis XVI, appartiennent aujourd'hui à la ville qui a fait construire un mausolée à l'endroit où reposent les restes de l'illustre auteur de *Corinne*. Dans le lointain, on aperçoit une agglomération de maisons, de clochers, de monuments : c'est Genève, nonchalamment couchée au pied du mont Salève, qui semble considérer avec amour les nombreuses villas accrochées au flanc des montagnes neigeuses et des collines verdoyantes qui l'entourent. La ville nouvelle, qui s'étend sur les quais, manque d'originalité ; mais l'ancienne cité, avec ses maisons entassées, a conservé, dans toute son austérité, le caractère de la sombre Genève de Calvin. Plusieurs ponts relient les deux quartiers.

Au milieu du Rhône, à l'endroit même où le fleuve quitte le lac, émerge la petite île de J.-J. Rousseau, au centre de laquelle se dresse sa statue, œuvre de Pradier. Peut-être est-ce dans cette nature calme et grandiose, à la vue de cet admirable panorama, que le fils de l'horloger genevois eut l'intuition des doctrines nouvelles, dont l'influence devait, par la suite, peser si fort sur les destinées de notre pays.

Genève, ville commerçante, est la reine de l'industrie fédérale ; elle compte un grand nombre de millionnaires parmi ses habitants. Ses monuments ne présentent pas grand intérêt. La cathédrale, édifiée sur l'emplacement d'un temple d'Apollon, date du xie siècle ; elle fut en partie reconstruite du xiie au xvie. Les tombeaux de l'aïeul de Mme de Maintenon, Agrippa d'Aubigné, et celui du comte de Rohan y sont renfermés.

A l'Hôtel de Ville, monument d'aspect sévère, une rampe assez rapide permet aux membres âgés du Conseil de monter, à cheval ou en litière, jusqu'à l'étage le plus élevé. C'est devant cet Hôtel de Ville que l'*Emile* de Jean-Jacques fut lacéré et brûlé par arrêt du Conseil, confirmant la sentence du Parlement de Paris. Le mausolée du duc de Brunswick, tout en marbre blanc et de style gothique, se dresse sur le bord du lac ; comme dans les tombeaux du Moyen Age, la statue du duc est couchée sur le sarcophage soutenu par d'élégantes colonnettes. En face le Mont Blanc élève sa pointe neigeuse ; il domine orgueilleusement la ville, le lac et ses rives bordées d'élégantes maisons de campagne et de promenades ombreuses.

En quittant Genève, on traverse des tunnels successifs, entre lesquels des échappées permettent d'admirer le cours du Rhône, tantôt encaissé entre des montagnes élevées, tantôt coulant librement à travers de riantes vallées. Bellegarde, avec ses bifurcations et son poste de douane, est situé au pied de roches qui sont de véritables falaises.

A Culoz, la ligne franchit le fleuve sur un magnifique pont de fer ; elle parcourt des prairies qui se transforment bientôt en marais. Après plusieurs tunnels, la voie contourne la baie de Grésine sur une chaussée gigantesque. Puis, s'éloignant du lac pour traverser une plaine très fertile, elle franchit le lit du Sierroz et arrive à Aix.

CHAPITRE III

SAVOIE

Aix, station mondaine dont les eaux sulfureuses étaient déjà très appréciées par les anciens; un arc du IIIe siècle de notre ère, les ruines d'un temple de Diane, les vestiges de thermes nombreux, rappellent le séjour des Romains. Rien de pittoresque comme la situation de ce rendez-vous des oisifs et des élégants. Au pied de montagnes sévères dominées par le Revard, la ville d'Aix, entourée de châteaux historiques, se mire coquettement dans la transparence des eaux immortalisées par Lamartine. De ce lac lui-même se dégage une impression à la fois riante et sévère ! Tandis que sa rive orientale aboutit doucement jusqu'au milieu des roseaux et des fleurs de la vallée, sa rive occidentale, surmontée par des rochers abrupts, présente un aspect à la fois imposant et austère.

Le château de Bordeau, ancien rendez-vous de

chasse, à mi-côte de la Dent du Chat, et l'abbaye de Hautecombe attirent surtout l'attention.

Hautecombe, monastère fondé au XIIe siècle par Amédée de Savoie, servit et sert encore de sépulture aux princes de cette maison. Dévasté à la révolution, il fut reconstruit et restauré au commencement du siècle dernier. La profusion des statues et des marbres, la richesse de certains détails, le mauvais goût de l'ensemble, rendent ce Panthéon plutôt luxueux qu'artistique.

De ce couvent, on jouit d'un merveilleux coup d'œil, on embrasse le lac dans toute son étendue : « tel un diamant enchâssé dans un cercle d'or » ; la poésie avec son auréole embellit encore ces lieux à jamais célèbres.

Non loin de là se dresse la tour de Gessens au sommet de laquelle Jean-Jacques Rousseau écrivit une de ses plus belles pages sur le lever du soleil. A côté, dans la montagne, se trouve la fameuse grotte où Lamartine plaça l'un des épisodes les plus touchants de Raphaël. Les environs d'Aix sont le but d'excursions fort intéressantes ; l'une des plus charmantes est la visite des gorges du Sierroz. D'abord un minuscule bateau à vapeur, suivant le cours d'une rivière étroite et encaissée, vous amène dans un lieu absolument sauvage. De chaque côté, des rochers surgissent à une hauteur prodigieuse, puis se resserrent et forment une voûte que traverse le courant. Devenu simple filet, le ruisseau arrive ainsi jusqu'à la cascade de Grésy, endroit dangereux, où trois cours d'eau se réunissent pour se précipiter dans un gouffre profond.

Une inscription signale le danger : toute imprudence peut devenir mortelle. Une épitaphe commémorative rappelle le triste sort de Mme de Broc, sœur de la Maréchale Ney, qui périt à cet endroit sous les yeux mêmes de la reine Hortense, dont elle était dame d'honneur. On regagne Aix par une route ombragée et délicieuse côtoyant le lac où d'onduleux canots se balancent sur l'onde perfide malgré sa paisible apparence. Dans cette région, les orages se forment subitement, le vent s'élève tout à coup et malheur alors aux pêcheurs ou aux touristes imprudents surpris loin du rivage. L'élément liquide devient terrible ; par suite de la profondeur du lac et de la violence des lames, une partie de plaisir se transforme quelquefois en véritable catastrophe.

En quittant Aix et le lac du Bourget, nous jetons un dernier regard sur la colline de Tresserve, sur Marioz ; nous traversons un pays fertile, semé çà et là de villages coquets, de castels et de manoirs féodaux à demi cachés sous la mousse et les lichens. Ce paysage exquis vous fait rêver, et on devine tout près, dans un pli de terrain, un nid délicieux et tendre (les Charmettes) qui abrita les amours de Mme de Warrens et de Jean-Jacques Rousseau.

Nous arrivons à Chambéry ; situé au fond d'un vallon entouré de hautes montagnes, cette ville semble dormir au pied d'un antique castel jadis résidence des ducs de Savoie. De son ancienne splendeur, cette demeure seigneuriale n'a conservé que deux grosses tours : formidables autrefois, impuissantes aujourd'hui!....

De Chambéry à Modane, la nature est grandiose : Ce sont les Alpes avec leurs cîmes neigeuses et leurs ravins profonds. De ci, de là, quelques hameaux accrochés au flanc de la montagne, d'autres, perchés à son faîte, prouvent que l'homme a étendu son pouvoir jusqu'à des sommets presque inaccessibles.

Mais les cabanes en torchis, les toitures de laves, le morcellement du terrain, accusent la pauvreté de ces montagnards ; comment dès lors s'étonner que, séduits par l'appât d'une somme minime, ces malheureux se résignent à se séparer de leurs enfants et à les envoyer au loin sous la conduite de maîtres trop souvent durs et cruels. Cette pensée m'attriste : à chaque détour de chemin, il me semble voir un de ces jeunes Savoyards, tout en pleurs, quitter sa famille, son hameau ; et les vers si touchants de Giraud reviennent à ma mémoire :

Pauvre petit, pars pour la France.

Le train marche toujours ; nous passons à Aiguebelle, à Saint-Jean-de-Maurienne, ville à l'aspect triste et sombre, au pied des roches dénudées qui l'entourent. Modane, bourgade admirablement située au milieu de verdoyantes montagnes, dominée par des pics et des glaciers, poste de douane important. A deux kilomètres de ce bourg, commence le tunnel du Mont-Cenis qui relie la France à l'Italie.

La traversée de ce passage gigantesque dure une demi-heure ; de place en place, des torches éclairent les parois de la montagne sur lesquelles se détache la silhouette des wagons ; on est obligé de fermer complètement les vitres, afin d'empêcher la fumée d'envahir le compartiment, le système d'aération étant insuffisant pour l'entraîner entièrement au dehors. Une de nos portières s'étant malencontreusement brisée, nous eûmes à supporter cette vapeur opaque et nauséabonde tout le temps du trajet.

Le jour reparait, nous foulons le sol italien ; les montagnes s'abaissent progressivement, nous nous trouvons sur un autre versant. Après avoir traversé plusieurs plaines fertiles, nous arrivons à Turin.

CHAPITRE IV

TURIN

Turin, capitale du Piémont, est une ville moderne aux avenues larges, régulières et sillonnées de nombreux tramways ; si ce n'étaient l'uniforme des soldats et le plumet des bersaglieri, on pourrait se croire encore en deçà des monts. Les rues à angles droits la divisent symétriquement mais de nombreuses places bordées de beaux édifices corrigent cette monotonie. Sur la plus importante de toutes, celle du Château, on admire le musée des armures, le château royal et la cathédrale.

Le musée renferme des armes très rares, damasquinées et d'un grand prix ; on remarque parmi celles-ci un bouclier attribué à Benvenuto Cellini, une selle de Charles-Quint, la panoplie du prince Eugène, l'épée de Bonaparte à Marengo. Quel aspect curieux offrent ces chevaliers armés en guerre qui, montés sur leurs coursiers, semblent encore parader dans des tournois d'un autre âge !

Le Palais Royal ne présente aucune valeur architecturale ; les appartements vastes et somptueux sont ornés de fresques et de tableaux modernes pour la plupart ; il est habité par la duchesse douairière d'Aoste.

La cathédrale, sous le vocable de Saint-Jean-Baptiste, date de la fin du XVe siècle ; ses voûtes intérieures sont décorées de fresques ; son maître-autel est en marbre d'un grand prix.

Adossée à ce maître-autel, dont elle n'est séparée que par un vitrail, se trouve la chapelle du Saint-Suaire ; rotonde entourée de colonnes de marbre noir à bases et chapiteaux dorés, et surmontée d'une coupole étrange. Ce suaire a donné naissance à toute une légende. Rapporté d'Orient et offert, au XIVe siècle, par Guillaume de Villersexel, à Philibert Emmanuel, duc de Savoie, ce prince le fit transporter à Turin.

Sur cette toile d'une couleur jaunâtre, l'œil ne distingue rien ; mais il y a peu de temps, un photographe ayant braqué son objectif sur cette relique, il se trouva que le cliché rendit l'empreinte exacte du corps de Jésus-Christ, tel que l'Evangile le dépeint. Des chimistes furent chargés d'examiner le lin sacré, ils y trouvèrent des taches brunes qu'ils photographièrent ; l'épreuve négative obtenue représenta un homme jeune, beau, le corps abîmé par des plaies et la tête couverte de sang. Les savants trouvèrent une cause toute naturelle à la réflexion de cette image. Ils pensèrent que les aromates dont fut enduit le linceul s'étaient transformés en un acide qui, fixant les gaz et les émanations du corps meurtri, avait agi comme une plaque sensible et reproduit l'empreinte, la forme et les contours du Christ mort.

La Maison de Savoie et la ville de Turin attachent une valeur inestimable à ce suaire sacré. La légende veut qu'il renferme en ses plis le bonheur de la nation.

La Consolata, église composée de trois chapelles bien distinctes, appartient à plusieurs époques différentes. De chaque côté de la nef principale s'élèvent les statues en marbre blanc des reines Marie-Thérèse et Marie-Adélaïde, épouses de Charles-Albert et de Victor Emmanuel II.

L'une des chapelles latérales, par les ex-voto qui l'entourent, est devenue, en quelque sorte, le temple de la superstition. Une statue miraculeuse de la Vierge décore l'autel principal, et sur les parois des murs, partout, en haut, en bas, à droite, à gauche, dans les coins les plus reculés, sont accrochés de petits tableaux d'égale grandeur. Chacun de ces ex-voto représente la maladie, l'accident ou le malheur conjuré ou détourné par la Mère de Dieu. Ces peintures grossières, mal faites, la plupart démodées, ressemblent à des images d'Épinal, leur aspect naïf s'harmonise mal avec la grandeur de l'ensemble.

Une colonne de granit, surmontée d'une statue de la Vierge, orne la place qui précède l'église; cette colonne, appelée aussi Consolata, fut érigée vers 1835, en mémoire d'un vœu fait lors de l'invasion du choléra dans la capitale piémontaise.

Le Palais Madame, ainsi nommé de la duchesse de

Nemours, veuve de Charles Emmanuel II ; le Palais de Carignan, ancienne résidence des princes royaux, et le Palais de Gênes n'offrent aucun intérêt. Ce dernier surtout, beaucoup moins vaste que les deux premiers et situé dans une rue étroite, présente un aspect lugubre.

Je ne veux pas oublier non plus le vieux Palais Romain, dont il reste, fort bien conservé, un portique en briques rouges, avec petites tours à créneaux.

Quand nous arrivâmes à Turin, la ville était en fête ; le roi Humbert, entouré de sa Cour, avait inauguré, la veille, la statue de son père Victor-Emmanuel II. La place et le château royal présentaient une animation inaccoutumée ; on ne voyait que chambellans, officiers, serviteurs de la Maison de Savoie, empressés à exécuter les ordres du souverain. Un mouvement se produisit, les voitures quittèrent la Cour d'honneur et défilèrent devant une foule muette et impassible ; pas un cri, pas un vivat.

D'abord l'entourage officiel, puis le duc et la duchesse d'Aoste (Hélène d'Orléans), couple jeune et élégant; ensuite la duchesse douairière d'Aoste, Lætitia Bonaparte, veuve de son oncle Amédée, enfin dans le dernier landau se trouvaient le roi et la reine d'Italie.

La reine Marguerite, d'extérieur élégant, aux traits fins et réguliers, commençait à cette époque à subir déjà l'empâtement de l'âge. Ses yeux bleus et rêveurs étaient empreints de douceur et de bonté ; elle était l'idole de son peuple.

Le roi Humbert, dernier représentant des vieilles

traditions monarchiques, avait l'air autoritaire. Ses yeux perçants, sa moustache épaisse et hérissée, son ovale court et aplati contribuaient à donner à sa physionomie un aspect dur et sévère. D'idées mesquines et arriérées, il était peu sympathique, et l'affection des Italiens allait toute à sa femme.

Humbert devait, à peu de temps de là, périr tragiquement sous le plomb meurtrier d'un anarchiste.

Continuons notre voyage : au buffet, nous faisons un dîner exquis, arrosé d'un certain vin d'Asti que nous ne retrouvâmes plus. On aurait cru mordre dans la grappe elle-même, mûrie sous les rayons d'un soleil privilégié.

A 7 heures nous prenons le train pour Milan ; nous traversons des plaines, toujours des plaines, à perte de vue sans interruption, nous sommes en plein cœur de la Lombardie. Des rivières sillonnent la campagne, des rideaux de peupliers, des haies d'arbrisseaux, des bosquets nombreux se suivent pendant des heures. Ce paysage délicieux est éclairé par un rayon de lune qui l'argente et le poétise.

Parmi les stations nombreuses, un nom connu, un nom familier frappe notre oreille : Magenta, Magenta, faubourg de Milan. Quelques minutes encore, nous entrons dans cette ville.

CHAPITRE V

MILAN

La gare vaste et claire rappelle en plusieurs points notre gare Montparnasse. Nous descendons à l'Hôtel de France, et je dois ici rendre hommage à la complaisance italienne qui dépasse de beaucoup (je rougis de le dire) celle des Français à l'égard des étrangers.

Il était minuit; à cette heure avancée, une seule chambre restait libre, et nous arrivions au nombre de six. L'hôtelier voyant notre embarras nous pria d'attendre quelques instants... Au bout de dix minutes à peine, un domestique nous invita à monter. En ce court espace de temps, les deux salons du premier étage avaient été transformés en chambres à coucher; nous y fûmes très bien et y dormîmes d'un paisible sommeil.

Mais cette transformation du lieu devait avoir des conséquences auxquelles nul n'avait songé.

Le lendemain matin, en me levant, je procédais

à ma toilette : cotillon court et souliers plats... en véritable Perrette, lorsque j'entendis frapper à ma porte ; croyant au retour de l'un des miens, je répondis machinalement : Entrez. Je me trouvai alors vis-à-vis d'un inconnu, aussi ahuri et embarrassé que moi. Ce monsieur, distingué et très respectable, se confondit en paroles que je supposai être des excuses, tandis que je m'enfuis effarouchée dans la pièce voisine.

Cette scène comique amusa beaucoup mes compagnons de voyage ; je me promis de leur désigner au déjeuner mon visiteur matinal, mais au menu figurait une timbale milanaise, tellement exquise, qu'elle nous en fit oublier l'aventure.

La cathédrale de Milan, joyau de la ville, est un bâtiment unique, tout en marbre blanc, de proportions considérables et sculpté dans ses moindres détails, comme un vieil ivoire. Le marbre pour ainsi dire est devenu dentelle ; une forêt de flèches élégantes, surmontées de statues, se détachent harmonieusement sur l'azur du ciel italien. Edifice du style gothique fleuri, orné d'un nombre infini de groupes et figures, le Dôme de Milan passe pour l'une des plus importantes cathédrales de l'Europe.

La première pierre de ce monument fut posée au xive siècle, par Galéas Visconti, il ne devait être achevé que quatre-vingts ans plus tard ; c'est ainsi qu'on retrouve l'empreinte d'architectes d'époques différentes ; de là les mélanges de style que les dilettantes reprochent à l'ensemble de cette œuvre colossale.

En pénétrant sous ces voûtes immenses supportées par des piliers géants, éclairées par des vitraux savamment coloriés, et enrichies d'œuvres d'art, nous nous trouvons saisis par une certaine émotion de crainte et de respect. L'esprit s'élève et on admire le beau dans toute sa splendeur. Les dalles du milieu du temple recouvrent une ouverture rectangulaire et entourée d'une grille en fer, sur laquelle sont déposées des offrandes et des pièces de monnaie. A travers un treillage nous apercevons un caveau qui renferme les restes de saint Charles Borromée, évêque et bienfaiteur de la ville.

Précédés d'un guide, nous descendons, une torche à la main, dans cette crypte, par une vingtaine de marches ; nous franchissons plusieurs portes massives et arrivons à la chapelle. C'est une salle de médiocre grandeur, éclairée par une lampe brûlant nuit et jour ; les murs sont couverts de tentures de velours rouge frangées d'or ; sur la paroi principale se détache en broderie le mot : Humilitas ! Devise de la famille Borromée.

Au fond de la chapelle, dans un sarcophage de cristal de roche, repose le corps du saint, noir comme une momie, vêtu d'habits pontificaux, la tête couverte d'une mitre et tenant une crosse en main. Sur ses gants de fil d'un vert cru brillent avec l'anneau épiscopal, quantité d'émeraudes et brillants. De tout temps les souverains enrichirent de présents cette châsse renfermée dans un double sarcophage d'argent et de vermeil ; pierreries qui étincellent encore aujourd'hui d'un merveilleux éclat, dans la demi-obscurité du caveau. Ce mort dans son cercueil est entouré de richesses qui feraient la fortune de nombreux vivants.

Charles Borromée est une des grandes figures du xvie siècle : Neveu de Pie IV, il fut promu à l'archevêché de Milan à l'âge de 22 ans. D'abord fastueux et prodigue, il vécut dans le luxe et l'opulence, mais homme de valeur, il s'entoura de lettrés et d'artistes. Après le concile de Trente, un revirement subit s'opéra dans l'esprit de ce réformateur du clergé, qui voulut prêcher d'exemple. Il congédia ses domestiques, quitta ses vêtements pompeux, vendit ses biens, en distribua le prix aux pauvres et ne vécut que de jeûnes et de privations.

Il fit preuve d'héroïsme pendant la peste qui décima la ville de Milan ; on voit encore le crucifix de bois peint qu'il portait avec la corde au cou en suivant les processions. Il soignait les malades, ensevelissait les morts, et sa perte fut considérée comme un malheur public par la ville entière. Son caractère noble et généreux a laissé un souvenir tellement profond dans la population milanaise, qu'aujourd'hui encore, elle vénère son ancien évêque à l'égal d'un Dieu.

Parmi les œuvres d'art qui décorent la cathédrale, je citerai : le retable de l'autel de la Présentation par Bambaja ; la statue de saint Barthélemy écorché, portant sa peau sur son bras, alors que ses veines et ses muscles apparaissent saillants et vivants; et de nombreux tableaux recouverts d'or ciselé, de pierres précieuses rappelant les primitifs.

Une des chapelles latérales renferme les chapeaux que chacun des cardinaux de Milan recevait du Pape.

Un prince de l'Eglise ne porte qu'une fois, le jour de sa promotion, cet emblème sacerdotal ; à ses funérailles cet attribut figure sur le catafalque parmi les vêtements sacrés, les blasons et les insignes du défunt. En avant de cet autel, s'élève un curieux chandelier à sept branches, en bronze doré, dans lequel s'enchâssent des pierres de grande valeur. On a dû isoler par une barrière cette merveille d'un autre âge, pour empêcher les visiteurs d'enlever une partie de ces joyaux.

Au centre du chœur, le guide nous indique l'endroit précis où Napoléon se fit sacrer roi d'Italie, et posa sur sa tête la couronne de fer des vieux rois lombards ; diadème pieusement conservé à Monza, ville proche de Milan, et que les souverains d'Italie viennent encore aujourd'hui ceindre le jour de leur couronnement.

On ne peut visiter la cathédrale de Milan sans faire l'ascension du Dôme, d'où l'on embrasse le magnifique panorama de la ville. Rien n'est curieux comme une promenade, dans cette forêt de colonnes, d'arceaux, de statues, de terrasses superposées, s'échelonnant jusqu'au faîte ; une fois arrivés au sommet une impression indescriptible de charme et de poésie nous envahit !

A nos pieds la ville s'étend au milieu de prairies baignées par de jolis ruisseaux et ombragées par des arbres plantureux. Les toitures de briques des maisons, sous les rayons du soleil, s'illuminent d'un coloris plus intense ; l'atmosphère vivifiante qui les enveloppe anime toujours les vieux palais des Sforza et des Visconti, et l'ombre de la gracieuse Valentine semble planer encore sur l'antique cité, jadis si puissante.

Cette ville en sa splendeur fut, à un moment donné, l'un des centres de la suprématie italienne ; la visite de sa vieille métropole, Saint-Ambroise, rappelle ses jours de grandeur et de triomphe.

Cette église romane, fondée au IVe siècle par l'évêque dont elle prit le nom, renferme un nombre prodigieux de sculptures et d'inscriptions datant des premiers temps du christianisme. Ce fut dans la cour précédant le péristyle de cet édifice, qu'à la suite du massacre de Thessalonique, saint Ambroise repoussa l'empereur Théodose et lui interdit l'entrée de sa cathédrale.

L'atrium tout en briques renferme de nombreux fragments antiques, et les panneaux de bois de cyprès qui le séparent de l'intérieur du temple, sont remarquables.

Une fois ces portes franchies, le visiteur se trouve au pied d'une colonne de porphyre entourée d'un serpent de bronze doré, auquel la tradition assigne une origine merveilleuse. La chaire de marbre supportée par huit arceaux est un véritable chef-d'œuvre, qui surplombe le tombeau sculpté en pleine bosse d'un général romain. Le retable du maître-autel, tout en or, est un incomparable spécimen d'orfèvrerie du IVe siècle ; à droite de l'autel se dresse, intact, l'ancien trône des premiers évêques de Milan.

La crypte de cette vieille église est fort intéressante à visiter ; tout près du tombeau de saint Ambroise s'élève une colonne brisée à laquelle les patrons du pays, saint Gervais et saint Protais, furent attachés pour être torturés et décapités. Les ossements de ces martyrs ayant été retrouvés lors des fondations de l'édifice, furent réunis dans un sarcophage de pierre et devinrent le but d'un pèlerinage renommé.

Nous étions encore imprégnés de ces souvenirs légendaires et sacrés, lorsqu'en remontant à la nef supérieure, nous fûmes témoins d'un incident qui nous fit rire à gorge déployée, malgré le mystère et la sainteté du lieu. L'un des nôtres, joyeux compagnon, excellent philosophe, préférant la vie moderne et son confortable, à l'évocation de ces temps d'austérité et de mortification, nous avait précédés à la porte de sortie. Là, voulant jouir du plaisir malicieux de se faire désirer et chercher, il avait pris place dans une stalle en bois, essayant de se dissimuler sous l'apparence d'un pseudo sacristain.

Par une coïncidence extraordinaire, un de nos magistrats parisiens, entrant à ce moment dans l'enceinte sacrée, aperçut le soi-disant gardien : « Tiens, se dit-il, il n'a pas une tête d'homme d'église, cet employé ; il ressemble à quelqu'un que j'ai vu déjà, que je connais ! » Il s'approcha et chercha à mettre un nom sur cette physionomie, mais, ô surprise, le grave personnage lui sourit et lui dit : « Bonjour, mon ami ! » Nous arrivions à ce moment ; rien ne peut rendre l'hilarité qui s'empara de nous ; il nous fallut sortir vivement pour ne pas scandaliser les échos muets de la métropole, et c'est ainsi que nous prîmes congé de Théodose et de saint Ambroise !...

Parmi les nombreuses églises, qui, toutes, contiennent des chefs-d'œuvre, de peintures des Primitifs, de mosaïques, de boiseries sculptées, je ne mentionnerai que San Maria della Grazia, construite en 1463. Cette chapelle est réputée non seulement pour sa coupole et sa sacristie, œuvres de Bramante, mais surtout pour ses fresques de Ferrari et de Vinci. C'est dans le réfectoire de ce couvent que se trouve la fameuse Cène de Léonard ; malheureusement l'humidité et le salpêtre ont altéré le coloris de cette œuvre, dont on ne peut plus ainsi juger que la composition.

Le musée de Milan contient une quantité de merveilles, parmi lesquelles je n'en veux rappeler que quelques-unes.

D'abord le Mariage de la Vierge par Raphaël ; composition touchante de sentiment, de grandeur et de simplicité. Au premier plan, les époux entourés de parents et d'amis, échangent leur serment devant le grand-prêtre qui les unit ; en arrière, le temple se détache sur un paysage lumineux et tendre, comme on n'en rencontre qu'au pays du soleil. Véritable reconstitution de l'architecture, des usages et costumes de l'époque. C'est encore la facture du Pérugin, mais déjà atténuée ; on y trouve la transition des Primitifs à la Renaissance : sans être trop rigide, la ligne est encore hiératique, c'est plus qu'un chef-d'œuvre, si possible...

Une Vierge aux Roses de Bernardini Luini, école milanaise ; la Madone entourée de roses blanches devient elle-même pour ainsi dire une autre rose. C'est l'apothéose de la femme et de la fleur, ces deux charmes de la vie qui se complètent. La candeur et la modestie de cette tête de vierge apparaissent encore plus profondes dans la pureté des blancs pétales ; c'est la complète harmonie d'une vivante poésie.

Une Bénédiction en plein air, de Bellini. Le prêtre, en sa chasuble d'or, tient l'ostensoir, et, d'un geste majestueux, l'élève au-dessus de la foule émue et prosternée qu'il bénit. C'est la foi primitive dans sa touchante et naïve simplicité.

Il nous faut descendre des hauteurs de l'art, et prendre prosaïquement l'un des tramways qui doit nous conduire au Campo-Santo.

Le Campo-Santo, comme l'indique son nom, est le cimetière de la ville, qui n'a rien de commun avec nos nécropoles françaises. D'abord deux immenses couloirs, donnant sur une cour intérieure, aboutissent à une galerie centrale. Ces murs, ornés d'inscriptions et d'emblèmes, sont formés d'innombrables cases, qui contiennent les cendres des adeptes de l'incinération ; au milieu de la galerie centrale, une plaque commémorative rappelle le souvenir des soldats morts aux côtés de Garibaldi. Par une large baie, on aperçoit alors en contre-bas, artistiquement décoré, le lugubre domaine de la mort. Cet immense champ de repos se divise en plusieurs zones. Dans la première, la plus proche, les tombes sont limitées dans leurs dimensions ; dans la seconde, un peu plus éloignée, la proportion des monuments y est plus importante, et dans la troisième, l'art s'y déploie dans toute son ampleur.

Quelle pénible impression n'éprouve-t-on pas, au milieu de ces tombeaux, rappelant le souvenir d'êtres disparus ! Ici, c'est le portrait de la personne aimée ; là, c'est sa statue dans la pose préférée, avec les fleurs ou les objets qui lui étaient chers. Et dans ce néant, où fatalement tout être humain aboutit, de petites lanternes multicolores apportent une lueur discrète et tamisée, qui rend plus touchantes encore les effigies de ceux qui ne sont plus.

Parmi ces douloureuses épaves, la nature inconsciente poursuit son œuvre. Les fleurs brillent de leur même éclat, exhalent leur même parfum ; le grillon chante sa même chanson stridente, l'abeille butine les mêmes corolles ! Imitons cette insouciance générale et reprenons notre chemin vers Venise la belle.

CHAPITRE VI

VÉRONE ET PADOUE

Parmi ces fertiles plaines lombardes que nous traversons dans toute leur étendue, nous retrouvons avec émotion le souvenir persistant et vivace de nos vaillants soldats français.

Voici d'abord Solférino avec le monument élevé en mémoire des héros morts au champ d'honneur, puis le lac de Garde dont la rive opposée est devenue frontière. Plus loin se dresse la dernière forteresse que les Autrichiens défendirent avec grand courage, mais vainement, contre l'armée franco-italienne.

Nous passons à Vérone sur les bords de l'Adige, ville fortifiée, fort curieuse avec ses murailles et ses ponts garnis de créneaux. Ce nom évoque le gracieux souvenir des légendaires amants Roméo et Juliette. Leur image semble sommeiller à l'ombre de ces vieilles tours, et l'on comprend que leur histoire, qui est celle de l'humanité, ait pu inspirer dans ce décor artistes et poètes.

Rappelons le souvenir des hommes célèbres, nés sur ces rives fleuries : Catulle, Pline l'Ancien, Cornélius Népos, Paul Véronèse, puis marchons et continuons toujours.

Voici sur une hauteur, un gigantesque château-fort, ancienne demeure des Scaliger ; puis d'immenses plaines se déroulent, qui évoquent à l'esprit les grands combats de l'Empire. Il nous semble alors entendre dans l'air le grondement du canon, le roulement des tambours, la musique des clairons... échos affaiblis de la gloire de Napoléon, et les noms de Lodi, Arcole, Montebello, résonnent à notre oreille comme des chants de victoire.

Dans le lointain, entourée de murailles antiques et se détachant lumineuse sur le ciel bleu, apparait la ville de Vicence ; tel un ancien bijou gardant jalousement son cachet archaïque. Ce pays fertile, aux sites pittoresques, est réputé l'un des plus salubres de l'Italie ; aussi de nombreux étrangers viennent-ils s'y reposer pour jouir en paix de cette vie tranquille et saine chantée par Virgile.

On voit encore à Vicence les vestiges du théâtre olympique de Palladio ; construit deux siècles avant la découverte de ceux de Pompéï, il présente, avec ces derniers, une analogie qui démontre à quel point l'architecte Palladio s'était inspiré de Vitruve.

Nous continuons toujours à traverser ces plaines verdoyantes qu'animent de robustes paysans et de plantureux troupeaux. Au loin nous distinguons d'élégants clochers, d'imposantes murailles et de nombreux édifices ; nous arrivons à Padoue, ville de saint Antoine. Nous visitons la cathédrale où nous retrouvons le Bienheureux, dont la langue, suivant la légende, est restée fraîche et intacte comme au jour de sa mort.

Le pouvoir que possède le saint Evêque de faire retrouver les objets perdus est tout récent ; il ne fut découvert qu'au siècle dernier, et voici comment. La femme d'un ouvrier s'étant attardée aux offices du Dimanche, ne put, en rentrant chez elle, retrouver la clef du logis. Après des recherches longues et infructueuses, craignant voir éclater la colère de son mari qui allait rentrer, elle implora saint Antoine et le pria de lui venir en aide. A peine cette invocation était-elle formulée, qu'une idée lumineuse jaillit dans son cerveau, et qu'immédiatement elle se rappela avoir placé l'objet tant cherché dans une poche intérieure qu'elle portait par hasard ce jour-là. La clef s'y trouvait en effet ; heureuse de l'avoir retrouvée, cette femme s'agenouilla, remercia le saint et lui promit une forte récompense.

Les voisins et voisines, témoins de cette scène, crièrent au miracle, et ajoutèrent leur obole à celle de la confiante et fidèle disciple de saint Antoine ; dès lors l'Œuvre du Pain était fondée. Mais ne troublons pas le Bienheureux dans son dernier sommeil, quittons sa ville et ses plaines, et reprenons notre itinéraire.

L'air devient plus frais, une ligne bleuâtre se dessine à l'horizon ; des dômes, des églises, des palais surgissent, notre train s'engage sur une digue longue de plusieurs kilomètres et baignée par la mer, enfin une gare nous apparait, nous arrivons à Venezzia.

CHAPITRE VII

VENISE

QUELLE impression étrange vous saisit à la vue de cette ville féerique, où la vie semble un rêve, et la réalité une fiction ! Pas un mouvement, pas un bruit ; seul le clapotement de l'eau s'élève le long des quais, qu'il enveloppe de mélancolie. La voie principale est le Grand Canal, bordé de palais de marbre, antiques demeures des familles patriciennes, où l'or, les tentures, les tapisseries et les meubles les plus rares étincelaient jadis de toutes parts.

Sous ces voûtes splendides, chaque jour amenait de nouvelles fêtes : mascarades, festins, concerts, auxquels la population était conviée et assistait. Chacun de ces palais contenait d'immenses salles, destinées à recevoir le peuple, afin qu'ébloui par la grandeur de ses maîtres, il emportât une haute idée de leur puissance. Des armées de valets distribuaient à profusion des rafraîchissements variés ; aucun monarque ne déployait autant de faste qu'un simple patricien de Venise.

Il n'existait pas en Europe de noblesse aussi opulente que celle de cette autocrate République, aux allures démocratiques !

Les noms des Dandolo, Corner, Mocenigo, Foscari, Manin, Grimani, s'exhument du passé ; toute l'histoire de Venise apparaît ; rien n'est changé, si ce n'est le gouvernement. Les gondoles ont toujours la même forme, la même couleur, le même parcours, le même horizon.

J'évoquais le souvenir des possesseurs de ces hôtels luxueux, qui, entourés d'un cortège brillant, assistaient en grande pompe aux fêtes de la République. Je les voyais escorter le Doge sur le Bucentaure, et honorer de leur présence ses fiançailles avec l'Adriatique ; alors que, revêtu de la pourpre royale, le perpétuel fiancé jetait, comme gage de sa foi, son anneau d'or au milieu des flots bleus.

Il me semblait apercevoir encore quelque séduisante patricienne, soulever discrètement la dentelle de ses tentures soyeuses, pour envoyer un baiser au chanteur d'une amoureuse sérénade.

C'est au soleil couchant, du haut du Campanile, qu'il faut admirer cette ville unique, berceau de la légende et de la poésie. Les yeux perçoivent alors les profils réguliers et les façades élégantes des palais de marbre ; ils suivent le réseau onduleux des mille canaux où glissent silencieusement les gondoles qui, la lanterne au front, ressemblent le soir à des étoiles errantes.

Quel aspect étrange, mystérieux, fantastique est celui de cette cité se balançant sur l'Adriatique comme une flotte à l'ancre. Quel charme irrésistible ne trouve-t-on pas à cette ville, patrie du masque et du domino, où l'intrigue semble un besoin, et la galanterie un devoir. Quels souvenirs artistiques flottent dans l'air de ce pays, berceau de ces peintres, amants de la lumière et de la couleur. Sous ce soleil généreux exultant de vie, ce peuple déchu revêt encore un air de noblesse et de grandeur.

Peut-on arriver sans émotion au cœur même de ce pèlerinage profane, sur cette merveilleuse Piazzetta, une des plus belles places du monde ! D'un côté, entre les colonnes de Saint-Théodore et le lion victorieux de Saint-Marc, s'étend la mer azurée ; à droite, les Procuraties et le Palais-Royal, à gauche, le majestueux Palais des Doges, et, au fond, la merveille de Saint-Marc forment un incomparable tableau.

Alors que nous considérions ces richesses et que nous planions dans les splendeurs du passé, nous fûmes rappelés à la réalité par une nuée de colombes, qui, s'ébattant de tous côtés, vinrent jusqu'à nous, quêter quelques grains de mil. Les Vénitiens professent un véritable culte pour ces ramiers auxquels il est interdit de toucher, sans encourir les peines les plus graves. Ces oiseaux privilégiés, ayant apporté autrefois, sous la blancheur de leur aile, la nouvelle de la victoire de Lépante, leurs descendants furent désormais respectés et honorés.

Je n'ose parler du Campanile, dont les fenêtres en

arcade, les colonnes de marbre vert antique, et l'ange d'or se découpant sur l'azur du ciel, m'ont profondément impressionnée. Hélas depuis notre visite à Venise, cette merveille n'existe plus! Un jour les Vénitiens virent avec stupeur chanceler la base de cette tour carrée, quelques pierres se désagrégèrent, et peu de temps après, le Campanile s'effondrait avec fracas! Heureusement, dans sa chute, il épargna cette fleur de sculpture due au ciseau de Sansovino et qu'on nomme la Loggietta !... Petite loge à l'usage du magistrat qui devait publier à haute voix les décisions et les arrêts du Grand Conseil.

Saint Marc, monument de style byzantin, aux coupoles dorées, est une merveilleuse confusion de marbre, de mosaïques, d'or et de bronze !... Les restes mortels de l'Evangéliste Marc furent apportés d'Alexandrie au IXe siècle et déposés dans l'église construite en leur honneur. Plus tard, à l'époque de la splendeur vénitienne, on éleva, au même endroit, la basilique actuelle, dans laquelle furent conservées avec grand soin, la chapelle et les mosaïques primitives. Cette basilique ne se compose que de fragments arrachés aux civilisations de tous les pays du monde : Les deux principaux piliers du péristyle proviennent, selon la légende, du temple de Salomon. Les portes d'airain sont celles de Sainte-Sophie de Constantinople. Les chevaux de bronze ornant la façade principale ont décoré un arc de triomphe romain du temps de Néron ; transportés à Constantinople par ordre de Constantin, ils en furent enlevés par le doge Dandolo qui les rapporta à Venise. Mais là ne devait pas se terminer leur odyssée, quoiqu'en bronze, ils étaient prédestinés à effectuer de nombreux voyages. Bonaparte, après la campagne d'Italie, les fit placer à Paris sur le fronton de l'Arc du Carrousel, et ils y restèrent jusqu'en 1815, époque à laquelle l'empereur François d'Autriche leur fit reprendre le chemin de leur ancienne demeure.

La façade de la Basilique, ornée de colonnes, de vert antique, de porphyre et de serpentine, est un chef-d'œuvre combiné des trésors de l'art oriental. L'intérieur de la nef présente un aspect somptueux. Les dimensions gigantesques du vaisseau supporté par d'élégants piliers, les sépultures monumentales des doges et des hauts patriciens, la richesse des murs entièrement recouvers de mosaïques, les sculptures et les ors du maître-autel rayonnant dans le demi-jour des vitraux anciens, forment un ensemble imposant et mystérieux qui élève l'âme....

Rien ne donne davantage cette notion de puissance que l'aspect du Palais Ducal, construit dans le style arabe ; sa façade est d'un aspect très élégant. Sur un premier rang de colonnes robustes et à demi enfouies sous terre, s'élève une seconde rangée de colonnes légères, gracieuses, sculptées à jour, contrastant avec la masse pleine qui les surmonte. Un des angles méridionaux de cet édifice unique, soutenu par un pilier plus fort que les autres, étonne surtout par son élégante hardiesse.

On pénètre dans cette demeure par la porte Della Carta, gracieux portail percé de trèfles et décoré de colonnettes et d'attributs sculpturaux. On se trouve alors dans une immense cour quadrangulaire, ornée de deux puits dont les margelles de bronze sculpté sont de véritables merveilles ; ces citernes ont été creusées en commémoration de la victoire de Lépante.

Deux immenses escaliers de marbre blanc conduisent aux étages supérieurs. L'un, l'Escalier d'Or, ainsi nommé parce qu'il était fermé par des grilles de ce métal, supporte à son extrémité les statues d'Atlas et d'Hercule. Le second, l'Escalier des Géants, nom que lui ont valu d'allégoriques figures de Mars et Neptune par Sansovino, est enrichi de motifs et d'arabesques d'une perfection admirable : c'est de la ciselure. A sa base sont sculptés deux paniers de nèfles dans la paille : emblème de la maturité nécessaire aux fonctions publiques. Non seulement la balustrade est brodée à jour, mais les contre-marches elles-mêmes sont travaillées de façon exquise. C'est sur la plateforme de cet escalier que fut décapité le doge Marino Faliero pour trahison et félonie. Sur la partie supérieure de ces degrés, le souverain nouvellement élu recevait le bonnet ducal des mains du patriarche.

A cette entrée du Palais s'ouvraient, encastrées dans le mur, ces horribles gueules de lion, où la méchanceté, la jalousie et la haine jetaient les dénonciations anonymes ; sous ce régime de terreur, la délation, considérée comme politique d'État, n'était pas une vaine vengeance. Chaque jour les plis recueillis dans ces épouvantables guichets étaient apportés et lus au Conseil des Dix qui faisait comparaître devant lui le citoyen dénoncé, le jugeait séance tenante, et le condamnait presque toujours à la détention perpétuelle, souvent à la peine de mort.

L'autorité du doge n'était qu'illusoire, la souveraineté effective résidait dans le Grand Conseil qui nommait les sénateurs, les ministres, les magistrats, et toute l'administration civile et militaire. Les membres du Grand Conseil se rassemblaient au Palais Ducal, tous les dimanches ; leur nombre était de 1200. Dans les délibérations ordinaires, la présence de 200 membres était nécessaire ; pour les affaires importantes, il en fallait 800. Le doge lui-même était justiciable du Conseil des Dix, délégué par le Grand Conseil.

Si toute autorité était enlevée à ce souverain honoraire, on le laissait en revanche trôner à son aise. On l'appelait : « Votre Sérénité », on lui parlait à genoux, on lui présentait des placets. Dans les fêtes publiques, il s'entourait de tout le prestige d'un monarque puissant ; revêtu d'une robe de brocart d'or, la couronne en tête, humblement suivi par le Sénat et les grands dignitaires, il ressemblait à un empereur d'Orient ; mais quels chagrins et quelles épreuves se dissimulaient sous cette pompe magnifique !

Revenons à ces galeries immenses, décorées avec le goût et l'art le plus raffinés, et qui comprennent le premier étage du Palais, transformé aujourd'hui en bibliothèque et en musée.

La salle des Bustes, ancienne chambre à coucher des Doges, au plafond blasonné aux armes des Grimani, renferme des chefs-d'œuvre de la statuaire grecque : Léda, Ganymède enlevé par l'aigle, Prétresse debout, Gladiateur mort, célébré par Byron dans l'un de ses morceaux les plus pathétiques. A côté, celle du Grand Conseil est ornée de tableaux représentant l'histoire de Venise ; on a encastré dans la muraille les portraits de tous les doges, depuis leur avènement ; un médaillon vide, recouvert d'un voile noir, figure celui de Marino Faliero.

Les salles du Conseil des Dix et des Ambassadeurs furent décorées par les maîtres de l'Ecole vénitienne ; c'était dans la dernière de ces pièces, comme son nom l'indique, qu'avaient lieu les réceptions diplomatiques ; pour être sûr de la discrétion et du patriotisme de son chef, le Grand Conseil envoyait à ces réunions plusieurs de ses membres travestis et masqués, de façon à ce que le Doge, ne sachant jamais quels étaient les personnages qui l'entouraient, conservât constamment une stricte prudence.

Je ne veux pas quitter le Palais Ducal sans indiquer ces horribles cachots, qui étaient de véritables raffinements de torture, appelés communément les plombs et les puits ; les plombs étaient des cellules situées au faîte de l'édifice et rendues plus terribles par le rayonnement solaire qui, en traversant la toiture plombée, surchauffait l'atmosphère ; les puits étaient des souterrains horribles, qui jalousement gardaient leur prisonnier, condamné à ne plus jamais revoir l'éclat du jour.

Le plus souvent, les exécutions avaient lieu dans ces cachots mêmes ; nous voyons la pierre qui servait de billot, et près de laquelle un plan incliné projetait le sang dans le canal voisin ; le lugubre clapotement des eaux ajoutait encore à l'horreur de ces lieux...

Pour comparaitre devant le tribunal, le prévenu qui subissait sa détention préalable dans une prison, séparée du palais par un bras du canal, franchissait un pont couvert ; ce passage, traversé dans sa longueur par une épaisse muraille, reliait les deux édifices. L'arrêt qui frappait l'accusé ne lui était jamais notifié, et ne s'annonçait au malheureux que par le chemin des deux couloirs que le gardien lui faisait franchir : celui de droite s'il était absous, celui de gauche s'il était condamné. De là, la dénomination de Pont des Soupirs, qui n'a rien de poétique, comme son appellation pourrait le faire supposer...

Je ne m'arrête pas à ces cruels souvenirs, je ne songe en ce moment qu'à revivre l'un des plus délicieux instants de notre voyage. Par une soirée splendide, telle qu'il ne s'en présente guère que dans l'imagination des poètes, alors que la lune reflétait dans les eaux les contours artistiques des palais endormis, nous descendîmes le grand canal, au milieu de gondoles éclairées par des lanternes multicolores. Ces barques ressemblaient à des animaux fantastiques, modulant des chants délicieux, dont la troublante harmonie nous berçait agréablement. Le mouvement égal et monotone des rames rappelait le gracieux ondoiement d'oiseaux qui n'existent qu'au pays des fées ; dans ce décor magique, sous l'ivresse de cette musique capiteuse, je me sentais glisser doucement sur l'onde, vers un but inconnu. Sous ce dôme d'étoiles, je me croyais transportée dans un monde idéal, et je savourais dans toute son intensité la jouissance d'un spectacle indescriptible. Si vous m'en croyez, jeunes ou vieux, naïfs ou blasés, ne quittez pas Venise sans aller un soir vous promener en gondole sur le Grand Canal!...

La quantité des églises est telle dans ce pays superstitieux, que, ne pouvant les citer toutes, je mentionnerai seulement : L'église des Frari décorée par Bellini, Titien, Canova. L'église des Jésuites d'une richesse fabuleuse, tout en marbre blanc et noir. L'église Saint-Paul Saint-Jean, panthéon des Doges, qui renferme des monuments funèbres, chefs-d'œuvre de la statuaire italienne. Ces édifices religieux sont de véritables musées par les trésors qu'ils contiennent.

Avant le IXe siècle, Venise s'était placée sous la protection de saint Théodore, avocat et gonfalonnier de la ville. Mais lorsque les reliques de saint Marc furent apportées d'Alexandrie, saint Théodore tomba dans l'oubli, et le Lion ailé de l'Évangéliste fut arboré sur les drapeaux de la République. Les Vénitiens prétendirent alors, pour s'excuser, que saint Théodore offrait trop de ressemblance avec saint Georges, patron de la République voisine de Gênes, leur rivale. Néanmoins, pour respecter la susceptibilité de leur premier intercesseur, ils firent publier que saint Marc, quoique révéré comme protecteur, devait cependant considérer comme son supérieur le bienheureux saint Théodore... La légende ne dit pas si ce dernier fut satisfait de cette déférence.

Parmi les innombrables ponts qui relient les différents quartiers de Venise, le plus beau est sans contredit le Rialto ; au milieu du Grand Canal il lance majestueusement la courbe de son unique arche de marbre blanc. Ce pont du xvi᷎ siècle est resté, comme au premier jour, divisé en petites cases, qui, louées à des commerçants, se sont transformées en magasins très fréquentés ; une assez large chaussée, réservée au milieu, y permet la circulation, tel autrefois le Pont-Neuf, ce rendez-vous élégant de l'ancien Paris.

Venise étant la ville des verreries et des dentelles, nous en visitâmes la plus grande usine et la plus grande fabrique.

La maison Salviati a conservé intacte la fabrication primitive des anciens verriers ; tout se fait manuellement, et la mécanique en est bannie. Parfaitement installés dans un ancien palais, les ouvriers soufflent dans de longs tuyaux la pâte incandescente, qui, sous l'action de l'air, ressemble à de jolies bulles de savon. Ces légères efflorescences passent de tube en tube afin d'être tournées, pétries, coloriées et finalement transformées en buires, amphores, chimères, etc.

Les Vénitiens sont très fiers de cette fabrication qu'ils considèrent comme un monopole ; les antiques verriers jouissaient d'immunités dont plusieurs subsistent encore ; leurs descendants continuent à faire partie de cette corporation dont les prérogatives rappellent celles de l'ancienne noblesse.

Parmi les nombreuses fabriques de dentelles qui, toutes, ont à cœur de confirmer leur renommée, nous visitâmes celle de Melville et Ziffer, installée également dans un ancien palais. Cette industrie, faisant pour ainsi dire partie de la ville elle-même, emploie les jeunes filles de la classe inférieure, qui travaillent à ces réseaux merveilleux de finesse et de patience. Elles touchent un salaire très minime : les moyennes ouvrières gagnent 1 franc par jour sans être nourries. Ce qui explique le prix élevé de ces dentelles, c'est le temps qu'exige leur confection. Je vis un col auquel la dentellière avait consacré une année de travail journalier !... les pièces plus importantes demandent naturellement plus de temps.

Le type vénitien est beau et majestueux. Les femmes sont grandes, bien faites ; elles ont les traits fins, l'ovale régulier, les yeux bleus très doux, et des cheveux opulents, d'un ton chaud et doré dont l'épaisse torsade leur sert de coiffure. Enveloppées dans leur grand châle noir, elles ont la démarche grave et lente, et rappellent dans ce cadre immuable les chefs-d'œuvre de leurs peintres immortels.

On y vit à bon marché, on compte par centimes : je vis des denrées, des fruits, des fritures dont le peuple est très friand, affichés 0,13, 0,17 centimes. Lorsqu'un gondolier atterrit, les indigènes lui donnent comme pourboire quelques centimes ; mais si vous allez jusqu'à la pièce de deux sous, il vous remercie avec effusion ; les étrangers seuls se permettent ces libéralités.

Malgré tout, dans cette cité aquatique, il existe deux sérieux inconvénients, le premier est le manque d'eau potable, car je dénie cette qualité au contenu des citernes, qui n'est qu'un liquide saumâtre, épais, renfermant une quantité innombrable de microbes et que prudemment les étrangers remplacent par de l'eau minérale.

Le second comprend les moustiques ! Malgré la meilleure de toutes les précautions, celle de fermer ses fenêtres le soir, malgré les moustiquaires, malgré la fumée de plantes odorantes, ils sont là qui vous guettent. Ils viennent voler autour de vous, bourdonner à vos oreilles ; ils ont l'air de vous dire d'un ton moqueur : « Tu es notre proie, quoi que tu fasses, tu ne nous échapperas pas ». En effet il n'y a rien à faire. Vous vous cachez sous un voile, ils le traversent ; vous voulez les atteindre, ils s'enfuient ; vous allumez des fidibus, ils deviennent plus alertes. Le plus simple est de se résigner à supporter ce désagrément.

Malgré ces ombres du tableau, nous quittâmes avec regret cette ville de souvenirs et de poésie. Une gondole, pour la dernière fois, nous fit faire le tour du Grand Canal et nous ramena à la gare. Pendant longtemps encore, la tête à la portière, je regardai les dômes, les flèches, les terrasses, puis tout s'estompa dans la brume : c'était fini, Venise n'était plus qu'un rêve pour nous.

CHAPITRE VIII

FERRARE ET BOLOGNE

Après Padoue, nous longeâmes des plaines immenses et fertiles, les attelages des bœufs s'harmonisaient avec la douceur du paysage ; je revoyais Cincinnatus quittant le pouvoir et venant se retremper dans la vie pastorale, au milieu d'un site certainement semblable à celui-là.

Des peupliers, agréablement groupés, s'échelonnent au loin et rompent la monotonie de l'horizon. C'est au milieu de cette verdure traversée par un bras du Pô, que nous apparaissent les anciennes fortifications de Ferrare.

Cette ville eut une certaine importance au XVe et au XVIe siècle ; l'un des ducs d'Este, Hercule, fils de Lucrèce Borgia, épousa Renée, fille d'Anne de Bretagne et de Louis XII. Cette princesse française, intelligente et instruite, apporta l'amour des arts et des lettres à la cour de Ferrare, qu'elle plaça au premier rang de celles d'Italie, et même d'Europe. Cependant elle n'était guère jolie cette princesse ; la nature lui avait refusé les dons extérieurs. La Reine Mère disait en parlant de sa fille : « L'amour qui s'attache à la beauté du corps passe comme elle ; celui qu'inspire la beauté de l'esprit ne passe point, car son objet est immortel ».

Cette ville, aujourd'hui déchue, présente un caractère de tristesse qui la fait comparer à Versailles ; elle fut la patrie de l'Arioste. Le Tasse y resta enfermé sept ans, et ce fut là que Léonora, fille du duc et de la duchesse de Ferrare, lui inspira son héroïne.

Nous continuons notre route à travers de riantes vallées ; j'aperçois au loin des tours, des remparts qui nous annoncent Bologne. Ancienne cité étrusque entourée de murailles construites en simples briques et percées de douze portes, Bologne serait une belle ville si ses rues ornées d'arcades et de portiques étaient plus régulières et plus spacieuses.

Patrie de Grégoire XIII, Grégoire XIV, des trois Carrache, du Dominiquin, du Guide, de l'Albane, de Galvani, etc., cette ville est remarquable par ses monuments.

La cathédrale, consacrée à saint Pierre, a été plusieurs fois rebâtie ; l'intérieur, de style corinthien, renferme de nombreux tableaux et de belles fresques de l'École bolonaise.

L'église Saint-Pétrone, de style gothique italien dans toute sa magnificence, a été fondée au XIVᵉ siècle ; à ce moment on voulait construire un édifice religieux qui surpassât par son ampleur tous les autres. Ce plan ne fut exécuté que jusqu'à la façade orientale de la nef ; les travaux suspendus ne furent pas terminés et la façade n'est pas encore achevée... De nombreuses peintures et de belles statues décorent l'intérieur de cette immense nef ; les vitraux ont été exécutés d'après les dessins de Michel-Ange ; les tableaux sont de Francia, Campagna, Jules Romain.

L'église de Saint-Dominique renferme le tombeau de l'illustre fondateur de l'ordre des dominicains, qui vécut et mourut dans le couvent attenant à cet édifice. Les bas-reliefs ont été sculptés par Lombardo, et deux statues décoratives sont attribuées à Michel-Ange. Les fresques de la coupole, représentant la vie de saint Dominique, sont peintes par le Guide, dont les restes reposent à côté de ceux de son élève préférée, Elisabeth Sirani, dans la magnifique chapelle du Rosaire.

Le Palais Public ou du Gouvernement, construit au XIIIe siècle, a conservé toute son originalité ; le grand escalier est l'œuvre de Bramante. La tour de l'Horloge date du XVe siècle ; au-dessus de la porte d'entrée, une belle statue assise de Grégoire XIII a été transformée, vers 1796, en saint Pétrone.

Le Palais du Podestat, qui fut bâti au commencement du XIIIe siècle ; le portique de Bouchi qui fait face au Palais ; la fontaine publique ornée d'une superbe figure de Neptune par Jean Bologne (artiste français du XVIe siècle), attestent la splendeur passée de cette cité ; elle fut jadis si redoutable qu'elle put lutter avec succès contre les Vénitiens, les princes de l'Italie et l'empereur Frédéric II.

Mais ce qui donne le plus d'originalité à la ville de Bologne, ce sont, avec ses vieilles maisons à galerie, ses deux tours penchées, la Torre Asinelli et la Torre Garisenda construites au commencement du XIIe siècle.

La Torre Asinelli, du nom de l'architecte, haute de 83 mètres, s'élève au milieu de la ville ; on attribue au tassement de ses fondations l'inclinaison de 1 m. 60 que présente son axe, déviation d'ailleurs peu sensible à l'œil ; elle sert aujourd'hui d'observatoire astronomique.

La Torre Garisenda, moins haute de moitié que sa sœur aînée, possède au contraire une inclinaison du double. Son aspect cause un véritable effroi aux voyageurs qui, en la regardant, se reculent instinctivement. Cette tour fut comparée par le Dante au géant Antée, il lui semblait la voir se pencher pour le saisir en compagnie de son guide. La perspective de la Garisenda produit un effet d'optique fort curieux : on croit la voir s'abaisser quand les nuages fuient au-dessus de ses créneaux.

Mais ne nous attardons pas à ces détails ; avant de reprendre le train de Florence, munissons-nous de la mortadelle exquise, si justement renommée dans ce pays. Après avoir traversé de nombreux tunnels, nous arrivons enfin dans la contrée si fertile et si réputée de la Toscane. Nous voyons surgir Pistoïa au milieu d'une ceinture d'arbres fruitiers ; la largeur de ses rues, le nombre de ses palais, l'ampleur de ses édifices attestent sa richesse et sa grandeur passées. On prétend que Pistoïa donna son nom au pistolet, parce que, autrefois, elle renfermait de nombreuses et importantes fabriques de ces sortes d'armes.

Quelques lieues seulement nous séparent de la capitale toscane ; de gracieuses collines se perdent à l'horizon, dans la verdure sombre des ifs qui se détachent en pointe sur la douceur du ciel ; des tours crénelées se noient dans le lointain et rappellent les paysages chers aux maîtres florentins. Quelques minutes encore et nous sommes à Florence.

CHAPITRE IX

FLORENCE

FLORENCE la Belle, la ville des fleurs, à l'écusson de lys sur champ de roses, semble émerger d'un nid de verdure. De coquettes villas, disséminées sur les coteaux environnants, l'entourent, la prolongent dans le val d'Arno si privilégié : immense jardin tout imprégné de fleurs, de parfums et d'azur. Le mûrier, l'oranger, les arbres verts, les plantes méridionales, croissent en toute liberté sous ce ciel clément, dans cette terre féconde qui sut enfanter à la fois les merveilles de la nature et celles de l'art !

Cité des Médicis, cette ville sévère au centre frappe par la masse imposante et solide de ses anciens palais. L'épaisseur de leurs murailles, la force de leur structure, l'absence d'ornements extérieurs, les font ressembler à des forteresses abruptes, nées dans la tourmente des luttes intestines et des guerres civiles.

Mais en suivant les rues étroites qui vont en s'élargissant, cet aspect guerrier s'atténue ; les maisons deviennent plus gaies, plus riantes, plus faciles ; cette rudesse disparait, et bientôt il ne reste plus que des constructions élégantes et gracieuses, qui finissent par se fondre dans la verdure et les fleurs.

Florence, cette Athènes des temps modernes, est l'une des plus intéressantes villes de l'Italie par la magnificence de ses monuments et la richesse de ses collections artistiques. Ses immortels enfants, Dante et Michel-Ange, la placèrent à la tête du mouvement qui devait, en rénovant l'esprit humain par l'alliance de l'art antique à l'art chrétien, enfanter cette époque grandiose de la Renaissance.

Quand le paganisme fit place au christianisme, celui-ci chercha à détruire tout ce qui pouvait rappeler le vieux monde païen. Les idoles furent brisées, les temples démolis, les dieux réduits en poussière ; l'Église s'empara de la direction des arts et leur imposa des formules d'où l'antiquité était absolument exclue. Après la magnifique efflorescence du Moyen Age où il atteignit à son apogée, l'art religieux décrut à son tour, et tomba en décadence. L'artiste, rompant alors avec le dogmatisme chrétien, reprit possession de la forme antique et, s'affranchissant des règles de l'art hiératique et sacerdotal, recommença à interroger la nature, expression si parfaite de la vérité positive et de la beauté matérielle. La découverte de vieux manuscrits permit de reconstituer la philosophie et la littérature gréco-romaine, l'exhumation et la restauration des monuments païens, statues, bas-reliefs, vases, bijoux, etc., fournirent des inspirations et des modèles pour un art nouveau. Ce fut une Renaissance de l'art antique imprégné de la spiritualité chrétienne.

Les trois merveilles de Florence : la Cathédrale, le Campanile, le Baptistère forment, au cœur même de la cité, un groupe de chefs-d'œuvre élevés par plusieurs siècles de recherches et de labeur ; ils s'imposent à nous tant par leur antiquité que par leur importance pour l'histoire de l'art. Arnolfo di Lapo est le promoteur de ce mouvement. Dédaigneux du style gothique dans lequel il ne voit qu'un prétexte aux fantaisies de l'ornementation, il cherche à assurer à certaines formes de la construction ogivale des éléments nouveaux de grandeur et de noblesse.

Giotto, avec sa simplicité élégante du Campanile, et Orcagna avec la gravité et la force de la Loggia dei Lanzi, le suivent dans son évolution ; mais celui qui s'élance encore plus avant dans la voie de la réforme, c'est Brunelleschi : véritable créateur de l'architecture de la Renaissance en Italie. L'étude des monuments antiques de Rome lui révéla un système d'architecture nouveau, simple, logique, naturel, fondé sur les justes rapports des proportions, et transformant en gracieux ornements les supports de la construction. La coupole de Santa Maria del Fiore lui fut certainement inspirée par les coupoles antiques du Panthéon et du temple de Minerve : habile et judicieux emploi de la voûte en ogive.

Il est à remarquer qu'en Italie, au lieu de placer le clocher sur l'édifice lui-même et de le fondre dans l'ensemble architectural, les Italiens se plaisent à l'en isoler. Peut-être redoutent-ils l'ébranlement de l'église par le son des cloches ? Dans tous les cas, c'est un trait propre à de nombreuses cathédrales italiennes, que de voir le clocher placé à côté du Dôme et à côté du Baptistère. Pour ce dernier, l'isolement se comprend davantage ; en un siècle de croyance et de piété aussi profondes, l'accès de l'église ne devait être permis qu'aux fidèles ayant reçu le baptême. On construisait donc à part la chapelle où ce sacrement devait être octroyé.

Le Baptistère, dans lequel la tradition veut retrouver un ancien temple de Mars, date du xiie siècle ; c'est le plus ancien des trois édifices. De style Renaissance pisane, il se distingue par son élégante simplicité ; il dessine un octogone dont chacune des parois, formée de trois arcades et de trois fenêtres, est surmontée d'une attique ornée de pilastres qui soutient la coupole. Dans leur simplicité, l'arrangement, la coordination de ses différentes proportions, font preuve d'une sûreté de goût remarquable ; l'unité du décor architectural contraste avec la variété des bas-reliefs et des statues qui en ornent l'extérieur.

Trois portes admirables en bronze sculpté, « dignes d'être celles du paradis », disait Michel-Ange, donnent accès à l'intérieur du temple. Elles témoignent de la sculpture toscane du xive au xvie siècle, et permettent de suivre l'évolution de l'art à cette époque florissante. La première porte (Sud), sculptée par André de Pise, représente l'histoire de saint Jean-Baptiste, patron de Florence ; elle est antérieure de près d'un demi-siècle aux deux autres. La deuxième (Est), et la troisième (Nord) sont l'œuvre de Ghiberti qui y travailla pendant plus de 27 ans. Un concours ayant été ouvert, deux concurrents seulement furent jugés dignes de mener à bien cette œuvre d'art : Brunelleschi et Ghiberti. Brunelleschi se retira, laissant à Ghiberti seul le soin de composer ces merveilles tirées des sujets de la Bible et de l'Ancien Testament. La porte Est est accompagnée de deux colonnes antiques en porphyre, offertes par les Pisans aux Florentins, comme remerciement de leur neutralité pendant une de leurs nombreuses expéditions maritimes.

L'intérieur, comme l'extérieur, de ce bijou de marbre, est enrichi par les sculptures nombreuses des maîtres de l'époque. Le baptême du Christ par Sansovino est l'un des morceaux les plus beaux de cet artiste. La statue en bois de sainte Marie-Madeleine, celles de saint Jean-Baptiste, de saint Jérôme priant dans sa cellule, sont des chefs-d'œuvre de Donatello, ce maître qui suivit, en sculpture, l'essor que son ami Brunelleschi avait imprimé à l'architecture. La statue du dieu Mars orna longtemps cet édifice, protégée par la superstition publique, qui rattachait à sa conservation l'existence de la ville.

Le Baptistère composé de huit chapelles est encore aujourd'hui affecté à la consécration du baptême. Nous y rencontrâmes une quantité de bébés enrubannés, attendant, inconscients, dans les bras de leur nourrice, le moment solennel de leur intronisation dans le giron de l'Église.

Le Campanile entièrement décoré de marbre blanc, rouge et noir, fut commencé par Giotto en 1333, continué par André de Pise, et terminé par Talente. La construction de ce clocher ayant duré plus d'un demi-siècle, il est facile de comparer les différents artistes qui se sont succédé, et d'assister progressivement à l'évolution complète de leur art. Autant la partie inférieure manque de relief et de force, autant la partie supérieure offre de richesse et de fermeté. En bas, les niches sont petites et timides, en haut, les fenêtres bilobées et trilobées dessinent superbement leur galbe et leur vigueur.

Mieux encore que les bas-reliefs du Baptistère, ceux du Campanile sont un des plus beaux spécimens de la sculpture florentine, depuis André de Pise jusqu'à Donatello. La beauté de ce clocher réside surtout dans sa décoration due aux premiers artistes de la Renaissance. Les statues de saint Jérémie, saint Jean-Baptiste, Abraham et Habacuc, sont des œuvres maîtresses, dans lesquelles se retrouvent la verve, la fougue et presque la brutalité, avec lesquelles l'illustre Donatello interprétait la nature. D'autres figures et bas-reliefs d'André de Pise, de Giotto et de Luca della Robia achèvent et complètent la beauté de ce chef-d'œuvre.

LE DÔME

La fondation de la cathédrale florentine remonte à la fin du xiiie siècle; à ce moment, une véritable fièvre de construction s'était emparée de l'Italie ; on aurait dit que ce pays voulait consacrer par des œuvres durables l'époque florissante et artistique dont les premières lueurs éclairaient l'horizon. Sous les vocables de Santa Reparata ou Santa Maria del Fiore, la basilique fut commencée par Arnolfo dit Lapo. Elle ne devait être terminée que plusieurs siècles après : la façade surtout ne fut complètement achevée qu'en 1887.

Les Florentins, en véritables héritiers des Étrusques, avaient cette habitude bizarre de finir par où l'on commence. Mais aussi qu'advint-il ? Dans l'intervalle, le goût, la dévotion même avaient changé. La nef une fois voûtée, l'abside fermée, le sol pavé, qu'importait la façade ? Les offices pouvaient être célébrés, cela suffisait. Des siècles durant — pendant 400 ans — l'entrée principale n'étant pas terminée, les fidèles entrèrent par les portes latérales pratiquées dans un mur crépi et blanchi. Quoique inachevée, cette façade était enrichie de nombreuses statues, renfermées aujourd'hui à l'intérieur.

La Cathédrale, immense polygone recouvert d'une coupole gigantesque, est remarquable par ses proportions antiques et sévères qui s'y unissent à l'esprit de l'art intérieur. L'élégance et la variété des incrustations composées de marbre blanc de Carrare, de marbre vert du Prato et de marbre rouge de la Marenne, ajoutent encore à sa richesse et à sa magnificence. De même que le Campanile, les statues et bas-reliefs qui la décorent sont les chefs-d'œuvre de la statuaire de l'époque. Ghiberti, Donatello, Sansovino, Luca della Robia, tels sont les maîtres qui embellirent non pas cette basilique, mais ce musée !

Pas plus à l'intérieur qu'à l'extérieur, Santa Maria del Fiore ne produit l'impression d'infini propre aux cathédrales gothiques. Le vaisseau très vaste et très clair est de plain pied ; les bas-côtés, en se reliant à la nef principale, forment une immense galerie sans chapelles latérales, sans niches, sans rien de profond ni de mystérieux ; la vue ne s'étend pas, elle est arrêtée de suite par le mur froid, blanc et sévère. L'absence de chaises accentue encore la nudité de cette nef immense, ornée cependant d'œuvres nombreuses qui feraient la gloire de plusieurs cités.

On y remarque la statue de saint Jean assis, par Donatello, qui inspira à Michel-Ange l'idée de son Moïse ; les bas-reliefs de Ghiberti dans la chapelle du saint du lieu : San Zanobi ; la statue de saint Jacques, par Sansovino ; les monuments de Giotto et de Brunelleschi ; les bas-reliefs en bronze de la porte de la sacristie, par Luca della Robia ; la Pieta, groupe en marbre non terminé, de Michel-Ange ; et enfin, une vieille peinture représentant Dante debout en robe rouge.

A la mort de Pierre de Médicis, une conspiration s'étant formée contre ses deux fils, Laurent et Julien, ce dernier fut poignardé en célébrant la messe dans cette cathédrale, tandis que son frère échappait à grand peine lui-même au fer homicide des conjurés ; le peuple, qui aimait les Médicis, vengea la mort du prince en immolant les conspirateurs qu'il put saisir.

Brunelleschi mit 16 ans à la construction de la coupole (1420-1436), alors que celle de Saint-Pierre de Rome fut terminée en deux années. Il faut dire qu'à ce moment, 150 ans plus tard, les architectes

Romains bénéficièrent de l'expérience du maitre florentin.

La lanterne destinée à assurer par son poids la stabilité de cette voûte immense forme à elle seule un monument. Il fallut de nombreuses années pour la construire; Brunelleschi mourut avant qu'elle ne fût terminée, mais satisfait de voir le triomphe de ses idées désormais assuré. Il pouvait se féliciter d'avoir, selon l'expression de son illustre disciple Alberti : « dressé dans les cieux un édifice assez grand, pour couvrir de son ombre tous les peuples de la Toscane. »

En face le Baptistère, un bijou d'architecture : La Loggia del Bigallo, démontre la transition du gothique à la Renaissance. L'art ogival considéré comme ornement, alterne avec des colonnettes torses, des pilastres, des niches d'une légèreté et d'une élégance incomparables.

A l'ombre de ce groupe artistique, en face de ce Dôme qu'il a si harmonieusement chanté, on voit encore aujourd'hui la Pierre du Dante, sur laquelle l'immortel Florentin venait s'asseoir. A quoi rêvait-il, le poète, en admirant les chefs-d'œuvre de sa patrie ? Peut-être alors son imagination féconde animait-elle ces statues de pierre et de marbre ; peut-être, en les contemplant, se laissait-il ravir vers ce monde idéal qu'il a su si tragiquement nous dépeindre. Peut-être voyait-il s'incliner vers lui ces prodiges de beauté et de grâce qu'il a si bien rendus ; peut-être attendait-il le secours de divinités consolatrices lui apportant le plus suave des biens : l'espérance.

Tandis que je me livrais à ces réflexions, un son de

clochette triste et monotone me fit tressaillir. Je me retournai et vis apparaître quatre pénitents, revêtus de la cagoule noire, tenant un cierge allumé, qui se dirigeaient tout près de moi, vers l'Oratoire de la Miséricorde. Deux d'entre eux portaient un fardeau long et rigide, qu'ils déposèrent dans une immense salle, à laquelle un escalier de pierre et une porte large ouverte donnaient accès.

Je demandai des explications, et voici ce que j'appris : Depuis la fameuse peste qui décima la ville, il est interdit à tout Florentin, quel qu'il soit, de conserver un mort dans sa maison. Aussitôt le dernier soupir rendu, la famille, les amis, ou les serviteurs préviennent la Confrérie, qui s'empresse de venir chercher le cadavre et de le transporter dans cet hospice, où il est veillé jusqu'au moment des funérailles. Ces pénitents sont, paraît-il, des notables de la ville ; ils ne sont pas rétribués et remplissent cet emploi par esprit de charité ; pour n'en pas tirer orgueil, ils endossent la cagoule afin de n'être pas reconnus. Dans ce milieu exceptionnel, ce cortège d'aspect bizarre et lugubre impressionne désagréablement ; et cependant il se renouvelle non seulement chaque jour, mais encore plusieurs fois par jour.

Le soir de notre arrivée, nous nous rendîmes à la place de la Seigneurie ou du Grand-Duc : le Forum de Florence. Ce centre de la vie florentine, où, depuis plusieurs siècles, se sont déroulés les drames qui composent l'histoire de la cité, a pour cadre les édifices les plus disparates. Dominée par les créneaux et la tour du Palais-Vieux, cette place s'enorgueillit surtout de ce bijou de la Renaissance qui embellit son côté sud : La Loggia dei Lanzi !

A droite, des maisons modernes de grande allure ; à gauche le Palais Gondi, une échappée sur le Dôme et le Campanile : puis le Palais Uguccioni avec ses colonnes élégantes, impriment un caractère remarquable à ce lieu si intéressant au point de vue historique. Pavée de dalles plates et longues, cette place n'a pas varié depuis l'origine de la ville ; rien n'a changé, et quand le moine Savonarole expia sur le bûcher ses discours et ses écrits sacrilèges, l'aspect des mêmes maisons et des mêmes palais fut celui qu'il emporta en son dernier regard !

La Loggia dei Lanzi — ou Loge des Lansquenets — ainsi nommée parce que, sous les Médicis, elle servit de corps de garde, — est attribuée à Orcagna. C'est un élégant portique, formé de trois arcades en plein cintre, qui se distingue par la majesté de ses proportions. Jadis cette tribune, destinée aux orateurs populaires, retentit des émotions turbulentes de la multitude et, dans les moments d'accalmie, sa voûte, véritable dais, abrita des festins princiers.

L'escalier gardé par deux lions, emblème de Florence, donne accès à l'unique galerie où l'on peut en toute liberté admirer le Persée de Benvenuto Cellini, l'enlèvement de la Sabine, de Jean Bologne, et la Judith de Donatello.

La statue équestre de Cosme Ier et la fontaine de Neptune achèvent de donner à cette place l'aspect d'un musée de sculpture, d'un ensemble monumental qu'on ne rencontre nulle part ailleurs.

Le Palazzo Vecchio, forteresse qui domine la place du Grand-Duc, servait de résidence à la Seigneurie ; il est l'œuvre de l'époque libre de Florence, cette capitale du moyen âge. Commencé en même temps que le Dôme et l'église de Santa Croce, par Arnolfo di Lapo, son édification peint les mœurs du moment. Lors des travaux préliminaires, le peuple s'étant aperçu que les dépendances du Palais se prolongeraient sur le terrain des Uberti, famille chassée de la ville comme Gibeline, fit, au risque d'en détruire l'harmonie, reculer les fondations, afin d'empêcher le nouvel édifice de reposer sur un sol impur. Malheureusement le style s'en ressentit et le monument s'en trouva déformé et amoindri.

Le souvenir des Etrusques flattait l'orgueil des Florentins ; ils se plaisaient à se vanter de leurs ancêtres devant les Romains, et à revendiquer pour eux une antiquité supérieure; cet orgueil et ce patriotisme se retrouvent dans l'architecture du Vieux-Palais. Cette forteresse massive et quadrangulaire, d'aspect grandiose et sévère, donne l'impression de la force et de la terreur.

De rares croisées et une seule porte rompent la monotonie de ces murailles imposantes. Sous les arceaux des machicoulis qui surplombent sa façade divisée en trois étages, se trouvent peints les écussons des différents quartiers de la ville et ceux des familles gouvernantes auxquelles la République fut soumise. Au-dessus de l'entrée principale, une inscription de 1529, flanquée de deux lions en bas-relief, témoigne des sentiments de piété de la population : « I H S Rex regnum et dominus dominantium ». C'est aux fenêtres et aux créneaux de cette muraille que furent pendus, après l'assassinat de Julien de Médicis, les Pozzi et leurs complices, l'archevêque Salviati en tête.

Le Campanile étonne par la hardiesse de sa construction. Il est appuyé non sur le mur de la façade, mais sur la galerie couverte soutenue à son tour par les créneaux. Rien ne peut exprimer la sensation de frayeur que vous inspire ce beffroi gigantesque. Cet énorme carré de pierres, percé de rares fenêtres en trèfle, surplombe de telle façon l'édifice qui lui sert de base, qu'on ose à peine le regarder ; il vous semble que chaque battement de cloche, en l'ébranlant, doive l'entraîner dans le vide !...

Par la porte principale on accède à une cour élégante, au milieu de laquelle s'élève, sur une fontaine, l'Enfant au Poisson, bronze de Verrocchio. La salle des Cinq Cents, construite sur l'initiative de Savonarole, est enrichie d'un grand nombre de statues historiques ou allégoriques. Son plafond est orné de peintures de Vasari, représentant les principaux faits de l'histoire de Florence et des Médicis.

Le premier étage contient les appartements dits de Léon X. Au deuxième, la salle du Lis ou de l'Horloge nous offre des souvenirs de l'art florentin de la Renaissance ; partout des tapisseries rares accentuent la sévérité et la richesse du décor. La salle de l'Audience a pour principal ornement la porte sculptée, contenant en marqueterie les portraits de Pétrarque et de Dante. La petite chapelle des Prieurs, qui s'étend à la suite, s'enorgueillissait autrefois du rétable de Filippino

Lippi : l'Adoration des Mages, transporté aujourd'hui au Musée des Offices.

Malgré leurs efforts, les Florentins n'ont pas réussi à créer une résidence comparable au Palais des Doges ; nulle unité n'existe dans l'aménagement du Palazzo Vecchio : à côté de galeries superbes, des escaliers tournants, des couloirs obscurs, des pièces minuscules rompent la beauté de l'ensemble, et en détruisent l'ampleur. Aujourd'hui cette ancienne résidence des seigneurs est le siège de la Municipalité, tandis que le Palais Riccardi abrite la Préfecture.

Le Palais Riccardi offre la transition du château fort pouvant soutenir un siège, et de l'habitation confortable, où le souci de la commodité repousse la préoccupation de la défense. Cette antique demeure des Médicis est remarquable par la fierté de ses lignes et par sa façade incrustée de pierres en bossage, que le temps a teintées de la couleur du bronze. La construction de cet édifice, à la fois imposant et élégant, fut confiée par Cosme de Médicis à Michellozzo. Parmi les nombreux projets qui lui furent soumis, le Père de la Patrie n'osa pas choisir celui de Brunelleschi, dans la crainte d'en voir l'ampleur et la beauté éveiller la jalousie de ses ombrageux concitoyens.

Au XVIIe siècle, la famille Riccardi acquit pour la somme de 287.000 livres cette somptueuse demeure dont elle resta propriétaire jusqu'en 1814, époque où le gouvernement en fit lui-même l'acquisition. Mais il était trop tard, des changements et des bouleversements ayant été opérés, il n'y avait plus qu'à conserver le Palais tel qu'il est aujourd'hui. On y installa une immense bibliothèque, très riche, qui compte 30.000 volumes, 4.000 manuscrits, dont un des plus intéressants est l'histoire de Florence par Machiavel.

La grande salle des fêtes est décorée de tapisseries des Gobelins ; les écussons doubles des Médicis et des Bourbons rappellent l'union des deux familles, et indiquent le soin que la reine Marie prit à embellir le château de son père. Le plafond de cette galerie, peint par Giordano, représente l'apothéose des Médicis du xvii° siècle ; cette fresque ne vaut certes pas celle de la chapelle de Gozzoli, à laquelle l'artiste travailla pendant des années, et qui, aujourd'hui encore, est une œuvre de fraicheur et de poésie. Le sujet choisi, l'Adoration des Mages, n'est qu'un prétexte aux paysages riants et aux brillantes cavalcades, au premier rang desquelles on reconnaît les princes de la Maison régnante. Certains groupes d'anges priant ou chantant sont d'une éloquence et d'une beauté saisissantes.

L'une des deux cours, entourée de colonnes corinthiennes, présente un gracieux aspect ; la frise qui surmonte les chapiteaux de ces colonnes contient des médaillons sculptés par Donatello. Les Riccardi y réunirent trois sarcophages romains, autrefois encastrés sur l'un des côtés du baptistère.

Et je m'attardais en cette demeure de tant d'hommes illustres ; je revoyais cette cour florentine dans toute sa splendeur, alors que son culte des beaux-arts et son cortège d'artistes célèbres la plaçaient au premier rang, et en faisaient la Reine de l'Univers. On peut dire de ce Palais : « qu'il fut le berceau de l'art, et le tombeau de la liberté ».

Le Vieux Bargello, aujourd'hui Musée National, est égalemement très curieux. Toujours de même architecture, façade imposante, entourée de créneaux et surmontée d'une tour, cette ancienne résidence des Podestats fut construite par le même architecte et à la même époque que les monuments de Florence.

Les arcades qui communiquent avec la cour et les salles du rez-de-chaussée sont consacrées aux sculptures des XIVe, XVe et XVIe siècles ; Michel-Ange y figure par plusieurs morceaux connus. Le médaillon représentant la Vierge, l'Enfant Jésus et saint Jean-Baptiste, est l'un des groupes où il a su mélanger les lignes d'une façon harmonieuse jusqu'en leurs moindres détails. Le buste de Brutus, de fière tournure ; le groupe inachevé du Génie Victorieux préparé pour le mausolée de Jules II, impressionnent par l'ampleur de leur facture.

Le masque du satyre est intéressant car il rappelle comment l'artiste fut appelé à connaître Laurent le Magnifique. A ce moment où il était encore un inconnu, on lui avait donné à réparer ce morceau qui avait dû servir à l'ornementation d'une fontaine. Michel-Ange, non seulement retoucha, mais encore refit, en marbre, un masque supérieur comme exécution au modèle confié. Le seigneur, surpris de cette œuvre, n'en critiqua qu'un seul point : la figure, celle d'un vieillard, devait être édentée. Séance tenante l'artiste, avec une admirable habileté, cassa les dents de la tête sculptée, et la présenta au duc. Celui-ci frappé du génie de Buonarotti, lui témoigna l'amitié et l'admiration qu'il devait lui continuer jusqu'à sa mort.

L'escalier extérieur accède à la vaste salle consacrée à Donatello et dominée par son David (Il Zuccone), portrait d'un mendiant florentin, connu pour sa laideur et rendu avec une vérité inexorable.

Les Maîtres de la Renaissance : Brunelleschi, Ghiberti, Donatello, Benvenuto Cellini et Jean Bologne, sont représentés dans ce musée par des œuvres maîtresses. La chapelle décorée par Giotto contient des fresques d'une valeur inestimable. Dans l'une d'elles on remarque une figure juvénile au nez aquilin, au front pensif, au regard doux et rêveur, c'est le portrait de Dante; accompagné de son maître Brunetto Latini, ils font partie de la foule des élus du Paradis.

Une collection de bronzes, d'ivoires, d'émaux, de peintures de fers forgés, de médailles, d'armures, constitue la richesse de ce musée unique.

CHAPITRE X

FLORENCE (suite).

Parmi les nombreuses églises de Florence, qui presque toutes furent décorées par des maîtres, je citerai : Santa Croce, San Lorenzo, Santa Maria Novella, San Spirito, San Michele, San Ognissanti et l'église del Carmine.

Santa Croce élève sur la place de ce nom sa façade formée de trois frontons triangulaires, et relevée d'incrustations en marbre rouge et vert. Cette église, commencée en 1294 par Arnolfo di Lapo, ne devait être consacrée que 150 ans plus tard, elle ne fut même complètement terminée qu'au siècle dernier. Sombre, austère, éclairée par le demi-jour des vitraux anciens, elle est remplie de tombeaux illustres qui la font considérer comme le Panthéon de Florence.

On ne peut fouler les dalles de Sainte-Croix, errer sous ces voûtes où le bruit des pas se perd en un mystérieux murmure, sans ressentir un sentiment de vénération pour la poussière de ces demi-dieux immortalisés par le génie ! En parcourant cette voie des tombeaux, en lisant cette nomenclature de noms illustres, il vous semble être imprégné d'une parcelle de gloire que ces restes provoquent. Les noms de Galilée, Machiavel, Michel-Ange, Alfieri, Cherubini, Rossini résument l'histoire de l'esprit humain. Dante, Pétrarque et Boccace, malgré les monuments élevés en leur mémoire, reposent à Ravenne, au bourg d'Arqua, et à Certaldo.

« Santa Croce, disait M*me* de Staël dans *Corinne*, contient la plus brillante assemblée de morts qui soit peut-être en Europe. » Il est vrai que ce dernier refuge semble être créé pour eux par la majesté de l'édifice et par l'art sculptural des mausolées. Celui de Michel-Ange est remarquable par les statues qui l'ornent et qui représentent : la Peinture, la Sculpture et l'Architecture dans l'attitude de la méditation et de la douleur. Celui d'Alfieri, dû au ciseau de Canova, exprime une émotion si intense, que les Toscans se plaisent à dire, en parlant de ce monument : « C'est le tombeau de Sophocle sculpté par Phidias ».

Après avoir accompli le pèlerinage de Santa Croce, il nous faut venir à l'église de San Lorenzo, nous quitterons ainsi le Panthéon pour Westminster. Ce sont d'autres tombeaux, d'autres morts, d'autres gloires. A Sainte-Croix le seul luxe des monuments c'est l'art. A Saint-Laurent, il y a en plus la matière précieuse : jaspe, porphyre incrustations d'or et de bronze. Là ce sont des personnages parvenus à la grandeur par l'élévation de la pensée, ici ce sont des princes arrivés à la renommée par la force des choses.

Saint-Laurent, ancienne église consacrée par saint Ambroise à la fin du IV⁰ siècle, est située à proximité du Palais des Médicis dont elle était la paroisse; cette particularité explique l'ardeur avec laquelle les princes de cette famille travaillèrent à sa richesse et à son embellissement. Ils la firent d'abord reconstruire au XV⁰ siècle sur les plans de Brunelleschi; architecture dans laquelle on voit reparaître l'ordre corinthien avec la régularité de ses proportions et l'élégance de ses chapiteaux à feuilles d'acanthe. C'est là surtout où l'on peut suivre l'effort du maître et assister à sa rupture complète avec le style gothique. Véritable protagoniste de la Renaissance, Brunelleschi se sépare complètement des traditions du passé dans ce monument, qui peut être considéré à juste titre comme l'emblème de la grandeur et de la magnificence des Médicis.

La façade, pour laquelle les maîtres les plus illustres composèrent les projets les plus grandioses, ne fut pas terminée; les cartons gardèrent jalousement ces plans qui ne devaient jamais voir le jour, et actuellement encore les pierres épanelées et le crépi qui recouvrent l'entrée principale, sont d'un effet déplorable. L'intérieur est le type achevé des basiliques chrétiennes primitives : colonnades, plafonds à caissons, éclairage par les fenêtres de la nef et des bas-côtés, combinaisons de voûtes et d'arcs, composent l'ensemble de cette église, où la vraie beauté réside surtout dans les deux chapelles ou sacristies.

La première, la plus ancienne, appelée la Vieille

Sacristie, est un véritable musée. Aux sculptures du maître Donatello s'ajoute le sarcophage en porphyre qu'il exécuta à la mémoire de Pierre et de Jean de Médicis; c'est une merveille de sentiment et de décoration : les anges assis, supportant un cartel, et ceux flottant autour de la paroi sépulcrale sont l'expression même de la grâce et de la fraîcheur. Les portes de bronze, les médaillons des Evangélistes, les scènes de la vie des saints, sont autant de chefs-d'œuvre.

Donatello, après avoir consacré plus de quarante années à l'embellissement de ce sanctuaire, demanda l'autorisation d'y être enterré lui-même au pied du mausolée de son protecteur et ami Cosme de Médicis. On devine aujourd'hui, plutôt qu'on ne lit, le nom à demi effacé de cet artiste célèbre, qui sut interpréter avec tant de génie les beautés de la statuaire.

La Sacristie Nouvelle œuvre de Michel-Ange, est avant tout une chapelle funéraire. Sa grande élévation, la tonalité sombre des marbres, les dimensions gigantesques des sarcophages émeuvent et subjuguent; il est réellement difficile d'analyser l'impression de grandeur et de sévérité produite par ce sanctuaire. Ici la beauté de la matière première s'unit à la beauté de l'idée et de l'exécution. Les marbres de qualité supérieure offrent les nuances les plus riches et les plus variées; les coussins posés sur les catafalques supportent des couronnes ornées de pierres précieuses, de grosseur surprenante.

Le tombeau de Julien, celui de Laurent sont surmontés des portraits de ces princes, accompagnés de statues allégoriques. Dans le premier on admire les figures du Jour et de la Nuit. Le Jour est animé d'une expression de mouvement saisissante, tandis que la Nuit sommeille avec une sincérité si réelle qu'on croit l'entendre respirer. Dans le second, Laurent, revêtu d'un costume guerrier, casque en tête, assis et méditant, est rendu avec une vérité si frappante qu'on éprouve en le regardant l'incroyable illusion de la vie. On se tait, on marche doucement, cette illusion est telle qu'au moindre bruit il vous semble voir la statue s'animer, se recueillir, puis se replonger dans les pensées méditatives qui lui ont valu son surnom (Le Penseur ou la Méditation). De quelle beauté et de quelle grandeur est composé cet art qui possède le pouvoir de communiquer à ce point la vie à la pierre ?

Je ne puis quitter la Basilique de Saint-Laurent sans dire un mot de la célèbre bibliothèque voisine : la Laurentienne. Cette bibliothèque se lie intimement à l'histoire des Médicis dont elle partagea la bonne et la mauvaise fortune ; fondée au temps de leur splendeur, elle fut confisquée à chaque révolution et n'échappa que par miracle à la destruction. Ce fut Cosme le Vieux, le Père de la Patrie, qui y intéressa l'élite des littérateurs florentins. Laurent de Médicis, grâce à ses relations, parvint à l'enrichir d'un grand nombre de manuscrits.

La salle principale, toute en longueur, présente un aspect simple et harmonieux, invitant à l'étude et au recueillement. Des pilastres séparent les fenêtres enrichies de vitraux d'une légèreté et d'une transparence exquises, un demi-jour mystérieux s'en dégage et caresse les sièges gothiques et les pupitres de chêne sculpté, pour se fondre en parfait accord avec les vieux parchemins à fermoirs de cuivre.

On revit là les siècles passés, on assiste à l'éclosion de l'esprit humain, on considère respectueusement ces volumes ayant pu conserver à travers les siècles la fraîcheur du premier âge. Quelques-uns de ces manuscrits sont enluminés avec une finesse de dessin et une transparence de coloris qui en font des chefs-d'œuvre de grâce et d'éclat. Les petits génies nus, folâtrant et soutenant les écussons des propriétaires, ajoutent à la note délicieuse de la couleur, celle de la poésie.

Santa Maria Novella fut édifiée par les Dominicains, de même que Santa Croce le fut par les Franciscains. Ces deux sanctuaires importants, élevés simultanément, indiquent de façon évidente la rivalité existant entre les deux ordres. Cette église préférée de Michel-Ange, qui l'appelait : « sa fiancée », séduit surtout par son élégance. Les Strozzi, Rucellai, Tornabuoni rivalisèrent d'ardeur pour l'embellissement de leur paroisse commune. Les premiers édifièrent sa façade, les seconds leur chapelle patronymique, les derniers l'ensemble des fresques et la verrière du chœur.

San Spirito est une des œuvres les plus parfaites de Brunelleschi ; construite en forme de basilique surmontée d'une coupole, elle comprend une nef de trente-huit chapelles. A l'intérieur, des peintures de Botticelli, Ghirlandajo, Perugin, font de ce monument un véritable musée.

San Michele, construite au XIIIe siècle pour servir

de halle aux grains, fut au siècle suivant transformée en édifice religieux ; de là son aspect étrange, étant donnée son attribution actuelle. Décorée par les statues de Nanni Banco, Ghiberti, Verrocchio, Donatello, cette église renferme une œuvre d'Orcagna qui est une véritable merveille. C'est un tabernacle de style gothique en marbre blanc, destiné primitivement à renfermer l'image miraculeuse de sainte Véronique.

San Ognissanti (tous les saints) est célèbre par ses bas-reliefs de Luca della Robia, et ses fresques de Botticelli et Ghirlandajo.

Mais l'église la plus renommée dans les fastes de l'art est celle du Carmine. Les peintures admirables commencées au xve siècle par Mansolino, continuées par Masaccio, terminées par Filippino Lipi, furent étudiées tour à tour par Perugin, Raphaël, Léonard de Vinci et Michel-Ange. Aujourd'hui encore ces fresques de la chapelle Brancacci charment par leur suavité et leur fraîcheur. On y sent l'impulsion de l'artiste qui, en s'inspirant des principes nouveaux, voulut à son tour faire atteindre à la peinture le degré auquel ses sœurs l'architecture et la sculpture étaient arrivées. On y retrouve la naïveté parfois raide, mais charmante, de ces primitifs précurseurs du grand Maître des arts, Raphaël !

Le couvent de Saint-Marc, avec son double cloître, ses salles spacieuses et bien éclairées, respire la grâce et la tranquillité. Rien de sévère ni d'ascétique, et le nom de Fra Angelico résonne harmonieusement au milieu de cette sérénité. La salle capitulaire du rez-de-chaussée est enrichie d'une fresque de ce peintre. Au premier étage se trouvent trois vastes corridors bordés d'une double rangée de cellules exiguës, ne laissant pénétrer de lumière que par une étroite fenêtre cintrée ; ces cellules sont ornées d'une façon unique et hors pair, chacune d'elles possède une fresque de ce moine artiste. Ces images tendres, ces visions radieuses, ces personnages d'un monde imaginaire semblent vivre dans une atmosphère spéciale. L'or et les couleurs alliés à la peinture nimbent d'une auréole céleste ces conceptions écloses dans l'esprit d'un rêveur de génie. Et quel contraste étrange ! L'extrémité de l'un de ces corridors conduit à une vaste pièce qui fut la cellule de Savonarole. Des livres, un chapelet, des étoffes éveillent le souvenir de ce réformateur qui, sous les dehors les plus humbles, cachait un profond orgueil. Le même toit abrita ces deux êtres si différents : Fra Angelico et Savonarole ! L'un, doux, mystique, passant sa vie dans le domaine de la chimère ; l'autre violent, autoritaire, en perpétuelle hostilité avec les Florentins, les Médicis et la Cour de Rome.

En quittant le couvent de Saint-Marc, encore tout imprégné du souvenir de ses illustres enfants, nous allâmes visiter la maison du Dante et la Casa Buonarotti. Je ne puis dépeindre l'impression mêlée de respect, de curiosité, d'intérêt, que me causa la vue de ces lieux où avaient vécu ces hommes de génie, entrés aujourd'hui dans l'immortalité.

Dans une pièce imposante, toute badigeonnée de blanc, on conserve pieusement le masque hautain et régulier du poète toscan. Entourée de palmes et de couronnes, cette relique domine de son altière rigidité les profanes, qui, de tous les points du monde, affluent en foule à ce pèlerinage de l'art. Des autographes, des manuscrits tracés en cet endroit même vous font rêver. C'est dans ce milieu à la fois austère et grandiose que des idées sublimes surgirent ; c'est avec ces plumes, ces burins que des formes merveilleuses prirent corps pour se répandre à travers le monde et immortaliser l'artiste qui les avait conçues.

D'aspect moins sévère que cette maison, la Casa Buonarotti est moins froide, plus moderne ; avec un peu de bonne volonté on pourrait la croire encore habitée. Rien de touchant comme la vue des plans, des dessins, des sanguines de Michel-Ange, également divin en architecture, peinture et sculpture.

Je le revoyais avec ses traits forts, irréguliers, ses yeux profonds, son nez aplati par le poing d'un camarade, assis dans ce fauteuil, incliné vers ce bureau, cherchant à fixer l'idéal éclos en son puissant cerveau. Son épée, sa ceinture, ses vêtements sont encore là ; il me semblait qu'absent pour un instant, il allait rentrer, prendre l'un de ces cartons inachevés et terminer le chef-d'œuvre commencé.

Je retraçais sa vie, je le voyais isolé, en butte à la jalousie, à la rivalité, à la haine ; obligé de s'expatrier, puis revenant las et brisé, heureux de respirer l'air natal et de revoir sa patrie, sa chère Florence, sa ville de prédilection, où l'on retrouve son souvenir à chaque pas, et où son esprit semble partout errer.

CHAPITRE XI

FLORENCE (*Suite*)

Nous arrivons ensuite au Palais des Offices : « degli Uffizi (c'est-à-dire Bureaux) », construit au XVIe siècle, chef-d'œuvre de Vasari ; ce maître a su donner de l'élégance à ces immenses et doubles galeries, dans lesquelles Cosme de Médicis avait voulu centraliser l'administration de la Toscane entière.

La collection renfermée dans ce Palais est d'une importance telle qu'il faudrait des semaines entières pour la voir et la détailler. Indépendamment d'une foule innombrable de groupes, de statues, de bas-reliefs, véritable population de bronze ; indépendamment des milliers de tableaux de toutes les époques et de toutes les écoles, cette galerie contient un assemblage unique d'antiquités étrusques et romaines, une collection inappréciable de pierres gravées, camées, etc.

Les gemmes, les statuettes en pierre dure, jaspe ou onyx, sont renfermées dans un salon qui rappelle notre galerie d'Apollon. J'y admirai le fameux Vase de Médicis dont les bas-reliefs, représentant le sacrifice d'Iphigénie, sont de vraies merveilles ; puis le coffret en cristal de roche orné par Valerio Belli, de Vicence, offert par le pape Clément VII à sa parente Catherine de Médicis lors de son mariage avec le Dauphin de France, futur Henri II ; une autre tasse également en cristal de roche enrichie d'or et d'émaux fut donnée par cette même princesse à son royal époux.

La collection de tableaux est l'une des plus précieuses de l'Italie, sans distinction d'époques ni d'écoles. La Tribune, salon carré du Louvre, forme le résumé et la quintessence de la galerie entière. Après avoir examiné les Botticelli, Ghirlandajo, Masolino, Masaccio, Mantegna, nous assistons à la transformation des Primitifs. Gracieux, tendres, parfois fins et vibrants, ils manquent d'ampleur, de puissance et de verve. C'était aux trois maîtres de la Renaissance qu'il appartenait de tenter le sublime effort pour atteindre à la possession plus ample de la technique et du style, à l'interprétation pleine et entière des mouvements de l'âme. Léonard de Vinci, Michel-Ange, Raphaël surent allier la grâce, la tendresse, la fraîcheur, à ce sentiment de grandeur qui, une fois éveillé, prime tous les autres.

L'école flamande du xvᵉ siècle, brillamment représentée par les Van Eyck, les Memling, les Van der Weyden, les Rogier, témoigne de l'éclectisme des premiers Médicis. La précision du rendu, la chaleur du coloris firent rechercher ces maitres à l'égal des plus remarquables d'entre les artistes italiens. Une Adoration des Mages d'Albert Dürer, peinte en Italie, tient dignement son rang parmi ces merveilles ; on sent que, sous ce beau ciel, l'artiste, en des jours fortunés, chercha à oublier les traditions surannées de sa ville natale.

Nicolas Froment d'Avignon, peintre favori du bon roi René, est l'auteur du fameux tryptique : la Résurrection de Lazare ; cette œuvre, bien que conçue dans les données les plus réalistes (on découvre jusqu'aux moindres symptômes de la décomposition du cadavre de Lazare), témoigne des qualités d'un profond coloriste. Clouet, Poussin, Mignard, Watteau y sont grandement représentés, mais les deux tableaux qui m'ont le plus frappée sont deux toiles de Raphaël.

L'une, le portrait de la Fornarina, fille d'un boulanger, est l'apothéose de la femme ! Les formes sont pleines ; la chair ferme et chaude ; le cou, assez fort et dégagé, est orné d'une chaine d'or dont on peut compter les mailles ; les cheveux souples et ondulés encadrent gracieusement un front large ; les yeux expriment l'assurance que donne la beauté. De tout l'ensemble se dégagent la confiance en soi et le bonheur de vivre ; on sent que cette créature a été peinte en plein épanouissement et par un être qui l'adorait. C'est le type incarné de la femme romaine, robuste, plantureuse, pleine de force et de vie.

L'autre, c'est une Vierge à l'enfant. Quelle grâce, quelle douceur, quelle poésie s'exhalent de ce groupe charmant ! La mère radieuse contemple et enveloppe

d'un regard attendri le « bambino » qui ouvre des
yeux étonnés sur le monde. On sent qu'elle prévoit
les jours orageux qui plus tard assailliront ce fils ;
et lui, le pauvre petit, a l'air de dire en son attitude
naïve et touchante : « Ne crains rien, l'épreuve et la
souffrance ne m'abattront pas ; je sortirai vainqueur
de la lutte ! » Quelle candeur et quelle sincérité !

La salle la plus curieuse du Musée Uffizi est certainement celle qui contient la collection de portraits des peintres faits par eux-mêmes. Au XVIIe siècle Léopold de Médicis, non content d'avoir considérablement augmenté la collection de sa famille, conçut et réalisa un projet unique dans les annales de l'Art : obtenir de chaque peintre qu'il retraçât sa propre image. Pensée généreuse destinée à unir dans un Panthéon de gloire des artistes de tous les pays.

Je ne pus me défendre d'une certaine émotion en lisant des noms français, en retrouvant des visages connus, en voyant nos célébrités recevoir l'hospitalité de ce sanctuaire international, et coudoyer les maîtres les plus illustres de la vieille Italie. Bustes solennels du temps de Louis XIV, spirituels et sceptiques de la Régence, pomponnés de Louis XV, rigides de l'Empire, et ceux non moins considérables des romantiques ténébreux, réalistes fougueux, tous les genres, tous les mondes, toutes les époques se retrouvent.

De nos jours, cette série s'augmente par des invitations adressées aux artistes de renom. Bien peu, on le comprend, dédaignent l'honneur de figurer dans cette assemblée d'élite, ou refusent le plaisir d'assister ainsi vivants à leur propre apothéose. Quelle tentation est celle d'entrer tout vif, en ce temple de l'Immortalité !... Notre école française actuelle est représentée dans ce cénacle par les noms de Hébert, Henner, J.-P. Laurens, Puvis de Chavannes, Bonnat.

Un immense corridor qui traverse le Pont-Vieux relie le Palais des Offices au Palais Pitti. Transformé en galerie, cet interminable couloir contient une quantité de portraits des personnages des XVe et XVIe siècles. Cette collection, fort intéressante au point de vue de la ressemblance, l'est beaucoup moins au point de vue de l'art. Telle effigie présente une grande valeur comme document historique, et n'en possède aucune comme peinture ; d'autant mieux que la plupart de ces toiles ne sont que des copies reproduites le plus souvent elles-mêmes sur d'autres copies....

Mes compagnons m'ayant précédée, je me trouvai seule dans ce couloir sombre, silencieux et qui n'en finissait plus !... Je n'étais point du tout rassurée : Les yeux que j'apercevais dans la pénombre me poursuivaient d'un regard mauvais et scrutateur. « Pourquoi, me disaient tous ces visages, venir troubler notre tranquillité ; nous aussi avons fait partie des vivants, et avons pris part aux batailles de la vie ; maintenant que nous ne sommes plus, nous voulons voir respecter le calme et la paix du tombeau. » Il y avait surtout un Cardinal Grand-Inquisiteur dont la robe de pourpre resplendissante rayonnait dans la demi-obscurité. La prunelle incisive de ce tragique personnage me remplit de terreur ; je me hâtai, je courus, et c'est avec le plus grand plaisir que je retrouvai tout mon monde au Palais Pitti.

L'ensemble de cet édifice, œuvre de Brunelleschi, avec sa simplicité majestueuse, son style large et sévère, est le type de l'architecture toscane. La façade principale se compose de bossages et refends vermiculés qui expliquent l'analogie souvent signalée entre le Palais Pitti et notre Luxembourg. Il est certain que Jacques Desbrosses chercha en sa construction à rappeler à Marie de Médicis la demeure paternelle.

Commencé au xve siècle par la famille Pitti, rivale de celle des Médicis, ce Palais ne put être achevé par son fondateur ; l'entreprise était trop importante pour un simple particulier et les héritiers de Luca Pitti se virent obligés de le céder à Cosme Ier. Ce prince l'acheva, l'embellit, le fit communiquer aux Uffizi et le transforma en résidence royale. Au xviie siècle les Parigi l'exhaussèrent et l'agrandirent. Annamanati y créa la grande cour ; un peu plus tard deux ailes, construites sur des substructions gigantesques, accusèrent encore la simplicité, la rudesse de lignes et la grandeur sauvage du monument.

A l'intérieur tout respire une magnificence princière ; les voûtes, recouvertes de peintures, sont soutenues par des cariatides et décorées de caissons dorés ; les murs sont garnis de tentures de soie rouge ou verte qui absorbent la lumière au lieu de la réfléchir et ne portent ainsi nul préjudice aux tableaux. Dans les angles, des sièges luxueux invitent au repos les visiteurs qui peuvent s'y délasser. Chacune des grandes salles tire son nom des peintures qui la décorent : Salles de l'Iliade, de Saturne, de Jupiter, etc., et des Putti « enfants nus ».

En organisant cette galerie les Médicis consultèrent plutôt leur agrément personnel que l'intérêt général ; ils avaient bien le droit de meubler selon leur goût leurs appartements privés ! Si le titre d'Uffizi, nom plébéien, explique une installation sobre et quelque peu démocratique, le souvenir de l'orgueilleux patricien Pitti imposait à ses successeurs l'obligation de faire grand. Ce musée n'offre donc pas le caractère méthodique des Offices, mais si les séries y sont moins complètes, les chefs-d'œuvre y sont plus nombreux.

Aux Offices, plus d'une peinture n'a d'intérêt que comme document pour l'histoire de l'art ; à Pitti, l'on ne s'est attaché qu'à la valeur propre. Les Primitifs ne comptent qu'un nombre restreint de toiles, mais toutes sont des chefs-d'œuvre. La Lamentation autour du Christ mort, peinte vers 1495, est la plus magistrale composition du Perugin. Du reste on retrouve là les Maîtres de la peinture italienne, à sa période de l'âge d'or : Le Perugin, Raphaël, André del Sarto, Le Titien, Paul Véronèse.

Au siècle suivant, Rubens avec ses Quatre Philosophes, Van Dyck dans le portrait du cardinal Bentivoglio, Murillo et ses Madones, Vélasquez avec son Philippe IV à cheval, Rembrandt dans son propre portrait, n'y sont pas déplacés.

Raphaël surtout y est représenté par une dizaine de toiles de premier ordre. La vision d'Ezéchias, le portrait de Léon X, la Vierge du Grand-Duc, la Vierge au baldaquin, la Vierge à la chaise, la Vierge au chardonneret, sont de véritables merveilles, que je ne puis dépeindre ; comment pouvoir rendre les impressions complexes qu'elles vous font éprouver ! C'est le type de la femme idéalisée, embellie, divinisée, qui plane, domine, règne sur la terre et dans le cœur humain !....

Et dans ce cadre j'aimais à me représenter le jeune artiste étudiant la ville de Florence et parcourant la campagne environnante ; je le voyais rêver, s'inspirer de cette nature si riche, de ce ciel si transparent, de tous ces souvenirs qui m'entouraient ! Cette évocation atteignit une intensité telle qu'il me semblait le voir, et sous cette émotion, la moindre résonnance, la plus petite inflexion de voix m'amenaient à supposer son retour en ces lieux.

Le Palais Pitti est complété par un parc, le plus vaste et le plus magnifique de Florence : le jardin Boboli, nom qui lui vient de la colline sur laquelle il fut planté. La Renaissance elle-même en a façonné la nature, et lui a donné le caractère qu'elle a toujours gardé depuis. Ce n'est point le jardin italien à combinaisons savantes, à rampes et à terrasses, le jardin architectural, tels ceux de Tivoli et de Frascati ; non, les allées s'étendent à perte de vue entre des haies de lauriers, taillées, comme le sont celles de Versailles. Le mélèze, le cèdre, l'if, le pin maritime, ces verdures éternelles, y mélangent leurs feuillages différents, et se détachent harmonieusement sur le bleu du ciel.

A travers ces taillis séculaires, au milieu de cette végétation exubérante, des trouées, habilement ménagées, laissent apercevoir l'un des plus beaux panoramas du monde, celui de Florence. En face, sur la hauteur, Bellosguardo, dans le bas, la Torre Torrigiani, d'un côté le Campanile, le beffroi du Palais-Vieux, de l'autre une partie de Fiesole, se fondent dans la transparence de l'air et forment un paysage exquis et inoubliable.

Si les splendeurs de la nature rivalisent en ces lieux avec les merveilles de l'art, celles-ci y tiennent cependant la place qui leur revient de droit dans toute création des Médicis. Une grotte monumentale, soutenue par seize colonnes d'ordre dorique, contient des ébauches d'Esclaves que Michel-Ange destinait au tombeau de Jules II. Des bassins, des vasques, des colonnes, un obélisque provenant de la villa des Médicis, à Rome, des groupes et statues de Jean Bologne forment un ensemble grandiose, digne du rêve que Pitti avait pu faire pour son palais original et saisissant entre tous.

A l'extrémité de Florence, sur le bord de l'Arno, s'étend un second parc, les Cascine, véritable bois de Boulogne, rendez-vous des élégantes qui, à la fin du jour, viennent en somptueux équipage respirer le parfum pénétrant de la flore méridionale. Nous parcourûmes cette vaste plantation de lauriers, de chênes, de platanes, de peupliers, où les fleurs capiteuses, de leurs lianes odorantes, enlacent agréablement ces arbustes.

L'Arno, bordé de quais et de palais somptueux, est traversé par trois ponts qui relient la ville au quartier populeux d'Ognissanti; ce faubourg compte des monuments tels que le Palais Pitti, les églises San Spirito et Santa Maria del Carmine. Le plus intéressant de ces ponts est certainement le Ponte-Vecchio qui a conservé son aspect et son caractère archaïques. Depuis le xive siècle des boutiques occupées par des orfèvres le garnissent de chaque côté. Les lapidaires et bijoutiers y exposent le fastueux clinquant de leur marchandise sans valeur, destinée aux bourses modestes qui ne peuvent s'offrir que l'illusion du vrai.

Ce qui manque à Florence c'est un fleuve aux ondes limpides, et coulant à pleins bords. En été l'Arno roule plus de gravier que d'eau ; son lit à demi desséché se compose de flaques croupissantes et boueuses qui semblent être le repaire de tous les microbes. Mais à la suite d'un orage, ou pendant la saison pluvieuse, ce mince filet d'eau se transforme subitement en torrent impétueux, qui détruit tout sur son passage, entraînant pierres, piles et ponts qui la veille l'endiguaient. Le jour où je le vis, il était d'un calme tel, que je ne pouvais le croire capable de semblables écarts.

Les bords de l'Arno sont infestés de rats énormes appelés vulgairement rats d'eau, et comme en traversant le fleuve, je voyais l'un de nos compagnons, statuaire éminent, rire de tout son cœur, je lui demandai quel souvenir pouvait ainsi provoquer son hilarité. Il nous conta alors une de ces bonnes farces d'atelier, dont l'un de ces rongeurs avait été le héros, et nous nous associâmes gaiement à son souvenir d'autan.

Ce même jour nous montâmes à la place Michel-

Ange, fortifiée par l'artiste dont elle porte le nom. Au milieu de cet espace s'élève grandiose et imposante sa statue de David, dont le socle est entouré des quatre figures allégoriques des tombeaux des Médicis. De cet endroit le coup d'œil est vraiment superbe ; la vue embrasse le Val d'Arno et son fleuve, la ville et ses monuments ; le fort du Belvédère, le Mont Oliveto et enfin, comme couronnement à la colline elle-même, la vieille église de San Miniato avec sa façade en marbre clair. En face, sur la hauteur, s'élève l'antique Fiesole, cité étrusque qui fut, dit-on, le berceau de Florence.

Fiesole évoque l'image de riantes villas bâties dans l'un des plus beaux sites du monde. Des oliviers alternant avec des rosiers, des chênes verts avec des myrtes, recouvrent d'un ombrage toujours frais des ruines plusieurs fois séculaires ! Au charme d'une nature jeune et forte s'allie le souvenir d'un passé qui aboutit à la légende. Il semble, en ces lieux où tant de grâce s'unit à tant de noblesse, voir apparaître la personnification même du génie florentin pendant la plus brillante période de son histoire.

Jadis fort importante, puisqu'elle commandait à une partie de l'Etrurie, alors que Rome n'était que simple bourgade, la Vieille « Fiesula » joua un rôle considérable dans l'histoire de la divination. Le Collège des Augures de Fiesole jouissait de la plus grande réputation ; c'est là que Numa Pompilius envoyait de jeunes patriciens s'initier aux mystères des présages.

Prise par Sylla, elle fut partagée par le dictateur à

ses vétérans. Sous l'Empire elle reconquit une certaine prospérité ; les nombreux marbres ou bronzes trouvés sur son territoire témoignent encore aujourd'hui de sa puissance d'autrefois. Mais la fondation (à la base même de la montagne dont elle occupait le sommet) d'une ville nouvelle, Florence, l'atteignit dans ses intérêts les plus directs, la réduisit plus tard à l'impuissance et finalement à la sujétion complète. Une lutte s'engagea entre la métropole et la colonie, entre la mère qui régnait sur la montagne, et la fille qui régentait la plaine ; cette dernière finit par l'emporter, elle devint capitale, et ne laissa à Fiesole que le simple rang de bourgade. Aujourd'hui la principale industrie de ce bourg est le tressage de la paille dite d'Italie, dont on fait des chapeaux et de jolis ouvrages de vannerie.

Fiesole servit à Boccace de théâtre pour son Décaméron ; il y plaça ses héros et ses héroïnes dans un palais situé au sommet de la colline. Des loges élégantes, décorées de riantes peintures, et entourées de jardins fleuris, continrent la joyeuse assemblée qui se délectait à l'audition de contes légers et grivois.

Il nous faut pourtant quitter ce pays délicieux par son site et célèbre par son histoire ; après avoir visité le vieux couvent de Saint-Dominique et son église décorés par Fra Angelico, nous reprenons le tramway qui nous ramène à Florence.

Nous voulons, près la Porta Roma, essayer de découvrir un restaurant italien qui nous offre comme aliments les produits locaux du pays. Inutile de dire que le macaroni cuit à l'eau, sans assaisonnement, ainsi que les côtelettes d'agneau trop épicées et mal préparées font les frais du dîner. Nous nous étonnons de voir, au milieu de la table, un fiasco, vase au long col, sans base fixe, soutenu par un cercle en osier. Remplie de vin agréable de Toscane, cette bouteille est singulièrement bouchée par une cuillerée d'huile couverte d'un papier qui l'isole de l'air. Les Italiens font preuve d'une adresse remarquable pour enlever le corps gras ; ils prennent une étoupe légère, l'enfoncent dans le goulot, et en un tour de main, ils retirent le coton imbibé de cette huile dont il ne reste plus trace dans le flacon.

Après ce repas original, où nous éprouvâmes, faute d'un interprète, beaucoup de peine à nous faire servir, nous voulûmes, pour compléter la soirée, assister à une représentation théâtrale. Les scènes lyriques étant fermées à cette époque, il fallut nous contenter d'une pièce dramatique. Quelle épreuve et quelle lassitude ! Assister aux gestes d'acteurs dont on ne comprend pas le langage, voir rire ou pleurer autour de soi, suivre sur les visages les émotions diverses, et ne pouvoir y prendre part, c'est là un véritable supplice. Le temps me parut interminable ; j'y bâillai, j'y dormis, et je jurai que jamais je ne retournerais au théâtre dans un pays étranger dont je ne connaîtrais pas la langue !

A Florence, nous fîmes une rencontre si extraordinaire, que je ne puis résister au désir de la relater ici. Nous nous promenions un soir sur la place de la Seigneurie, la Loggia dei Lanzi dessinait son élégant profil sous les rayons amortis d'un croissant de lune ; nous devisions tranquillement, quand l'un de nos compagnons, véritable artiste, vit venir à lui un promeneur, sa femme et deux jeunes filles. Notre ami s'empressa de saluer ces nouveaux arrivants, et de leur exprimer la satisfaction de semblable rencontre. C'était la famille Larroumet. J'eus grand plaisir à entendre converser ces deux appréciateurs d'art à conceptions si différentes ; leur dissemblance de vues, d'appréciation et de jugement, aboutissant au même résultat, m'impressionna vivement, et je gardai de cette conversation, en un tel cadre, le plus agréable souvenir.

Plus d'une semaine s'était écoulée depuis notre arrivée dans cette cité que les rayons de la civilisation moderne continuent de revêtir d'une lumière éclatante, dans cette Florence toujours superbe où l'on revit sans effort cette étonnante époque de la Renaissance. Nous dûmes nous résigner au départ ; après avoir revu une dernière fois, de notre wagon fuyant, le Bargello, le Campanile, le Dôme, tout s'effaça ; puis peu à peu les monuments ne nous parurent plus que comme des points à l'horizon, qui se perdirent enfin dans les tons chauds d'un soleil couchant.

CHAPITRE XII

DE FLORENCE A ROME

Nous suivons les rives fortunées de l'Arno ; après de nombreux tunnels, nous atteignons le plateau d'Arezzo, au sommet duquel s'élève la ville de ce nom. Ancienne cité étrusque, Arezzo, jadis fort importante, a conservé de nombreux vestiges de sa splendeur passée. Sa cathédrale, construction gothique du XIIIe siècle, l'église de la Pieve décorée par Vasari dont elle contient la dépouille mortelle, le Palais de la Fraternita, à la façade imposante, restent témoins immuables de son importance, de sa grandeur et de sa richesse.

Cette patrie de Mécène (l'ami d'Auguste), de Pétrarque, de Vasari, du fameux maréchal d'Ancre, se recommande par ses souvenirs littéraires et par ses œuvres d'art. Son musée contient une collection de vases rouges, dits vases étrusques, dont la fabrication à Arezzo remonte à la plus haute antiquité.

En quittant cette ville si pittoresquement située, nous traversons les collines qui séparent les vallées de l'Arno, de la Chiana et du Tibre; puis, toujours au milieu d'une nature pittoresque, nous apercevons, majestueusement assise sur son coteau, la ville de Cortone.

L'origine de cette ville, la plus ancienne des cités étrusques, se perd dans la nuit des temps; quelques historiens font remonter sa fondation à une date antérieure à la guerre de Troie. Des murailles épaisses, formées de pierres oblongues et rectangulaires, jointes sans mortier, véritables ouvrages cyclopéens, témoignent d'une extrême antiquité.

Les restes d'un temple de Bacchus, des thermes, des sarcophages attestent l'ancienne importance de cette cité déchue, aujourd'hui bourgade aux rues étroites et silencieuses, à l'aspect mélancolique, attristé par le souvenir d'un passé à jamais disparu. Le célèbre peintre Pierre est né à Cortone, que de bonne heure il quitta pour habiter Florence. Ce pays morose limite la frontière de l'Etat latin; selon que la vue se dirige au nord ou au midi, elle embrasse le sol romain ou le sol toscan. Il nous faut dire adieu à cette séduisante Toscane qu'on ne peut voir sans bonheur, ni quitter sans regret; sa nature riche et féconde, son climat doux et tempéré en font un véritable lieu de délices.

Un dernier regard et nous continuons notre chemin par le défilé abrupt et sauvage de Térastola qui nous amène au lac de Trasimène. Ce lac de l'ancienne Etrurie, situé entre Clusium et Perusia, reste le témoin immuable d'une des plus grandes victoires d'Annibal sur les Romains. Resserrée d'un côté par les montagnes de Cortone, d'un autre par le lac Trasimène, au fond par des collines, la plaine triangulaire, qui s'étend à nos pieds se transforme en un cirque où vinrent se faire broyer les fameuses légions, maîtresses de l'univers. Ce fut sur cette étroite et unique chaussée que Flaminius, ayant engagé trop légèrement ses troupes, les entraîna dans l'impasse sans issue où les Numides embusqués devaient les anéantir. Effroyable combat, horrible hécatombe où plus de 16.000 hommes trouvèrent la mort ! Quel épouvantable fléau que la guerre !

Nous contournons ce champ de bataille et après avoir contemplé plusieurs villages pittoresquement accrochés au flanc des collines, nous arrivons à Chiusi, ancien Clusium. Cette ville, dont il est à plusieurs reprises fait mention dans l'histoire, fut, ainsi que Perusia, aujourd'hui Pérouse, l'une des douze cités principales ou lucumonies des Étrusques ; de nombreux tombeaux, des inscriptions, des ruines rappellent son ancienne importance et son ancienne splendeur. Porsenna affectionnait ce site délicieux, où il venait se reposer de ses fatigues.

Nous descendons ensuite dans la vallée de la Chiana, nous nous trouvons dans le bassin du Tibre. Voici la ville d'Orvieto qui, bien posée sur le versant d'une colline, fut au Moyen Age l'un des plus importants remparts du parti guelfe ; plusieurs papes s'y réfugièrent et la choisirent comme lieu de résidence. Sa cathédrale, l'une des plus remarquables constructions gothiques d'Italie, est ornée d'une façade enrichie de sculptures et de mosaïques de toute beauté. Un puits profond avec deux escaliers en spirale creusés dans le roc, plusieurs palais renfermant des peintures de grande valeur, en constituent les curiosités. Les environs sont recouverts de vignobles dont les produits estimés possèdent, sur ceux des mêmes climats, l'avantage de se conserver et de s'améliorer en vieillissant.

Je ne puis quitter Orvieto sans dire un mot de cette fameuse thériaque qui possédait toutes les vertus et guérissait tous les maux. Inventée en cette ville au xvii° siècle et apportée à Paris par Jérôme Ferrante, elle obtint une vogue si extraordinaire que tout le monde voulut s'en procurer ; elle se débitait particulièrement à l'angle de la rue Dauphine, près du Pont-Neuf, dans une officine qui avait pour enseigne l'image du Soleil. La réputation de cette boutique prit une extension telle, qu'on venait s'y approvisionner de toutes les parties de la France et même des colonies.

L'orviétan guérissait surtout les morsures de serpents. En effet, grâce aux scarifications profondes et aux ventouses énergiques dont se faisait précéder l'application de ce remède, les patients revenaient assez fréquemment à la santé. Mais l'étendue même de son succès fut la cause de sa ruine. Les charlatans s'en emparèrent, le vendirent à vil prix, à grand renfort de grosse caisse jusque dans les plus petites bourgades ; ils exaltèrent ses propriétés, et, comme toute cette publicité exagérée concordait avec une époque de réaction contre les superstitions du passé, l'orviétan tomba dans un complet discrédit. Aujourd'hui encore ce mot s'applique à une chose sans valeur, offerte en termes pompeux, et les pitres forains qui débitent leurs onguents avec force belles paroles, s'appellent marchands d'orviétan. Changeons la formule, changeons le milieu, et je dirai, si je l'ose, que nous rencontrons plus souvent qu'à la foire, ces vendeurs de philtres si nombreux dans la vie !

Nous arrivons dans la vallée boisée du Tibre, au lit large et pierreux. Après plusieurs tunnels, nous laissons, sur la gauche, Viterbe, jadis capitale du patrimoine de Saint-Pierre ; nous passons à Bassano, à Orte où nous descendons sur la rive droite du fleuve majestueux.

Au loin apparaissent la crête dentelée du Soracte, les montagnes de la Sabine et les monts Albains. J'aperçois le dôme de Saint-Pierre, Rome perce à l'horizon ; ses flèches, ses clochers, ses monuments se dessinent ; je cherche en vain les fameuses collines, la métropole italienne semble édifiée sur une surface plane. Une dernière station, un immense circuit autour de la ville, près de la Porte Majeure un temple de Minerve, nous entrons en gare, nous sommes à Rome.

CHAPITRE XIII

ROME — LE CAPITOLE

Oui, nous étions dans la cité des dieux, des Césars et des papes, dans la ville éternelle et trois fois Sainte. Qu'allais-je éprouver, quelle émotion devait m'étreindre au seuil de cette capitale depuis si longtemps entrevue à l'état de mythe dans mes rêves les plus lointains ? Pour être sincère, l'impression première fut plutôt décevante. Au sortir de la gare, les rues larges et droites inondées d'un soleil brûlant, les maisons d'une construction uniforme et d'une élégance convenue, vous laissent froid et indifférent. On n'y voit rien de plus ni de moins qu'ailleurs, les monuments anciens eux-mêmes ne répondent pas à l'idée qu'on s'en était faite. Les ruines sont engagées dans des maisons modernes qui en gâtent l'harmonie et la beauté ; les vieilles églises contemporaines des premiers temps du christianisme ont supporté tant de réparations et de changements qu'elles ont perdu leur cachet d'originalité ; un véritable effort d'imagination est nécessaire pour faire revivre dans ce cadre banal la Rome glorieuse des Césars.

Mais heureusement cette impression première n'est que fugitive et l'on se reprend vite. Si l'antique cité ne frappe pas l'esprit de prime abord, c'est que, pour la comprendre et l'apprécier, une certaine initiation est nécessaire ; il faut reconstituer par la pensée l'histoire et la grandeur de la Rome primitive, replacer dans cet espace restreint qui s'étend du Capitole au Colisée, du Palatin aux églises Sainte-Martine et Saint-Adrien, le Forum tel qu'il existait autrefois, reconstruire les temples dont quelques vestiges, en véritables épaves du passé, survivent encore au temps et à la destruction, isoler par l'esprit les voisinages malencontreux qui déparent ces ruines sacrées, les entourer des grands souvenirs qui les relèvent et font revivre leur époque glorieuse.

Alors tout changera d'aspect ; Rome se manifestera à travers les voiles de l'antiquité et de l'histoire, et nous comprendrons que c'est la ville du monde où la curiosité et l'admiration se lassent le moins, la ville qui vous attire, qui vous captive, qui vous retient et que l'on ne voudrait jamais quitter.

Notre première journée fut consacrée à la visite du Capitole. Rien ne peut traduire l'émotion que j'éprouvai à gravir ce mont fameux, témoin de toutes les apothéoses. C'était là, me disais-je, que le triomphateur, après avoir suivi la voie sacrée sur son char traîné par quatre chevaux blancs, arrivait entouré des plus hauts dignitaires. Roi d'un jour, il était l'élu, le favori d'une foule en délire « et marchait tout vivant dans son rêve étoilé ». Mais hélas! combien de guerriers ou de consuls, après cette heure triomphale, furent outragés par ceux-là mêmes qui les avaient acclamés : quelques pas seulement séparent la Roche Tarpéienne des cîmes du Capitole !

A mi-chemin j'aperçois, dans l'excavation d'un rocher, un loup et une louve entretenus aux frais de la ville, en souvenir de la fameuse nourrice des jumeaux sacrés, Romulus et Rémus. Dernier vestige d'une légende que l'orgueil national a sauvée de l'oubli.

L'histoire du Capitole est presque celle de Rome ; son nom lui vient de Caput (tête) et d'Olus, devin étrusque dont le crâne fut retrouvé pendant les travaux de fondation du temple ; les augures en tirèrent un pronostic heureux et prédirent que ce lieu deviendrait un jour la *tête* de l'Univers.

Dès l'époque la plus reculée, cette montagne, formée de deux mamelons, servait d'asile aux malfaiteurs. Sur l'un de ces sommets fut construite la forteresse rendue à jamais célèbre par le souvenir des Oies sacrées : Une nuit d'hiver, ces volatiles, troublés dans leur sommeil par le bruit des Gaulois escaladant le Capitole, poussèrent des cris qui réveillèrent les Romains, alors que les chiens de garde étaient restés muets. Les soldats se hâtèrent de repousser l'ennemi et sauvèrent le Capitole. En souvenir de ce fait, chaque année, on portait une oie en triomphe à côté d'un chien enfourché. Ces oiseaux furent désormais consacrés à Junon.

La forteresse surmontait à pic la roche Tarpéienne d'où l'on précipitait les criminels, dans un gouffre hérissé de rochers sur lesquels les condamnés se brisaient. La légende veut que Tarpéïa, jeune Romaine qui trahit son pays, repose endormie au centre même de la montagne. Elle y est, dit-on, entourée de trésors que nul n'ose aller chercher, car tous ceux qui ont eu la témérité de s'y risquer, ont disparu à jamais.

Sur le deuxième mamelon fut érigé le plus beau, le plus grand, le plus fastueux des monuments, le temple de Jupiter Capitolin, le Saint-Pierre de la Rome païenne. Cet édifice, élevé par Tarquin le Superbe en l'honneur du dieu de la foudre, était, disaient les Romains, la seconde demeure de Jupiter! Il comprenait trois sanctuaires parallèles, se terminant en un même fronton et remplis des offrandes les plus riches. Celui du milieu était consacré à Jupiter, les deux autres à Junon et à Minerve. Dans ce dernier le Consul venait, aux Ides de septembre, fixer un clou dans la muraille pour enregistrer officiellement l'année écoulée.

Ce temple, incendié plusieurs fois et toujours réédifié avec une nouvelle magnificence, conserva longtemps sa renommée; il survécut même à la chute du paganisme. A la fin du xe siècle, il disparut complètement, alors que tout à côté s'élevait l'église d'Ara-Cœli. Aujourd'hui il ne subsiste presque plus rien de ce monument de gloire, sinon quelques blocs de substructions enfouies sous terre, et quelques pans de murailles. Ce lieu fut toujours considéré comme sacré. A cet endroit où le vainqueur, suivi des rois enchaînés, immolait des victimes au pied du triple portique du Maître des Dieux ; dans cette église construite avec les matériaux, les colonnes et les marbres du temple fameux, une poésie religieuse et touchante existe encore de nos jours.

Les fêtes de Noël s'y célèbrent en grande pompe, pendant une semaine les fidèles affluent des coins les plus reculés de la ville ; ils viennent adorer une statue de l'Enfant Jésus, à laquelle ils attribuent un pouvoir surnaturel. L'Epiphanie termine ces cérémonies appelées *Presepi ; il sagratissimo Bambino* est retiré de la crèche où il était exposé, et ce jour, la foule est encore plus bruyante et plus nombreuse. De petits enfants, se considérant presque comme les frères aînés de l'Enfant divin, l'invoquent à haute voix et lui offrent des bonbons et des jouets ; le peuple qui les contemple les croit inspirés. Afin de rendre ces enfantillages plus chers aux parents, le clergé y ajoute une certaine pointe d'orgueil : Ces lévites en herbe reçoivent le titre assez bizarre d'empereurs, et figurent en cette qualité aux processions de la Fête-Dieu. Les cent trente-quatre marches de l'escalier, jonchées de fleurs et de verdure, sont couvertes de paysans qui les gravissent à genoux, et rien n'est gracieux comme cette scène pastorale du jour de l'Epiphanie.

Superstition naïve de ce peuple vibrant et passionné qui, à ce même endroit, adorait les boucliers tombés du ciel, et palpitait aux oracles des augures sacrés. L'esprit religieux est resté le même dans la Ville Eternelle, seul l'objet du culte a changé.

Avec l'empire diminue le prestige du Capitole ;

Rome n'est plus libre, Rome n'est plus indépendante, Son centre ne réside plus dans cette citadelle considérée comme la demeure de tous; le souffle du pouvoir est passé sur la colline d'en face, sur le Palatin, séjour des Césars, nouveaux dieux plus redoutés, et plus terribles que Jupiter lui-même.

Au XVe siècle l'autorité des papes s'affermit, leur puissance temporelle devient aussi absolue que leur puissance spirituelle ; le pouvoir, qui déjà avait passé du Capitole au Palatin, se déplace à nouveau et se transporte sur la colline vaticane. Dépouillé de son importance politique, ce séjour de la liberté autrefois tumultueuse, devient paisible Hôtel de ville, abri solitaire des Archives et des tables de l'état civil.

Aujourd'hui l'espace compris entre les deux sommets, l'intermontium des Anciens, qui fut longtemps le bois de l'asile, forme la place du Capitole. Cette place, au milieu de laquelle s'élève la statue équestre de Marc-Aurèle, précède trois constructions dessinées par Michel-Ange.

Au centre, le Palais du Sénateur, auquel on accède par un vaste escalier orné de deux lions égyptiens, est transformé en Municipalité. La statue de Rome chrétienne surgit glorieuse au faîte de la tour énorme qui domine l'édifice et qui abrite la cloche de Viterbe; cette cloche est la fameuse Patarina, trophée pontifical dont l'airain ne retentit qu'en deux circonstances : à la mort du pape et à l'ouverture du carnaval. Le panorama qui s'étend au sommet du beffroi est, s'il est possible de s'exprimer ainsi, le plus historique de l'univers: le mont Aventin représente la

Rome des Rois, le Capitolin celle de la République, le Palatin celle des Empereurs, et le Vatican la Rome des Papes.

Les deux édifices latéraux, l'un le Musée du Capitole, l'autre, le Palais des Conservateurs, renferment l'une des plus riches collections du monde ; avec celui du Vatican, ce musée contient les merveilles de la statuaire grecque, retrouvées dans les fouilles de l'antique cité. En pénétrant dans la cour intérieure, on aperçoit un gigantesque dieu marin au milieu d'une fontaine, c'est Marforio, figure inconnue du public italien, qui à elle seule renferme toute une histoire.

Au Moyen Age, en ces temps où la presse flottait dans les profondeurs du néant, les mécontents affichaient sur deux statues les questions et les réponses concernant les événements importants du jour. Ces écrits étaient anonymes bien entendu, car si le téméraire imprudent avait pu être soupçonné de semblable indépendance, il lui en aurait certainement coûté la liberté, ou peut-être même la vie.

Une antique statue d'esclave, surnommée Pasquin, était chargée des épigrammes satiriques, d'où le nom de pasquinades ; sur celle voisine d'un dieu marin qu'on appelait Marforio, on inscrivait les réponses. La vue de cette dernière me rappela une anecdote dont la lecture m'avait vivement intéressée.

Sixte-Quint, d'origine très modeste, ayant été promu au trône pontifical, vint habiter le Vatican avec sa sœur qui était blanchisseuse. Le jour même de leur installation, Pasquin apparut barbouillé de suie et recouvert d'une chemise malpropre. Etonnement de Marforio qui le lendemain demanda à son malicieux compagnon : « Pourquoi es-tu aussi sale aujourd'hui ? » — « Pourquoi, répondit Pasquin, c'est parce que ma blanchisseuse est devenue princesse !... »

Dans les salles du rez-de-chaussée ont été transportés de nombreux sarcophages retrouvés dans les fouilles ; il en est qui contiennent encore des squelettes ornés de bijoux et de cercles d'or. Les bas-reliefs de ces sépultures permettent de suivre les transformations de l'art antique.

Au premier étage le Gladiateur mourant est un véritable chef-d'œuvre. Ce Gaulois au caractère altier, étendu sur son bouclier, alors que le sang coule à flots de sa blessure, est vraiment impressionnant ; il donne la sensation de l'héroïsme, du patriotisme et de la douleur. Il pense, pleure, souffre, et vous fait penser, pleurer et souffrir.

Le plan de Rome sous Septime-Sévère, la table iliaque qui retrace les principaux événements de la mythologie, les bustes des philosophes, les portraits des Césars et des impératrices évoquent une époque brillante et disparue. Ces personnages d'un autre âge semblent appartenir plutôt à la fable qu'à la réalité ; leurs traits féroces ou magnanimes ayant été ceux des maîtres du monde, émeuvent par la preuve tangible de ces existences évanouies, vivant encore dans l'histoire et rendues immortelles par la lyre des poètes. Je m'attardais en cette évocation du passé ; mon dernier regard fut pour la statue de Jules César, précieuse par sa conservation, la fidélité de sa ressemblance, et son authenticité. La Vénus du Capitole trouvée au

Quirinal, l'Amour et Psyché, groupe découvert sur l'Aventin, comptent parmi les œuvres les plus appréciées de la statuaire grecque.

En quittant le musée antique on en parcourt un autre moderne, fort intéressant; mais les yeux, habitués à l'harmonie de l'esthétique ancienne, ne peuvent plus discerner, ni juger. J'y admirai quelques toiles du Titien, de Paul Véronèse, du Poussin, du Guide. Je parcourus les salles qui renferment les souvenirs de Garibaldi, et je rentrai à l'hôtel, heureuse de me retremper dans le confortable moderne. Le tramway dans lequel je montai, l'ascenseur qui m'amena jusqu'à ma chambre et le bouton électrique qui l'éclaira instantanément, me firent apprécier davantage encore les progrès de la science et l'évolution de l'esprit humain.

CHAPITRE XIV

LE FORUM

Depuis le jour où, pour traiter des affaires communes, Romulus installé sur le Palatin se réunit à Tatius installé sur le Capitole, la plaine marécageuse comprise entre ces deux collines ne cessa jamais d'être le lieu de réunion des habitants de la Cité, qui sous peu allait être autonome. Au début, ce terrain devenu domaine public fut employé à tous les offices; le matin les paysans y apportaient leurs produits; l'après-midi on y délibérait, on y jugeait et le soir on s'y promenait. La ville grandissant, il fallut des marchés spéciaux à chaque denrée; de nombreuses places se créèrent, mais aucune n'arriva à la prédominance du Vieux Forum de Romulus.

Cet endroit étant le plus fréquenté, le commerce s'y porta; sous les premiers rois, il fut entouré de magasins; plus tard, l'espace venant à manquer, les marchands le quittèrent et s'établirent dans le quartier de la Voie Sacrée. Les maisons de commerce furent remplacées par des édifices publics et des monuments décoratifs. Des temples furent construits, d'abord celui de Saturne qui renfermait les trésors de la nation, ensuite ceux de la Concorde, de la Fortune. Ce dernier, sur un plan plus élevé, les dominait tous, tant par son altitude que par l'image de la Fortune romaine qui devait soumettre l'univers.

La configuration de cette place est l'emblème même de l'organisation politique du pays. Au plus bas, la plaine humide est l'endroit où se réunit le peuple ; un peu plus haut le Comitium forme une terrasse destinée aux nobles ou plutôt aux gouvernants ; un peu plus haut encore, une esplanade carrée est réservée aux séances de la Curie ou du Sénat. Les questions les plus sérieuses se traitent au grand jour, tout est soumis à la parole ; ainsi s'explique l'admiration des Romains pour l'éloquence. Sur l'emplacement où se tiennent les assemblées publiques, s'élève une tribune, véritable lieu sacré, d'où l'orateur s'adresse à la foule. Exposé à tous les regards, il cherche à se draper majestueusement et à prendre des attitudes dignes et imposantes ; de là l'emphase des périodes et la mimique forcée en honneur chez les Romains. Le mur auquel est adossée cette chaire est orné d'éperons de fer (rostra) provenant des navires pris à Antium ; les vaisseaux ayant été brûlés, les rostres furent rapportés comme trophées et servirent à décorer le Forum.

Les premiers rois, voulant assainir cette place, endiguèrent le Vélabre, petit ruisseau qui la traversait ;

le cours d'eau détourné alla directement se jeter dans le Tibre. Ils firent également construire la prison rendue si célèbre par les martyrs chrétiens sous le nom de Mamertine ; c'était dans cette geôle que les chefs et les rois vaincus, après avoir orné le cortège du triomphateur, étaient conduits et mis à mort. Tel fut le sort de Jugurtha et de Vercingétorix. En épargnant ce vaillant Gaulois, qui personnifie le patriotisme, Jules César n'aurait rien perdu devant l'histoire.

Le Forum ne fut pas construit d'après un plan précis et déterminé ; aucun architecte n'en régla le style, ni l'ordonnance, les siècles seuls le firent, sans régularité, sans symétrie, sans étendue. Les édifices érigés au hasard, en des temps différents, entassés sans ordre, ne concordent même pas entre eux.

Chacun des souverains de l'Empire s'honorait de laisser en cet endroit un souvenir des faits célèbres de son règne ; basiliques, temples, palais, arcs de triomphe se pressèrent dans cet étroit espace ; la partie même qui devait rester vacante fut, par la suite, encombrée de colonnes, statues et trophées. Du cœur de cette cité devenue le centre du monde, partaient des voies destinées à relier l'empire à l'univers... Brillante période du Forum, de cette époque fortunée qu'on aime à faire revivre dans l'ampleur des jours lumineux, mais hélas à jamais disparue!

Aux abords du temple de la Fortune se tenaient les changeurs et les banquiers qui, à ce moment déjà, cherchaient à trafiquer de leur précieuse marchandise. A quelques pas les snobs se promenaient, les oisifs se rencontraient et se récréaient sur les dalles rectangulaires de la place ; un peu plus loin les élégantes de l'époque exhibaient leurs luxueux atours aux yeux de la foule admirative.

Les avocats, les orateurs, les politiciens se rendaient à l'endroit qui leur était réservé, rayon dans lequel se tenaient les assemblées publiques ; on y discutait, on y votait. Tout à côté les charlatans débitaient leur boniment, vendaient leur panacée, alors que gladiateurs, coureurs et lutteurs venaient s'exercer, dans ce milieu bruyant et affairé. Lors d'une fête donnée avant la construction du Colisée, acteurs et spectateurs se passionnèrent tellement, qu'ils restèrent sur place pendant plusieurs jours. L'autorité, désirant avant tout se réserver la faveur populaire, s'empressa de faire dresser des tables sur lesquelles des repas pantagruéliques furent servis.

Rien n'étant éternel ici-bas, ce brillant Forum fut anéanti par le choc imprévu des barbares. La ville de Rome ne put résister au flot puissant des invasions et ses monuments renversés et saccagés ne furent jamais reconstruits. Le christianisme l'atteignit d'une autre manière, il détruisit ses anciens dieux pour leur en substituer un autre, dont les représentants cherchèrent à effacer toute trace du régime disparu. L'antique Forum suivit la loi commune et fut alors recouvert de plusieurs mètres de décombres ; quelques colonnes sortant à moitié du sol, quelques chapiteaux presque enfouis parmi les constructions nouvelles ; une place poudreuse entourée de maisons rustiques imprimèrent à cet endroit un aspect si lamentable qu'on lui donna le nom de Campo-Vaccino. L'on vendit des bœufs là où l'on distribuait des royaumes, et les mânes de Cicéron durent frémir d'horreur en entendant les mugissements des animaux dans ces lieux mêmes qui jadis avaient retenti de son éloquence! Place favorable à la rêverie et à la constatation de la fragilité des grandeurs humaines!

Ce fut seulement au commencement du siècle dernier que des recherches savantes furent faites; sous des milliers et des milliers de mètres cubes de terre, on retrouva un grand nombre de monuments dont on ne connaissait que le nom. Ces travaux continuent encore, rien n'est achevé, mais on est parvenu, d'après les anciens auteurs, à reconstituer cette place jadis si célèbre.

Je ne connais rien de plus intéressant que de suivre, parmi les nombreuses rues du Forum, la plus importante, la Voie Sacrée, de s'y laisser entraîner à ses pensées, et d'y revivre les temps héroïques. Pendant un instant j'éprouvai l'émotion que les Romains devaient ressentir en présence du char du triomphateur, j'allais presque mêler ma voix aux acclamations de la foule... Un lourd rayon de soleil, en s'appesantissant sur moi, me fit revenir à la réalité, et mon âme resta imprégnée d'un profond sentiment de tristesse à l'égard de ce peuple disparu qui fut vraiment grand.

CHAPITRE XV

LE PALATIN

Le Palatin fut la colline choisie par Romulus pour devenir le berceau de la nouvelle cité; afin d'en bien prendre possession, il conduisit lui-même une charrue attelée d'un bœuf et d'une vache et traça autour de la montagne un sillon profond qui devint le périmètre de la ville future. Il leva le soc pour indiquer la place des portes, et l'espace compris dans l'intérieur de la ligne tracée fut nommé pomœrium, c'est-à-dire enceinte sacrée. Cette limite fut indiquée par des pierres posées de distance en distance, et aujourd'hui encore, malgré le temps et ses transformations, on retrouve en divers endroits les vestiges des murailles construites à cette époque. Ce sont d'énormes blocs de pierre provenant de la colline elle-même, et sur lesquels plus tard les Césars assirent leurs palais; les édifices ont disparu, leurs fondations restent.

L'entrée principale de la ville s'appela Porta Mugonia, par allusion aux mugissements des bœufs, qui tous les jours la franchissaient pour aller paître dans le marécage voisin, qui devait plus tard devenir le Forum. Quand les empereurs choisirent pour résidence le mont Palatin, depuis longtemps déjà les marais avaient été desséchés, les bœufs avaient cessé d'y paître, et la voie Palatine, construite sur ce sol, ne devait plus dès lors être foulée que par les grands et les courtisans qui se rendaient en foule au Palais de César.

Mais il ne suffisait pas de fonder une ville, il fallait la peupler; Romulus ne trouva rien de mieux que d'offrir, dans sa cité nouvelle, un refuge aux aventuriers de tous pays. Singuliers ancêtres de ces Romains fameux qui devaient, un jour, dominer l'univers ! Une fois les citoyens assemblés, il leur fallut des compagnes; ce fut chose plus difficile. On chercha d'abord à s'allier avec les voisins ; des pourparlers furent engagés avec les Sabins établis sur la colline d'en face. Mais ces propositions furent repoussées avec mépris, le refus se doubla même de sarcasmes; on conseilla au fondateur d'user pour les femmes du même procédé qui lui avait réussi pour les hommes, et d'offrir en ce lieu un refuge aux courtisanes. De là, fureur de Romulus qui, sachant dissimuler son ressentiment, décida de demander à la ruse et à la violence ce qu'il n'avait pu obtenir par la douceur. Il convia à de grandes fêtes les peuples d'alentour et, pendant que tous s'intéressaient aux spectacles et aux jeux, le chef et ses compagnons s'emparèrent des femmes et des jeunes filles qui se trouvaient dans la foule. La mêlée fut générale ; on n'entendit plus que cris, larmes, supplications ; de nombreux combats s'ensuivirent, d'où les Romains sortirent vainqueurs.

Peu après les vaincus reprirent l'offensive et attaquèrent Romulus ; les habitantes forcées de la ville nouvelle se jetèrent entre les belligérants et les conjurèrent de cesser leurs hostilités ; la paix se fit et la fusion fut complète. Les deux chefs se partagèrent le pouvoir, jusqu'à ce qu'un meurtre, en supprimant Tatius, quelques années plus tard, laissât Romulus seul souverain. Voici donc le Palatin et le Cœlius, réunis au Capitole et au Quirinal ; les autres collines, l'Aventin, le Viminal et l'Esquilin, devaient être bientôt englobées à leur tour. Des luttes journalières finirent par amener l'assujettissement des autres peuples environnants ; dès lors la Ville aux Sept collines était fondée.

Le Palatin, d'où vient le nom de palais, abrita sous ses ombrages le berceau de Rome et vit édifier sur ses terrasses le trône des Césars. Depuis les temps les plus reculés, il fut choisi comme lieu de résidence par les plus hauts dignitaires ; là fut la demeure du premier roi, et le palais du premier empereur.

De même que le Forum fut le cœur de Rome, de même le Palatin en fut la tête ; aussi tous les régimes y laissèrent-ils des monuments considérables. Cet espace restreint fut bientôt recouvert d'une telle quantité de temples et de palais qu'il ne fut plus possible de les édifier les uns à côté des autres. il fallut les construire les uns sur les autres. Tel était d'ailleurs le procédé des Romains, ils ne détruisaient jamais l'édifice qui avait cessé de leur plaire, mais ils l'enfouissaient et en élevaient un autre par dessus.

Au centre de la ville, il est une église du XIIe siècle qui dut subir différentes réparations ; pendant l'exécution des travaux on découvrit, en creusant le sol, une basilique plus ancienne (du temps de Constantin), sous laquelle (toujours en fouillant) on trouva un sanctuaire de Mithra, qui reposait lui-même sur des constructions datant des premiers rois de Rome.

Étant ainsi superposés, le jour où les monuments s'affaissèrent, ils se trouvèrent tous confondus, et cependant chaque siècle ayant eu son propre style et ses propres matériaux les marqua d'une empreinte qui permit de déterminer leur âge et leur provenance. C'est ainsi qu'il fut aisé de rendre à l'ancien Palatin sa physionomie primitive et que, parmi les plantations qui recouvrent aujourd'hui de leurs mystérieux ombrages ces gloires de jadis, au milieu des lichens et des mousses qui envahissent ces manifestations de l'orgueil humain, on parvint à faire revivre l'époque florissante de ce mont fameux, demeure privilégiée des Dieux et des Césars.

A son sommet existait une maison rustique, abri des plus vénérables puisqu'on l'attribuait à Romulus. Type de la chaumière des paysans latins, ce refuge circulaire, bâti en roseaux et recouvert d'un toit de chaume, contrastait avec les splendeurs qui l'entouraient ; il était cependant « res sacra » et tout bon Romain le vénérait à l'égal d'un sanctuaire.

Sur le versant de la colline se trouvait le Lupercal, ancienne grotte dont l'entrée était ombragée d'un figuier et qui avait abrité la louve et les jumeaux divins. C'était là qu'avaient lieu les fameuses Lupercales, fêtes en l'honneur du dieu Pan personnifiant les forces de la Nature ; cérémonies connues surtout par les obscénités dont elles étaient le prétexte. Une louve en bronze, provenant de la statuaire étrusque, fut installée dans cet antre ; au XVIe siècle on lui ajouta ses deux nourrissons, et on la transporta au Capitole, où elle se trouve encore aujourd'hui.

Ici se dressait le temple de Jupiter Stator, élevé par Romulus en l'honneur du Dieu du Ciel qui, à cet endroit même, l'avait rendu victorieux des Sabins ; un peu plus loin se trouvaient les Maisons de Tarquin l'Ancien, Cicéron, Auguste, Livie, les Palais de Tibère, Caligula, Néron, Domitien, Septime Sévère. Ces noms, en résonnant à mon oreille, évoquaient un lointain passé ; je revoyais les Césars réapparaître à travers les âges, et se draper dans leur pourpre impériale. A mes pieds s'étendaient les ruines du Forum, débris de la grandeur de tant de siècles ! Mon imagination animait ces monuments en y replaçant leurs hôtes célèbres ; elle reconstituait ces temples des Dieux protégeant la fortune des empereurs. La ville surgissait tout entière, et en face, le Mont Sacré, le Capitole surmonté de son temple majestueux, semblait dominer l'empire et l'univers.......

C'est peut-être ici, me disais-je, que l'ambitieux Auguste, calculateur froid et méthodique, conçut ses rêves de grandeur et de puissance. A côté de ce César diplomate, surgit dans mon souvenir le fameux Caligula, incarnation de l'orgueil, traitant d'égal à égal avec la divinité. C'est lui qui fit lancer, par dessus les édifices du Forum, un pont hardi destiné à relier sa colline à celle du Capitole, afin, disait-il, de communiquer plus facilement avec son cousin Jupiter. Un jour il se fâcha contre le Stator qu'il accusa de manquer d'égards envers lui ; il le menaça et s'écria : « La terre est trop petite pour tous deux, il faut que l'un de nous disparaisse. » On crut qu'il allait faire décapiter l'idole, mais tout à coup il s'apaisa et dit : « Jupiter vient de me demander grâce, je lui pardonne. » Il fit alors au dieu mille démonstrations d'amitié…

Une autre figure faite de cruauté et de bassesse m'apparut encore, celle de ce fou monstrueux : Néron. Peut-être, pensais-je, est-ce d'ici même qu'il assista à l'embrasement de Rome ; peut-être était-ce à cet endroit que se trouvaient les jardins qu'il faisait illuminer par les corps des chrétiens transformés en torches vivantes….. et je frissonnais à l'horreur des scènes qui durent se passer alors !

Tout en déplorant ces folies, redescendons la Voie Palatine, et allons visiter le cirque le plus colossal qui fut jamais, le Colisée.

CHAPITRE XVI

LE COLISÉE.

Le lecteur voudra bien me pardonner l'aridité de mes descriptions et l'évocation peut-être un peu trop accentuée des temps anciens ; mais devant le berceau de l'histoire de ce pays, je ne puis omettre certains détails qui complètent sa physionomie. Je ne sais plus quel auteur prétendait que, pour connaître l'avenir, il fallait être maître du passé ! Pensée profonde qui prouve une fois de plus que tout s'est fait, se fait et se fera. Les mêmes événements, en se reproduisant, ramènent infailliblement les mêmes effets ; aussi l'étude du passé est-elle une école de philosophie, et Rome étant par excellence la Ville de l'Histoire, faire abstraction de ce qu'elle fut, serait presque ignorer ce qu'elle est. De même que le temple de Jupiter était le plus grandiose des monuments religieux, le Palatin le plus superbe des palais, le Colisée était le plus immense des théâtres. Néron, qui possédait le goût du gigantesque, avait voulu se créer une demeure formant toute une ville ; c'est alors qu'il rêva de construire une habitation qui comprendrait la vaste plaine située entre le Palatin, le Cœlius et l'Esquilin, mais cet espace était encombré d'une multitude de maisons ; le cruel déséquilibré n'hésita pas à y faire allumer un incendie qui pendant dix jours éclaira la ville de sa sinistre lueur.

Au centre de ce quartier devenu libre, on creusa un étang qui fut entouré de constructions de toutes sortes, alors qu'aux alentours s'étendaient à perte de vue des champs, des vignes et des bois. Dans cet espace immense, un endroit avait été réservé pour l'édification d'un palais, comme il n'en existait encore nulle part ; surnommé la Maison Dorée, il fut d'un luxe et d'une richesse inimaginables. Les murs tout en marbre étaient incrustés de pierres fines et de métaux précieux ; les salles renfermaient des tables d'ivoire, des jets d'eau y répandaient une pluie vaporeuse d'essences les plus rares.

La dynastie Flavienne, succédant aux premiers Césars, suivit une ligne de conduite complètement opposée à celle de Néron ; d'autorité tout récente et ne possédant ni souvenirs, ni aïeux, elle ne voulut pas s'imposer ; au contraire, elle chercha à respecter l'opinion populaire et à s'en faire un appui.

De toutes les folies de Néron, l'édification de son palais fut peut-être celle qui mécontenta le plus ses sujets ; elle leur rappelait constamment le sinistre qui en avait été le préliminaire ; on l'accusa de s'être servi des ruines de la patrie pour se construire une habitation luxueuse. L'aspect des prairies, des jardins remplaçant tant de pauvres demeures ; la vue du terrain immense rempli par un seul palais, alors que la population débordait la ville, indignèrent le peuple. Ces dépenses exagérées avaient vidé le trésor, qu'on ne parvenait plus à remplir que par des confiscations ; aussi les nouveaux empereurs s'empressèrent-ils de détruire la Maison Dorée qui rappelait de si criminels souvenirs.

La plus grande partie des terrains fut restituée au public ; on garda seulement l'emplacement nécessaire pour édifier quelques monuments. A la place des étangs fut élevé l'amphithéâtre appelé Colisée ; sur l'Esquilin, on construisit le Palais et les Thermes de Titus ; au bas de la voie Palatine fut édifié un arc de triomphe destiné à commémorer la prise de Jérusalem et qui aujourd'hui s'appelle encore Arc de Titus. Cet ensemble de mesures rendit les nouveaux souverains tout à fait populaires.

Dans sa lutte contre le temps, les hommes et les éléments, le Colisée, quoique mutilé, resta victorieux. De forme elliptique, ce colossal édifice présente encore intacts ses quatre étages de galeries qui mesurent près de cinquante mètres de hauteur. Les trois premiers sont formés d'arcades élégantes, tandis que le dernier se compose d'un mur ajouré de baies, séparées entre elles par des pilastres de style corinthien. Ces blocs de travertin étaient primitivement reliés entre eux par des crampons de bronze, tandis que des briques et du tuf en tapissaient l'intérieur. Aux extrémités des axes, quatre entrées principales donnaient accès dans le vaste amphithéâtre ; deux d'entre elles étaient réservées à l'empereur ; les autres aux cortèges solennels, aux animaux et aux machines. Les spectateurs pénétraient par les arcades du rez-de-chaussée désignées par des chiffres, dont quelques-uns subsistent encore.

L'amphithéâtre pouvait contenir cinquante mille places ; outre les séries de gradins, il y avait aussi des galeries réservées. Au premier rang, appelé podium, s'élevaient des degrés de marbre blanc sur lesquels étaient placés les sièges des Césars et de leur Cour ; à leurs côtés, les places d'honneur étaient attribuées aux sénateurs et aux vestales qui avaient droit de vie et de mort sur les combattants. Selon qu'on levait ou qu'on abaissait le pouce, le malheureux était sauvé ou condamné.

Des matelots de la flotte impériale étaient chargés de déployer des voiles au-dessus des spectateurs pour les abriter contre les rayons du soleil ; on voit encore dans les pierres les ouvertures où s'attachaient les mâts qui maintenaient ces toiles. Au-dessous de l'arène immense, à une énorme profondeur, on a retrouvé des conduites d'eau, des cages avec anneaux de fer, des cloisons de maçonnerie, des galeries, des cabanons qui devaient servir de lieu d'attente aux gladiateurs et aux condamnés, esclaves ou chrétiens.

Vespasien employa à la construction du colossal amphithéâtre les milliers de juifs captifs qu'il avait vaincus ; mais il était donné à Titus de le terminer et de l'inaugurer par des jeux solennels. Cinq mille lions, tigres et éléphants y luttèrent contre trois mille gladiateurs, et cette boucherie, en l'honneur de César et du peuple, dura près de cent jours ! Plus tard, pendant l'ère des persécutions, les empereurs offrirent d'autres victimes aux bêtes féroces, et le sang des chrétiens coula à flots dans le Colisée !...

Puis survint l'invasion des barbares ; après avoir arraché les ornements précieux de marbre, d'or ou de bronze, ils détruisirent une partie du cirque qu'ils enfouirent sous des monceaux de décombres.

Au moyen âge, ces ruines informes devinrent de véritables carrières ; les papes et les seigneurs, pour bâtir des palais, firent piller l'édifice qui, pendant des siècles, fut ainsi livré à la dévastation. Enfin Pie VII. animé pour les arts d'une sollicitude plus éclairée que ses prédécesseurs, fit étayer par un immense éperon de briques l'axe septentrional de l'antique théâtre. C'est alors que l'administration française, devenue celle de la ville, voulut continuer l'œuvre du pape sur des bases plus étendues ; les assises du monument furent maintenues et renforcées, l'intérieur fut déblayé, et le sol de l'arène se trouva dégagé des terres accumulées par le temps. Après quinze siècles, l'air baigna de nouveau l'enceinte du cirque ; les dalles du pavé revirent le jour, les portiques et les galeries s'élevèrent comme jadis, et les pas et les voix firent retentir de nouveau ces échos restés muets pendant plusieurs siècles.

Le Colisée, dans sa majesté grandiose, est l'emblème de la Rome antique. Géant des temps anciens, témoin de la fortune et de la splendeur passées, il

subit le sort commun, tomba, disparut, et fut oublié !..
Aujourd'hui, il réapparait, mutilé peut-être, mais fier
quand même de sa légende et de l'auréole de gloire
dont elle l'a revêtu.

CHAPITRE XVII

LES THERMES

ARCS DE TRIOMPHE DE TITUS SEPTIME-SÉVÈRE, CONSTANTIN TEMPLE DES VESTALES.

Tout près du Colisée, dominant la colline qui fut habitée par Mécène, Horace, Juvénal et Virgile, s'élève l'Esquilin, délicieux et salubre séjour choisi par Titus pour y ériger ses thermes et son palais. On ne peut imaginer le luxe des piscines, ni la beauté des jardins impériaux ou patriciens créés à cette époque.

Les Thermes, outre leur destination spéciale, et grâce à l'étendue de leurs dimensions, — ceux de Dioclétien pouvaient contenir plus de trois mille baigneurs à la fois, — étaient ouverts à tous les exercices du corps et de l'esprit. Ils renfermaient des parcs, des galeries, des bibliothèques, des salles de réunion, de jeux, de gymnastique, etc. Justement à cause des coutumes et du climat, la vie se passait presque entièrement en commun ; le temps se partageait entre les thermes et la causerie des portiques, aussi rien n'était-il négligé pour l'ampleur, l'élégance et la richesse de ces constructions.

Les nombreux aqueducs qui subsistent encore témoignent du penchant des Romains pour les fontaines jaillissantes, les cascades et les exercices de natation. De même que les Grecs, ils étaient amoureux de la beauté des formes, de la force des muscles, du développement du corps, et appréciaient surtout les exercices physiques. Aussi l'Italie renferme-t-elle de nombreux vestiges de ces thermes, que chaque empereur voulait faire édifier et auxquels il tenait à léguer son nom : Caracalla, Agrippa, Antonin, Dioclétien, etc.

C'est au sommet de l'Esquilin, dans le Palais de Titus, que fut découvert le chef-d'œuvre de la statuaire grecque, le groupe de Laocoon. On y trouva aussi des fresques délicieuses de composition et de fraîcheur, qui permirent de soupçonner les trésors d'art et d'élégance qui enrichissaient les demeures impériales.

Les monuments voisins du Colisée et du Forum ont tous un cachet de grandeur. L'arc de Titus, riche par la beauté de ses bas-reliefs, élève son cintre élégant au pied du Palatin ; postérieur en date au Colisée, cet arc fut érigé par Trajan en l'honneur de Titus, conquérant de Jérusalem. D'un côté, le prince est représenté sur un quadrige, entouré de licteurs et suivi de son armée ; de l'autre, on voit la suite de cet exode triomphal avec des esclaves portant les dépouilles du temple de Salomon, le chandelier à sept branches, les tables de la loi, les livres sacrés, etc. L'histoire dit que, pendant longtemps, les Juifs de Rome évitèrent de passer à cet endroit qui leur rappelait trop vivement le souvenir de leur patrie perdue. Arc de triomphe et de victoire, il complète le gigantesque amphithéâtre dont il semble être, par la Voie Sacrée, la porte toute naturelle.

Cette Voie, consacrée à la paix, passait sous l'arche de Septime Sévère et aboutissait au Capitole. Elevé par le Sénat en l'honneur du prince dont il porte le nom, cet Arc surmonté des statues impériales de Sévère et de ses fils, apparaissait comme un véritable dôme de gloire. La Via Sacra pavée de lave basaltique, sillonnée par les chars des triomphateurs, s'étendait à ses pieds et elle était le chemin qui conduisait à l'apothéose !

L'Arc de Constantin, situé entre le Colisée et le Palatin, est le mieux conservé de tous ceux de Rome ; primitivement consacré à Trajan, il rappelle par ses sculptures et ses médaillons d'une rare beauté les actions d'éclat, les guerres et les exploits de cet empereur. Plus tard il fut dédié à Constantin en l'honneur de son triomphe sur Maxence, on y ajouta des bas-reliefs représentant les faits d'armes, les combats et les victoires de ce prince. Cette arcade triomphale présente pour ainsi dire le contraste de deux siècles et de deux empereurs, l'un qui affermit la domination de Rome, l'autre qui l'amoindrit en la délaissant pour Byzance. Les sculptures de Constantin moins nettes et moins précises que les premières, font déjà pressentir la décadence de l'art et de l'empire.

A côté du temple de Castor, tout près du Palatin, des vestiges de maçonnerie indiquent l'emplacement de la demeure sacrée des Vestales. De nombreux fûts de colonnes, des fragments de frises, des débris de caissons inertes et couchés, témoignent de la beauté et de l'élégance passées de ce fameux palais. Un temple, assez exigu, mais d'élégantes proportions, est resté intact, soutenu par dix-neuf colonnes corinthiennes ; il représente l'Atrium de Vesta, l'endroit même où les prêtresses entretenaient le feu sacré.

Aujourd'hui, suivant ainsi l'exemple des autres temples profanes, ce sanctuaire païen est transformé en église dédiée à Sainte Marie du Soleil, sans doute en commémoration de sa première attribution. Mais ces statues, ces images naïves, ces autels primitifs, ces grossières fleurs artificielles, détonnent dans un décor aussi artistique, tel un tableau médiocre dans un cadre de grande valeur. Cette impression est la même dans tous les temples transformés en églises, et qui ne durent leur conservation qu'au souvenir des bienheureux auxquels ils furent consacrés.

Je visitai avec intérêt la cour rectangulaire à colonnades, au fond de laquelle une citerne revêtue de marbre était destinée à recueillir les eaux de pluie, seules permises aux prêtresses. Un vestibule carré, exhaussé de quelques degrés et entouré de portes nombreuses, accède aux cellules des Vestales ; un peu plus loin, on remarque plusieurs salles de bain, une cuisine, un moulin, des chambres pavées de marbre, derniers vestiges d'une vie luxueuse.

L'existence à la fois retirée et mondaine, modeste et fastueuse de ces prêtresses antiques, m'apparut tout entière. Dans ces lieux qu'elles avaient habités, dans ce palais même qui avait été le leur, je les voyais venir à moi, vêtues d'une tunique de lin fine et blanche, enveloppées d'un long manteau de pourpre laissant les bras à découvert. Choisies dans les premières familles de Rome, les Vestales avaient une existence des plus agréables; chacune d'elles possédait, dans l'enceinte du temple même, sa maison et ses esclaves familiers; elle recevait ses parents, ses amis, elle les invitait à sa table dont elle faisait les honneurs avec plus de liberté qu'une patricienne chez elle.

Ces Vierges, liées pour trente ans, ne pouvaient entrer dans le Collège sacré avant d'avoir atteint leur sixième année, et après avoir dépassé leur dixième. On leur enseignait, pendant la première période de leur séjour, leurs devoirs et leurs obligations; pendant la seconde elles observaient et remplissaient scrupuleusement leur mission, et la dernière était consacrée à l'instruction des novices; après quoi, elles étaient libres de rester comme vestales honoraires, ou de se marier. Elles n'étaient jamais plus de six en exercice, alors qu'il y en avait au moins dix-huit attachées au temple.

Ces prêtresses jouissaient d'honneurs et de prérogatives considérables; elles n'étaient point soumises à la tutelle, alors que les dames romaines l'étaient toute leur vie; elles se faisaient précéder de licteurs, assistaient aux jeux et aux fêtes publiques aux côtés mêmes de l'empereur ; et leur rencontre fortuite par un condamné lui sauvait la vie. Leur principale obligation était de maintenir jour et nuit, sans interruption, le feu sacré sur l'autel. Celles qui le laissaient éteindre étaient fustigées par le grand-prêtre, et le feu était rallumé non par des moyens matériels ordinaires, mais par les rayons du soleil traversant une lentille.

Le vœu de virginité qu'elles avaient prononcé devait être scrupuleusement observé ; si l'une d'elles avait eu la faiblesse de l'enfreindre, elle était condamnée à être enterrée vive, et ce jour, comme dans les grandes calamités, la ville revêtait un deuil public, les magasins se fermaient, les réjouissances et les jeux étaient suspendus et le peuple, tremblant, s'apprêtait à supporter la colère des dieux. Après une cérémonie funèbre à laquelle assistaient les dignitaires de l'Etat et les hauts personnages de l'Empire, la malheureuse était descendue dans un étroit caveau où se trouvaient un lit, une lampe allumée, un pain, une cruche d'eau et de l'huile. La pierre était refermée et le sépulcre scellé pour toujours !

Le collège des Vestales institué par Numa fut aboli par Théodose ; il dura 1100 ans.

Tout à côté, se trouvait la Regia, demeure du Grand-Prêtre, que la légende prétend avoir été habitée par Numa Pompilius, fondateur du culte de l'Etat.

CHAPITRE XVIII

LE PANTHÉON

FIN DU PAGANISME
COMMENCEMENT DU CHRISTIANISME.

Le Panthéon, emblème de la grandeur romaine, fut élevé par Agrippa, gendre d'Auguste, en mémoire de la bataille d'Actium. Cet édifice était d'une richesse inimaginable ; des ornements d'or le décoraient, des plaques d'airain, des lames d'argent en recouvraient le faîte, et ses portes étaient de bronze.

Le portique, formé de seize colonnes monolithes en granit, soutient un fronton triangulaire avec inscription en l'honneur du fondateur ; dans le vestibule deux niches colossales indiquent l'endroit où se trouvaient les statues d'Auguste et d'Agrippa. Ce monument glorieux est resté à peu près intact, malgré la convoitise des empereurs et des papes qui le dépouillèrent de son luxe. La plupart de ses richesses furent transportées à Byzance par Constantin ; quant aux portes et aux ornements de bronze, ils furent enlevés par Urbain VIII et ses successeurs, qui en enrichirent plusieurs églises. Malgré ces mutilations, l'entrée du Panthéon est grandiose et imposante ; les colonnes corinthiennes du portique, les pilastres massifs, les portes monumentales accusent la magnificence des somptueux conquérants. En pénétrant dans le temple, on admire la coupole d'où jaillit la lumière par l'unique ouverture du faîte ; baie majestueuse dans laquelle semblent s'envoler l'encens des prières et la fumée des sacrifices.

Dans ce temple primitivement dédié aux Divinités de l'Olympe, la forme circulaire avait été choisie afin, prétendit un malicieux auteur, d'éviter toute question de préséance entre les dieux uniformément rangés en cercle. Le dôme découvert avait également l'avantage de rappeler à ces hôtes divins la voûte éthérée de leur céleste demeure. Les niches construites dans l'épaisseur des murs continrent donc côte à côte Jupiter, Mars, Minerve, chef-d'œuvre de Phidias, et Vénus. Cette dernière eut le privilège de recevoir pour pendants d'oreilles les deux moitiés de la perle de Cléopâtre, semblable à celle qu'un caprice de la reine d'Égypte avait fait dissoudre dans du vinaigre. L'histoire oublie de nous apprendre si les autres déesses ne furent pas un peu jalouses de cette préférence des humains...... Mais qui donc, même dans l'Olympe, peut être assez téméraire pour oser l'emporter sur Vénus ? Cette pauvre Minerve avec sa sagesse, l'opulente Junon et son autorité, ne furent-elles pas vaincues par la gracieuse immortelle qui symbolise ici-bas la seule et la vraie puissance ?

La rotonde majestueuse du temple est ornée des mêmes colonnes, la corniche de marbre blanc contourne toujours l'intérieur du dôme, les mêmes pilastres continuent à s'élever jusqu'à la voûte, mais les souvenirs ont disparu. Les grands hommes ont été remplacés par des martyrs chrétiens, et la consécration de ce monument au christianisme fut la cause primordiale de sa conservation. Au VIIe siècle, Boniface IV le dédia au culte catholique sous le vocable de Sainte-Marie-des-Martyrs, en l'honneur des ossements qu'il y fit transporter ; affectation qui dura plusieurs siècles, jusqu'au jour où ce sanctuaire fut lui-même transformé en mausolée. On y déposa alors les restes des hommes célèbres et on lui restitua son nom primitif de Panthéon. Le corps de Raphaël, enseveli dans le soubassement d'une statue de la Madone, repose dans l'un des autels, à côté de celui d'Annibal Carrache ; quelques cardinaux y sont également inhumés. Depuis l'avènement de la dynastie de Savoie au trône d'Italie, les rois de cette maison ont délaissé l'abbaye de Hautecombe pour l'ombre majestueuse et solennelle du vieux temple. Victor-Emmanuel et son fils Humbert Ier reposent au Panthéon sous des gerbes de fleurs chaque jour renouvelées.

Je ne m'étendrai pas davantage sur la Rome antique ; je passerai sous silence les ruines des temples de la Paix, de la Concorde, de Romulus, Minerve, Jupiter tonnant, Antonin et Faustine ; la colonne Trajane, celle de Phocas, l'Arc de Janus Quadrifons, le théâtre de Marcellus. L'étude de ces débris architecturaux imprimerait à mes notes un caractère trop technique; et, même au point de vue archéologique, je me demande si l'histoire ne m'a pas trop entraînée. J'ai cherché à représenter la ville primitive telle qu'elle m'apparaissait; j'ai voulu, pour la reconstituer, m'initier à la vie de ce peuple qui conquit l'univers et fut lui-même conquis par la doctrine d'un humble philosophe. J'arrive à ce moment qui change la face du monde ; la superbe Rome païenne va se transformer, sous l'influence des idées chrétiennes, en cité pontificale ; elle va obéir à d'autres lois, mais toujours elle conservera la suprême autorité.

Rome, la ville religieuse par excellence, se contente d'abord des Divinités du Latium ; elle se laisse ensuite subjuguer par celles de la Grèce, puis les cultes exaltés de l'Orient, importés par les Césars en délire, lui font connaître des besoins religieux nouveaux qui préparent la voie au christianisme. Les dieux séduisants du paganisme, amis du plaisir et de la volupté, sont vaincus par le Dieu des humbles et des malheureux, apôtre de la souffrance et de la douleur ; le Christ remplace Jupiter. Le roi de l'Olympe lègue ensuite à son vainqueur ses cérémonies, ses invocations, ses chants, ses fleurs, son encens, son eau lustrale, enfin toutes les magnificences qui constituent la pompe de la religion catholique.

L'Église, dès le début, se recrute chez les déshérités de ce monde, en raison des compensations éternelles qu'elle leur promet ; mais ne voulant pas être une secte intransigeante, elle essaye de vivre en paix avec le pouvoir. Au lieu de se révolter contre les lois, elle cherche à faire partie du cadre des institutions régulières et légales. Les Apôtres désirent avant tout voir la religion nouvelle se concilier avec les habitudes de l'ancienne société, et ils exigent de leurs adeptes la soumission à l'autorité et le respect de la hiérarchie sociale. Les chrétiens accomplissent ces prescriptions ; les persécutions elles-mêmes n'en font pas des révoltés, et malgré la cruauté dont on use envers eux, on ne les trouve jamais ouvertement mêlés aux agitations de l'empire.

Après une lutte longue et difficile, le christianisme, résistant à toutes les oppressions, finit par étendre son pouvoir spirituel jusque sur les marches du trône ; avec Constantin, il parvient jusqu'au trône même. C'en est fait du paganisme, et malgré les efforts des patriciens et de l'aristocratie romaine, malgré la puissante réaction du Préfet de Rome Symmaque (incarnation vivante des anciennes traditions), Jupiter est vaincu : l'Olympe devient le Ciel !

L'empereur par politique s'appuie sur la secte nouvelle, il compte sur cette alliance pour vaincre ses compétiteurs ; la légende du labarum apparaît, la Croix triomphe de l'Aigle. L'Empereur, souverain pontife de Jupiter, s'abaisse devant le Pape, souverain pontife du Christ, et lui abandonne l'antique Cité de Numa pour aller s'installer à Byzance ; dès lors la puissance temporelle du Saint-Siège est fondée, l'autorité théocratique de la Ville Éternelle apparaît : Rome, capitale du monde païen, devient celle du monde chrétien.

Alors commence une période nouvelle, les vieux temples des dieux grecs sont démolis ; leurs matériaux, leurs statues, leurs colonnes servent à l'édification des premières églises. Cette religion des humbles et des petits, grandie dans l'ombre et le mystère, imprimera désormais son caractère non seulement à la ville, mais à l'univers ; son chef, le Pape-Roi, édifiera des palais, décidera de la paix ou de la guerre et se posera comme l'arbitre des nations !

Tant que les papes se contentent de rester simples pasteurs de Rome, c'est l'âge d'or du christianisme ; mais peu à peu le pouvoir pontifical, devenu le plus puissant de l'Occident, dévie de sa route. Les Vicaires du Christ, en s'emparant des grandeurs de la terre et en se plaçant sur l'autel trop près de la Divinité, font dégénérer le principe de la religion ; leur politique secrète, qui les pousse à s'ériger non en successeurs des Apôtres, mais en successeurs des Césars, transforme la Chaire de saint Pierre en un trône presque divin: de là les luttes intestines et les guerres du moyen âge.

Après cette période de combats, où la pierre et le marbre des édifices mutilés servent à transformer les châteaux en forteresses, l'ère florissante de la Renaissance apparaît. L'Italie s'épanouit parmi les arts et les sciences ; des richesses énormes affluent de toutes parts, et la ville antique reconquiert son ancienne splendeur. C'est l'époque des Bramante, Michel-Ange, Raphaël, Sixte IV, Jules II, Léon X, celle de la construction de Saint-Pierre, de l'édification d'églises et de palais grandioses, monuments qui impriment à la ville la physionomie qu'elle possède encore aujourd'hui.

CHAPITRE XIX

LES CATACOMBES

Les Chrétiens, en raison du dogme de la résurrection, attachèrent dès le début une importance extrême à la sépulture. D'après eux, le corps devant un jour retrouver l'âme et l'accompagner dans son bon ou mauvais séjour, ils pensèrent que jusqu'à ce réveil il fallait donner un asile honorable à la dépouille humaine. Pour rien au monde, ils n'auraient voulu imiter les païens, soit dans l'incinération des leurs, soit dans la promiscuité de la fosse commune. Il fallait que chacun eût sa place distincte, en attendant le jour de la résurrection ; c'est pourquoi les trésors de l'Église furent surtout employés à payer les frais de l'inhumation des corps. On chercha donc, en dehors de la ville, un espace suffisant pour creuser ces interminables galeries, contenant, dit l'histoire, près de six millions de tombes.

Vers la fin de l'Empire, Rome fut envahie par les

peuples d'Orient qui y introduisirent leurs croyances et leurs usages; cette ville tolérante n'était pas seulement la capitale de l'univers, mais encore le centre de toutes les philosophies et de toutes les religions. C'était un spectacle curieux que celui de cette vie active, aussi bien au point de vue politique et religieux. La diminution de la foi envers les dieux anciens laissa toute liberté aux idées nouvelles qui se répandirent et firent des prosélytes. Les cultes de l'Orient surtout attiraient par le mystère de leurs doctrines et de leurs rites; ce fut à eux que Romains, Juifs et Chrétiens empruntèrent la façon d'enterrer leurs morts; les cryptes qui furent alors creusées atteignirent un nombre prodigieux.

De même qu'il était interdit aux chrétiens de se servir des tombes païennes, de même il leur était défendu d'admettre des païens dans leurs tombeaux. Ils tenaient à rester unis dans la mort comme ils l'avaient été dans la vie; ils se groupèrent instinctivement autour des évêques ou des martyrs, dès lors les cimetières étaient formés. Selon les pays, ces champs du repos furent découverts ou souterrains; à Rome ce dernier mode fut préféré.

L'histoire du christianisme naissant est tout entière écrite à la surface de cette cité des morts; chacun de ses orifices caractérise une période tantôt de calme, tantôt d'agitation : les couloirs accédant librement sur la route, les baies apparentes destinées à l'aération ou à l'éclairage procèdent d'une époque tranquille pendant laquelle les chrétiens n'avaient rien à redouter de l'autorité; au contraire les ouvertures dissimulées sur des voies tortueuses datent de la période des persécutions.

Plusieurs étages superposés contiennent des galeries immenses et étroites, bordées de murs dans lesquels étaient déposés les corps. De ci, de là, des anfractuosités dans le roc, des salles même, renferment la sépulture d'une famille, ou bien celle de martyrs ayant subi le même supplice. Dans quelques-unes de ces chambres plus vastes que les autres, s'élevait une tombe sur laquelle on célébrait le sacrifice de la messe ; bientôt cette cérémonie devenant quotidienne, ces lieux de réunion se transformèrent en chapelles. Généralement ces chapelles se composaient de deux salles traversées par une galerie, de telle sorte que tous les assistants pussent en même temps prendre part à l'office ; chacune de ces salles était réservée à un sexe différent. Tel fut le début de nos églises, qui ont encore aujourd'hui conservé dans leurs autels la forme rectangulaire et élevée du tombeau, sur lequel primitivement se célébrait la messe. De chaque côté, des sièges pour les diacres et sous-diacres formèrent l'enceinte du chœur.

On se réunissait dans les Catacombes aux anniversaires, on y venait chanter des hymnes sacrées, écouter les exhortations du prêtre, prier pour les défunts. Là furent prononcées des paroles d'espérance ; là furent lues et commentées les lettres que les églises échangeaient entre elles pour mieux supporter la souffrance. C'était là qu'au lendemain des exécutions des martyrs on se réconfortait, on exaltait la mémoire des morts, on les consacrait, on les immortalisait. Et quelle impression saisissante les âmes sensibles ne devaient-elles pas emporter de ces cérémonies célébrées entre ces murs, dernière demeure des adeptes de la foi nouvelle? Dans ce silence solennel, au milieu du souvenir des êtres disparus, il s'établissait entre les morts et les vivants un lien qui devait atténuer l'amertume des séparations : pensée touchante seulement effleurée par le paganisme et que l'Eglise éleva à la hauteur d'un dogme.

Que de fois des amis ou des parents étaient passés à cet endroit pour prier et pleurer auprès d'une tombe chérie !... Que de scènes désolées avaient dû éclairer les lampes d'argile déposées sur les petites niches qui débordent encore !... Que de néophytes traqués durent fouler ce sol, en y cherchant quelque lueur d'espérance! Pourquoi faut-il que les plus magnifiques réformes éclosent dans la tourmente des révolutions?

Dans ce lieu imposant et attristé, il est facile de remonter aux origines de l'art chrétien. Dès le début, les artistes qui furent chargés de décorer et d'embellir les tombes, durent se trouver fort hésitants. Quels motifs allaient-ils choisir, quels sujets allaient-ils interpréter ? La religion des chrétiens étant proscrite, et leur culte étant interdit, ils cherchèrent pour se reconnaître des figures convenues, dont la signification ne pourrait être comprise que d'eux seuls. Comme emblèmes ils choisirent le poisson, quelquefois la colombe, le navire, l'ancre. Ces symboles se retrouvent partout aux catacombes ; mais ils furent considérés comme trop abstraits par les artistes néophytes, qui cherchèrent dans leurs anciennes écoles une image plus directe et plus artistique. C'est alors que nous retrouvons des arabesques gracieuses, des fleurs, des oiseaux rappelant l'art charmant de la Grèce. Ils allèrent même plus loin, ils choisirent des types classiques pouvant se combiner allégoriquement avec la religion nouvelle. Le Christ fut représenté sous les traits d'Orphée, la lyre du héros qui charmait les animaux symbolisa l'influence mystérieuse de la parole du nouveau Dieu sur les peuples. Un peu plus loin, ils représentent deux brebis couchées aux pieds d'Orphée, qui devient ainsi le Bon Pasteur ; il est même des sarcophages sculptés reproduisant l'histoire d'Ulysse et des Sirènes, ou celle de Psyché et de l'Amour !

Malgré leur nouvelle croyance les artistes n'oublièrent pas l'art grec ; à côté des légendes païennes, on retrouve celles de la religion naissante, et dans leurs travaux les plus directement suggérés par le christianisme, on surprend des détails provenant du paganisme. En suivant le culte du Christ, ses adeptes ne renoncèrent pas à la beauté de la statuaire, ni de la peinture qu'ils connaissaient, et on peut presque dire que malgré les siècles qui les en séparent, la Renaissance s'inspira de leur mysticisme. Il est à remarquer que les chrétiens de l'époque primitive n'ont jamais retracé aucun des épisodes de la Passion. Pourquoi cette lacune ? Craignaient-ils d'avilir leur Dieu, en rappelant le supplice infamant auquel il avait été soumis, et jusqu'alors réservé aux esclaves ? Je le crois. Au moyen âge au contraire, l'art se complait dans la reproduction des scènes de la flagellation et du crucifiement de Jésus, parce que, ce supplice, depuis longtemps aboli, avait perdu son caractère d'infamie.

Le symbolisme joue un rôle important dans les annales de l'art chrétien, les docteurs de l'Eglise ayant fréquemment entendu narrer les récits de la Bible, imagés comme tous les contes orientaux, cherchent à découvrir dans les allégories le sens de la loi nouvelle. Ils suivent en cela l'exemple des philosophes païens, qui s'efforcent, pour ne pas trop humilier leur raison, de considérer les légendes de la mythologie comme des figures contenant des vérités profondes. Aussi la subtilité des interprétations, la naïveté des élans qu'on remarque chez les premiers Pères de l'Eglise, rappellent-elles que le christianisme était une religion nouvelle, greffée sur une des plus anciennes, le monothéisme.

Jonas rejeté par la baleine, Lazare ressuscité, personnifient l'immortalité de l'âme ; Moïse frappant le rocher est une allusion à saint Pierre faisant jaillir la source de grâce, dont un prêtre se sert pour régénérer par le baptême. Le monde est un océan dans lequel le pasteur, pêcheur d'âmes, jette ses filets. L'esprit romain ne goûtait pas ces subtilités et ces symboles appréciés du génie grec ; il leur préférait la précision de l'histoire et la réalité de la vie. Soumis à la hiérarchie et respectueux de l'autorité, il chercha toujours à subordonner les volontés collectives à l'opinion générale, et le jour où il prédomina dans l'Eglise, il en changea la physionomie et la transforma en gouvernement.

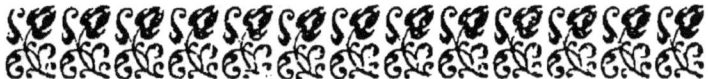

CHAPITRE XX

LES ÉGLISES — SAINT-PIERRE

Les principaux monuments de la Ville Eternelle sont : le Colisée, théâtre ; le Panthéon temple ; Saint-Pierre, église, et le Vatican, palais. Nous avons décrit déjà le Colisée et le Panthéon, nous arrivons à Saint-Pierre.

La plus colossale des basiliques s'élève près du Vatican, sur la rive droite du Tibre ; bien qu'il soit dans la tradition chrétienne d'édifier les églises sur les hauteurs, ce monument est bâti au niveau même du fleuve, situation qui lui fait perdre une partie de l'ampleur que lui eût imprimée, au contraire, son emplacement au sommet d'une colline. Si l'essence de la prière est de monter, celle de la bénédiction est de descendre et chose étrange, de la Loggia, le pape en est réduit à bénir de bas en haut.

La chapelle primitive fut consacrée au Prince des Apôtres, par Constantin à la place du cirque de Néron où saint Pierre avait souffert le martyre. Là, déjà avait été érigé un modeste oratoire, en mémoire des chrétiens qui, recouverts de poix, servirent de flambeaux vivants aux réjouissances nocturnes de l'empereur. Sur ces vestiges, à la demande du pape Sylvestre, un temple d'une grande magnificence fut construit, il était précédé d'un immense cloître, sous les arceaux duquel se tenaient agenouillés les pénitents non réconciliés avec l'Eglise. Sa façade, surmontée d'un fronton triangulaire, était ornée d'un portique.

D'extérieur très simple, cette basilique resplendissait intérieurement de marbre, de bronze, de mosaïques, enlevés aux temples païens. Cinq nefs, coupées en croix latérales par un transept, étaient séparées par d'énormes piliers de granit ; les fonts baptismaux, les pupitres étaient en argent ; le maitre-autel rehaussé de ciselures précieuses et surmonté d'un baldaquin en vermeil rayonnait d'un éclat incomparable. Douze colonnes torses en marbre blanc le précédaient et passaient pour provenir du temple de Jérusalem ; l'une d'entre elles ayant été reconnue à « des signes certains » pour être celle contre laquelle le Christ s'appuyait dans ses discussions avec les docteurs, fut précieusement conservée dans la basilique nouvelle.

La crypte ou Confession renfermant la sépulture de saint Pierre et éclairée par une ouverture pratiquée dans le sol, fut également respectée ; un escalier de marbre conduisait à cette chapelle souterraine, dallée d'or et de mosaïques. La châsse d'argent était recouverte d'une enveloppe de bronze, surmontée d'une croix d'or ; Léon III la fit entourer d'une grille d'argent massif ; toutes ces richesses furent enlevées par les Arabes, seule la crypte fut conservée.

Au XV° siècle, ce temple ayant souffert des invasions et du temps lui-même, les papes désirèrent le restaurer et l'agrandir ; il y eut de nombreuses innovations et tergiversations ; enfin Michel-Ange parut. Il reprit le projet primitif de Bramante, qui, avec sa coupole supportée par quatre piliers, rappelait le Panthéon d'Agrippa ; la forme de la croix grecque prévalut et l'artiste renommé édifia le dôme principal d'une pureté et d'une hardiesse de lignes merveilleuses. La façade seule restait à terminer, quand l'un des papes, Paul V désira revenir à la croix latine ; la nef fut alors prolongée, et le péristyle actuel élevé. Mais au lieu d'être continué selon le plan primitif de l'ensemble, le monument fut achevé dans un style lourd et disgracieux, qui lui donna plutôt l'aspect d'un hôtel que d'une église, et dissimula la vue de la splendide coupole. Le Bernin acheva cette œuvre colossale, dont la construction avait duré près de deux siècles, intéressé huit papes et coûté plus de deux cents millions ; en 1626, Urbain VIII la consacra en grande pompe.

Malgré toutes ces vicissitudes, cette église est devenue la plus grande, sinon la plus belle de l'univers. En arrivant sur la place, immense vestibule du gigantesque édifice, on admire, ébloui, l'harmonieux ensemble du temple et de sa coupole. L'aspect du dôme est si magique que l'on ne peut en déterminer les dimensions ; noyé dans la lumière éblouissante, il n'apparaît à la vue que pour l'étonner. La façade, formée par des colonnes et d'énormes pilastres, est surmontée d'une balustrade au milieu de laquelle s'élève la Loggia. C'est de ce balcon, que le pontife donne sa bénédiction à la foule agenouillée sur la place ; c'est encore de là, qu'un chambellan de la Cour vaticane, le jour de l'élection du pape, acclame à trois reprises le nouvel élu du conclave, dont le peuple redit le nom en se prosternant.

Le portique, de dimensions phénoménales, est remarquable par sa décoration et son plafond merveilleux ; cinq entrées flanquées de colonnes antiques en marbre noir et violacé donnent accès à l'intérieur du temple. Sur ces cinq baies, l'une, la première à droite, est la Porte Sainte, ouverte seulement pendant les années de Jubilé, c'est-à-dire tous les vingt-cinq ans ; les battants en bronze de celle du milieu ont été exécutés au XVe siècle, sur le modèle de Saint-Jean de Florence.

L'intérieur de la basilique a gardé une telle harmonie, que ses dimensions ne semblent point colossales, et quand on en énumère les chiffres brutaux on a peine à y croire. Ainsi les anges qui supportent les bénitiers paraissent des enfants, alors que ce sont des géants ; ce détail donne une idée assez juste de la hauteur de l'édifice. L'impression qu'on éprouve est faite de beauté et de grandeur ; la coupole est un chef-d'œuvre de hardiesse où les vapeurs d'encens viennent se mêler aux murmures des prières. On dirait que Michel-Ange a voulu faire immense cette basilique, comme pour écraser d'un poids formidable notre chétive humanité !

Cette église est tout ensemble un musée et un sanctuaire. Partout ce ne sont que mosaïques, peintures, incrustations d'ivoire, de marbre, de porphyre, de bronze et d'or, etc. La pierre ne s'y fait voir que pour compléter la décoration de ce théâtre superbe, dont la scène semble presque déserte, quand elle ne renferme que quelques milliers de spectateurs. Les cérémonies y revêtent un éclat triomphal, la clarté des lampadaires, l'harmonie des chants liturgiques, la somptuosité des vêtements sacerdotaux, la pompe pontificale enfin, semblent vouloir, par les magnificences terrestres, préparer aux béatitudes de l'au-delà.

Dans la grande nef, tout près de la porte centrale, on remarque une dalle de porphyre, sur laquelle les empereurs étaient autrefois couronnés. Adossée à un pilier, la statue en bronze de saint Pierre s'élève majestueuse sur un siège de marbre blanc ; on prétend que cette figure d'un ancien préteur romain fut transformée en celle du premier pape, par l'adjonction de l'auréole sacrée et des clefs du Paradis. Quoi qu'il en soit, œuvre païenne ou chrétienne, l'effigie du saint apôtre n'en est pas moins vénérée, son pied droit est presque usé par les baisers quotidiens des fidèles.

La coupole repose sur quatre piliers, dont les niches renferment des personnages géants ; dans les loges supportées par ces colosses de pierre, reposent les reliques des saints les plus connus, restes sacrés offerts à la vénération de l'assistance au jour des grandes fêtes. Ces ouvertures cintrées sont elles-mêmes entourées et surmontées de mosaïques, les unes représentent les quatre évangélistes, les autres rappellent en latin la phrase du Christ lors de la fondation de l'Eglise : « Tu es Pierre, et sur cette pierre je bâtirai mon église et les portes de l'enfer ne prévaudront point contre elle ». Et enfin, dominant et triomphateur, au sommet de la lanterne, apparaît Dieu, le Père, dans toute sa majesté.

A la base même de cette coupole, sous un baldaquin en bronze, soutenu par des colonnes torses richement décorées, s'élève le maître-autel luxueux, où seul le pape officie les jours de grande solennité. Contrairement à ce qui se passe dans les autres églises le Pontife, en célébrant les saints mystères, est tourné du côté de l'assistance. Au pied même de l'autel, un double escalier de marbre, où l'on remarque la statue de Pie VI, par Canova, accède à la Confession. Entourée de lampes toujours allumées, cette crypte contient, dit-on, la dépouille de saint Pierre ; des portes en bronze doré mettent le précieux sarcophage à l'abri des regards indiscrets.

Un peu plus loin, dans l'abside, on remarque un siège en bronze renfermant le trône en bois, appelé: Chaire de Saint-Pierre, et qu'on prétend avoir appartenu à l'apôtre. Les bas-côtés, les autels latéraux sont des merveilles d'art et contiennent des tombeaux de pontifes et de hauts personnages. La Pieta de Michel-Ange est sublime, la douleur de la Vierge, qui contemple son fils inerte, n'a pas altéré la pureté et la finesse de ses traits ; c'est un groupe saisissant de vérité, de grandeur et de sentiment.

Je ne puis citer les noms de tous les pontifes reposant à l'ombre de ces voûtes ; le tombeau de Clément XIII par Canova est connu ; on y admire l'Ange de la Mort, frappant de beauté et d'exécution. La chapelle Clémentine contient ceux de saint Grégoire le Grand, Pie VII, Innocent XI. Les médaillons de Canova représentant Jacques III et ses fils, Charles-Edouard et Henri, cardinal d'York, sont de toute beauté. La sacristie renferme quelques tableaux de Giotto, la plupart des peintures qui ornaient la basilique furent transportées à l'église Sainte-Marie des Anges et remplacées par des mosaïques.

Mais laissons reposer tranquillement, sous leurs dalles de marbre, les malheureux Stuart, la reine Christine de Suède, les nombreux pontifes, dont les tombeaux pour la plupart décorent mieux les nefs du temple que leur règne n'honora le trône pontifical. Laissons errer l'ombre du Prince des Apôtres autour des lampes brûlant nuit et jour ; laissons la croix latine qui a allongé la croix grecque primitive de Bramante ; laissons également les corniches éclatantes d'un luxe de palais destiné plutôt à un roi de la terre qu'au roi du ciel, et disons que cette basilique est certainement la métropole de toutes les églises chrétiennes.

CHAPITRE XXI

EGLISES

SAINT-JEAN-DE-LATRAN
SAINTE-MARIE-MAJEURE

Saint-Jean-de-Latran, la plus ancienne de toutes les églises de Rome, fut construite par Constantin dans son propre palais; quand il quitta cette ville pour Byzance, l'empereur en fit hommage au pape Sylvestre, et ce fut ainsi que le Latran devint et resta la résidence de la papauté pendant plus de dix siècles. Ce sanctuaire ayant été incendié fut reconstruit et modernisé au XVIe et au XVIIe siècle.

La façade imposante de Saint-Jean comprend un portique surmonté d'une loggia qui permet au Souverain Pontife de donner sa bénédiction. Comme à Saint-Pierre également, cinq portes donnent accès à la basilique, l'une d'entre elles, celle de droite dite « Porte Sainte », est murée et ne s'ouvre qu'aux années de jubilé ; celle du milieu se compose de deux panneaux en bronze d'un travail artistique admirable ; ils ornaient d'abord la basilique Emilienne près du Forum, puis, après leur transfert à l'église Saint-Adrien, ils furent définitivement installés à Saint-Jean.

L'intérieur du temple se divise en plusieurs nefs que séparent d'énormes pilastres cannelés ; des colonnes de marbre vert antique encadrent des niches contenant les statues des apôtres ; au milieu du transept s'élève le maître-autel, où seul le pape a le droit d'officier. Le tabernacle gothique renferme les têtes de saint Pierre et de saint Paul ; il est surmonté d'un baldaquin aux colonnes torses qui rappelle celui de Saint-Pierre. En bas de l'autel, une table en bois provenant des Catacombes est offerte à la vénération des fidèles ; on prétend qu'elle servit d'autel au Prince des Apôtres. A côté du chœur richement décoré de marbre, on admire le grand autel du Saint-Sacrement ; quatre colonnes cannelées en bronze doré le soutiennent, et ces supports coulés par l'empereur Auguste avec les proues égyptiennes, proviennent du temple de Jupiter Capitolin.

La chapelle Corsini, datant du xvIII^e siècle, abrite une urne de porphyre tirée du Panthéon et qui renferme les cendres de Clément XII.

Contemplé à travers les arcades de la grande place, le portail latéral offre un aspect magnifique. Son portique, ajouté par Sixte-Quint, est orné d'une statue de Henri IV, roi de France, qui figure à cet endroit comme chanoine de Saint-Jean-de-Latran ; dignité que ce prince eut le droit de transmettre à ses successeurs au trône. Ce titre ne fut pas réclamé par la République française, ce qui n'empêcha pas les plaisants de Rome d'ajouter à ces mots : « UNE ET INDIVISIBLE, » ceux-ci : « Chanoinesse de Saint-Jean. »

La Basilique et le Palais, aujourd'hui transformé en musée, forment un ensemble remarquable par la variété de son style et de son époque. Depuis l'obélisque de Moeris qui s'élève sur la place, jusqu'à la façade du XVIIIe siècle, on peut suivre le cours d'histoire profane et sacrée que représentent ces monuments. Les colonnes antiques du temple de Jupiter, l'urne de porphyre du Panthéon, la statue de Constantin, symbolisent la Rome profane ; tandis que nous retrouvons le commencement de la Rome chrétienne dans l'une de ses reliques les plus sacrées, je veux parler de la Scala Santa ; on nomme ainsi l'escalier du palais de Pilate, que le Christ monta et descendit à plusieurs reprises, lors de sa comparution devant le gouverneur romain. Cette échelle sainte, rapportée de Jérusalem par l'impératrice Hélène, ne se monte qu'à genoux ; composée de vingt-huit marches de marbre blanc protégées par un revêtement en bois, elle accède à un sanctuaire. Ancien oratoire du palais de Latran, cette chapelle contient, avec l'une des images les plus vénérées de Jésus-Christ, une mosaïque très curieuse du VIIIe siècle.

A quelques pas de là, un petit temple octogone renferme une vasque de basalte où l'on descend par trois degrés, c'est le Baptistère de Constantin. Malgré la légende qui veut que le premier empereur chrétien ait reçu le baptême en cet endroit, aucun document historique ne vient confirmer cette assertion ; deux colonnades soutiennent la voûte ornée de peintures représentant la vie de saint Jean. A côté du baptistère qui, pendant longtemps, fut le seul de Rome, s'élève une chapelle dédiée au Précurseur du Christ, lieu, dit-on, préféré de Constantin qui aimait à venir s'y reposer.

Derrière la basilique, les arceaux gothiques d'un cloître du xve siècle représentent cette brillante époque de la Renaissance si appréciée des amateurs.

CHAPITRE XXII

ÉGLISES (suite).

SAINTE-MARIE-MAJEURE
SAINT-LAURENT
SAINT-PIERRE-AUX-LIENS
SAINT-PAUL HORS-LES-MURS

A l'extrémité de la large voie qui conduit à Saint-Jean-de-Latran s'élève une autre basilique, sa rivale en beauté, en sainteté et en richesse, fondée par le pape Libère : c'est Sainte-Marie-Majeure. Cette église, la plus grande de toutes celles élevées en l'honneur de la Vierge, fut, prétend la légende, érigée à cet endroit, d'après le propre désir de la mère de Dieu. Au IVe siècle, celle-ci serait apparue en songe au patricien Jean et au pape Libère, et leur aurait ordonné de lui construire un sanctuaire à la place même où le lendemain, 5 août, ils trouveraient de la neige. Une neige épaisse ayant recouvert, ce jour même, la surface nécessaire à l'emplacement d'un monument, le pape éleva à cet endroit une église qui porta le nom de Sainte-Marie-de-la-Neige, puis le surnom de Libérienne, et enfin celui de Majeure, étant données ses vastes dimensions. Sixte III, ami de saint Augustin, agrandit la basilique et l'embellit; la nef principale, avec ses colonnes de marbre antique et ses mosaïques, date encore de cette époque. Cette église, avec Saint-Jean-de-Latran, sont, après Saint-Pierre, les plus grands édifices religieux de la chrétienté.

Saint-Laurent, fondé par Constantin le Grand, puis transformé au xiiie siècle, fut complètement restauré de nos jours. Cette église patriarcale est l'une des sept privilégiées, que doivent visiter les pèlerins pendant leur séjour dans la ville sainte ; sa façade, formée de six colonnes antiques, provenant d'anciens temples, est décorée de peintures modernes. La crypte de l'église primitive renferme le tombeau de Pie IX.

SAINT-PIERRE-AUX-LIENS

Saint-Pierre, église ancienne, formée de trois nefs séparées par de hautes colonnes doriques, est surtout intéressante par le chef-d'œuvre qu'elle contient : le tombeau de Jules II, de Michel-Ange. La principale figure, celle de Moïse, est rendue avec une ampleur, une précision, une noblesse qui atteignent jusqu'au sublime. Les traits irrités du législateur des Hébreux sont empreints d'une énergie et d'un mouvement qui frappent ; il semble que, foudroyant l'idolâtrie, il va briser les tables de la loi. Les statues de Rachel et Lia symbolisent deux conceptions différentes de la vie, l'une active et l'autre contemplative.

Un reliquaire, placé sous le maître-autel, renferme les chaînes que, selon la légende, saint Pierre portait dans sa prison ; un ange ayant endormi les gardes, débarrassa le saint de ses fers, lui ouvrit la porte et l'entraîna au dehors. Tous les ans, le 1er août, les fidèles viennent en grande pompe honorer cette relique vénérable et acheter des chaînes minuscules que les marchands vendent en quantité considérable.

Puisqu'il est question de saint Pierre, je ne puis passer sous silence la petite église « Domine, quo vadis » qu'un roman moderne a si récemment mise à la mode. Pierre, fuyant le supplice qui l'attendait, avait déjà quitté l'enceinte de la ville ; après avoir franchi la porte Saint-Sébastien, il vit le Christ, qui, pâle et défait, venait à sa rencontre ; le saint lui demanda : « Domine, quo vadis ? » « Seigneur, où allez-vous ? » — « Venio iterum crucifigi ». « Je viens me faire crucifier de nouveau », répondit le Seigneur en disparaissant. Saint Pierre, ayant compris la leçon divine, retourna sur ses pas, reprit la direction des fidèles, et subit peu après le supplice du crucifiement, la tête en bas, par esprit de modestie, en souvenir de son illustre maître.

Saint-Paul-hors-les-Murs, basilique du IVe siècle, fondée en dehors de Rome, par Valentinien II et Théodose, fut restaurée et embellie à plusieurs reprises. Au siècle dernier, un incendie l'ayant détruite presque entièrement, sauf le chœur et le campanile, on chercha à la reconstruire selon le plan et les dimensions de l'ancien édifice. Sa décoration trop brillante lui enlève son caractère de basilique des premiers temps du christianisme.

. Deux colonnes gigantesques fendues par le feu supportent l'arc de la tribune circulaire ornée de mosaïques de toute beauté. Le Christ, saint Pierre, saint Paul, les Vieillards de l'Apocalypse semblent former, en leurs vêtements de pierres multicolores, un cénacle auguste et mystérieux dans le calme du sanctuaire. L'aspect imposant de ces voûtes immenses est encore rehaussé par la richesse des matériaux ; les colonnes en albâtre et malachite furent offertes par le vice-roi d'Égypte et l'empereur de Russie, et au milieu des trois nefs, ornant le sommet des piliers colossaux, des médaillons de mosaïques reproduisent les traits de tous les papes depuis saint Pierre.

Aux côtés de ce temple grandiose s'abrite le cloître de l'ancien couvent des Bénédictins, le plus beau après celui de Saint-Jean-de-Latran. A quelques minutes de là, la vieille abbaye *delle Tre Fontane* fut érigée selon la légende à l'endroit même de la décapitation de saint Paul. La tête de l'apôtre ayant fait trois bonds en tombant, trois sources jaillirent du sol touché par la sainte relique, de là le nom de l'Abbaye. Le corps du martyr, auquel elle fut dédiée, est inhumé dans la basilique.

CHAPITRE XXIII

PONT ET FORT SAINT-ANGE
PLACE SAINT-PIERRE

Nous rentrons à Rome ; nous prenons la porte Saint-Paul, aux tourelles et aux créneaux moyen âge. Tout près et la dominant, s'élèvent le Testaccio, colline formée des débris de poteries et de verreries de Rome, et la Pyramide de Cestius.

Cestius, Romain obscur, ordonnateur des banquets divins, maître d'hôtel du grand pontife, doit sa célébrité au monument égyptien, que, de son vivant, il fit élever pour sa sépulture ; sa fortune est certes un trait des mœurs de l'époque. Des repas solennels se donnaient dans les temples en l'honneur des Dieux, soit en remerciement des victoires, soit en conjuration des calamités. Les immortels seuls étaient invités, Jupiter pouvait y assister couché ou étendu, tandis que les autres habitants de l'Olympe devaient rester simplement assis, et que les demi-dieux tels que Hercule ou Adonis étaient dans l'obligation de se tenir debout. Ces festins comportaient une grande somptuosité, et comme l'immatérialité des convives les empêchait de consommer, la desserte revenait de droit au préfet du palais olympien. Or dans l'ancienne Rome, rien n'étant si fréquent que la gloire ou la crainte, ces banquets se renouvelaient souvent, et c'est ainsi que le majordome Cestius put acquérir une fortune qui lui permit, en imitant les Pharaons, de léguer son nom à la postérité.

Nous contournons le mont Aventin dominé par de nombreux couvents, chapelles et églises, puis non loin du Tibre, nous apercevons les deux battants ouverts d'une large porte, c'est une modeste boutique, qui à l'instar de celles de Rome n'a pas de fenêtres et laisse pénétrer la lumière, l'air et le soleil par l'unique ouverture du magasin. Cette maison est connue, on y vient, on veut la voir, c'est l'ancienne boulangerie de la Fornarina et de sa famille.

Après avoir parcouru des rues étroites et tortueuses, nous arrivons à la place Farnèse sur laquelle s'élève le palais de ce nom. Commencé au XVIe siècle par le cardinal Farnèse qui devint pape sous le nom de Paul III, cet édifice fut continué par Michel-Ange et achevé par Della Porta. Une partie des pierres qui ont servi à sa construction proviennent du Colisée et du théâtre de Marcellus. Echu par succession aux rois de Naples, la France le loua pour y installer son Ambassade auprès du roi d'Italie; un des étages fut transformé en école archéologique. Les colonnes du vestibule et les portiques de la cour sont de Sangallo, et la corniche fut dessinée par Michel-Ange. L'un des deux sarcophages qui y sont déposés provient du fameux tombeau de Cecilia Metella.

Des ponts nombreux qui relient les deux rives du Tibre, je ne citerai que les plus intéressants au point de vue historique. D'abord le Pont Molle reconstruit sur les fondations du pont Milvius (IIe siècle avant Jésus-Christ). Il est surtout célèbre par la victoire remportée par Constantin sur Maxence, qui de là tomba dans le fleuve et se noya. C'est après cette bataille que l'empereur octroya la liberté religieuse à tous les chrétiens ; cette année 313 est donc une date heureuse pour le christianisme, qui commença dès lors à devenir une force et un pouvoir.

Le pont Saint-Ange, ou pont Œlius, fut construit en même temps que le fort Saint-Ange par l'empereur Adrien. Au XVIIe siècle, le Bernin l'orna de statues colossales d'anges, qui les ailes éployées portent les instruments de la passion, et laissent flotter au vent leurs vastes draperies de marbre ; encore aujourd'hui il sert de voie principale de communication entre les deux rives. Cette trilogie grandiose de Saint-Pierre, du Vatican et du fort Saint-Ange n'est reliée à la ville que par un pont antique ; trinité majestueuse résumant visiblement la puissance spirituelle et temporelle de la papauté par une église, un palais, une citadelle !

L'empereur Auguste ayant fait construire un mausolée destiné à recevoir sa dépouille mortelle, Adrien voulut que ses propres cendres, comme celles de son prédécesseur, reposassent dans un tombeau digne d'elles. Il fit donc élever à sa propre gloire un monument gigantesque dont la base devait être son sépulcre, et le dôme son temple. Plusieurs rangées de colonnes, entremêlées de statues, s'élevaient depuis le sol jusqu'au faîte de l'édifice que surmontait la pomme de pin conservée dans les jardins du Vatican. Les marbres les plus précieux, venus des points extrêmes de l'univers, revêtaient l'extérieur de cette merveille, mais hélas ! Adrien n'avait prévu ni les invasions des barbares, ni les guerres du Moyen Age !... Le mausolée fut saccagé, mutilé et de ses grandeurs passées, il ne lui reste plus qu'une tour immense, froide et nue, surmontée d'un ange exterminateur, qui a dû donner à Milton l'idée de sa porte des enfers.

Les modernes détruisirent ou gâtèrent les monuments laissés par l'antiquité, et le tombeau magnifique d'Adrien fut transformé en place forte; ses mânes errent encore aujourd'hui parmi les soldats de la garde pontificale.

Au XIe siècle, lors du siège de Rome par les Goths, les habitants de la ville s'enfermèrent dans cet édifice qu'ils transformèrent en forteresse ; pour se défendre, ils précipitèrent sur les assaillants les belles statues qui le couronnaient. Après avoir servi de citadelle à de nombreux tyrans, ce château tomba au pouvoir du Saint-Siège; Clément VII y subit au XVIe siècle le siège épouvantable pendant lequel fut tué le Connétable de Bourbon.

La statue de saint Michel, qui domine la coupole, est de date relativement récente ; elle commémore l'apparition de l'Archange à saint Grégoire le Grand, lors d'une procession qui suivit la fin d'une peste ; vision dans laquelle l'ange victorieux apparut au pontife remettant l'épée au fourreau.

Après avoir traversé le Pont Saint-Ange, nous prenons à gauche une rue étroite et bordée de magasins, aux baies ouvertes et aux étalages primitifs, qui n'a rien d'un quartier élégant, et qu'on peut assimiler à un faubourg ! A l'extrémité de cette longue avenue, apparaît un espace ensoleillé, limité par une église et un palais : telle se présente la place Saint-Pierre.

Un obélisque apporté par Caligula d'Héliopolis (la ville du Soleil) s'élève au centre même de ce terrain ; à droite et à gauche, des fontaines laissent tomber leurs eaux dans des vasques de marbre, puis, entourant comme un cadre le monolithe, une quadruple rangée de piliers doriques forme trois galeries, aux vastes dimensions, surmontées de balustrades et de statues ; la plus importante de ces galeries est celle du milieu, elle peut laisser passer deux voitures de front.

CHAPITRE XXIV

LE VATICAN

Son nom dérive du mot Vaticinia (oracles), parce que le quartier, dans lequel il est édifié, était surtout habité par des devins, qui donnaient des consultations aux habitants de la ville. Caligula et Néron transformèrent en jardins une partie du Vatican ; ce dernier empereur y fit même construire un cirque, où il conduisait lui-même des chars. Ces lieux ombragés furent témoins de jeux plus sinistres ; après l'incendie de Rome, les chrétiens, auxquels ce crime fut imputé, y subirent les supplices les plus effroyables ; et cela en présence des habitants qui, leurs maisons détruites, avaient cherché un refuge jusque sous les portiques de César.

Constantin le Grand, après avoir érigé sur la rive droite du Tibre l'église Saint-Pierre, fit édifier, près de là, une demeure pour les souverains pontifes. Plus tard, saint Libère et saint Symmaque firent agrandir ce château, qui abrita Charlemagne lors de son couronnement ; par la suite, tombé en ruines, il fut restauré vers la fin du XII⁰ siècle. A ce moment la résidence habituelle des papes était le Latran ; ce fut seulement au retour d'Avignon, XIV⁰ siècle, que le Vatican devint le palais favori des pontifes. Une galerie couverte le fit alors communiquer à la forteresse Saint-Ange, et ses possesseurs cherchèrent à en faire une merveille qui, par son ampleur et sa magnificence, dépasserait ce que l'on avait vu jusqu'alors de plus beau dans le monde chrétien.

Nous arrivons ainsi au XV⁰ siècle, où fut élevée la villa du Belvédère ; puis, au XVI⁰, époque des Bramante, Michel-Ange et Raphaël. C'est alors que la Chapelle Sixtine, les Loges, les Chambres furent décorées par ces hommes de génie, qui en firent de véritables chefs-d'œuvre. Plus tard la Chapelle Pauline, la Salle Royale, la Bibliothèque, le Musée Pio Clémentino et, enfin, Il Braccio-Nuovo qui contient les collections étrusque et égyptienne. agrandirent encore ce somptueux musée. Palais unique auquel ses 13.000 chambres, ses 20 cours, ses 8 grands escaliers et ses 200 petits, peuvent mériter le nom de cité ; il n'a pas fallu moins de dix siècles pour bâtir le Vatican.

Ainsi qu'on le voit, ce palais n'est pas un monument homogène, mais la réunion de villas, de salles, de chapelles, de galeries, appartenant à diverses époques, et formant, en cette agglomération de constructions différentes, un ensemble confus de bijoux et de trésors artistiques sans caractère architectural ;

il est relié à Saint-Pierre, comme jadis le Louvre aux Tuileries, par une colonnade.

En franchissant la Porte de Bronze, on accède par un sombre escalier (Scala Regia) à la Scala Reale, qui sert de vestibule aux chapelles Sixtine et Pauline. La première, de dimensions assez restreintes, est une galerie remarquable surtout par les fresques qui la décorent. A droite, se trouvent les bancs destinés aux femmes ; à gauche, ceux réservés aux hommes, et, au milieu de la travée, se dresse une tribune pour les princes et les souverains. C'est un honneur presque royal que d'assister aux cérémonies célébrées dans cette chapelle exclusivement réservée au pape; c'est là qu'a lieu la réunion du Conclave pour l'élection du Souverain Pontife.

Des peintures de Botticelli, Ghirlandajo, le Perugin, tapissent les murailles de cette salle qui renferme les deux merveilles de Michel-Ange : les fresques du plafond et le Jugement dernier. Les douze fresques du plafond représentant les Sibylles et les Prophètes, qui alternent et sont peints entre chaque fenêtre, forment, avec les Loges de Raphaël, les plus hardies créations de l'art des temps modernes. Ces peintures possèdent un sentiment d'unité d'autant plus surprenant, que le sujet n'en fut définitivement fixé qu'après coup. Au début, la décoration devait comprendre seulement les apôtres ; Michel-Ange sentant l'insuffisance de cette composition pour un espace aussi étendu, décida le pape à le compléter. Il imagina alors un ensemble de colonnes, piliers, corniches imitant le bronze et le marbre, qui s'élèveraient des murs à la voûte et formeraient neuf champs bien distincts. Des figures placées en saillie sur ces différentes parties architectoniques impriment au fond une grande légèreté et forment un cadre idéal dans lequel ressortent admirablement les compositions du milieu.

D'abord le Tout-Puissant plane dans les airs, il crée la lumière, le monde et les astres, puis les arbres et les plantes. Cette figure du Père Éternel est peinte avec un art du raccourci que jamais nul artiste n'égala. Ensuite apparaissant avec ses anges, Dieu considère les eaux, les peuple de végétaux et de poissons et se prépare à créer l'homme ; de l'index il touche Adam auquel il insuffle la vie, ainsi qu'à la femme qu'il tire de la côte du premier être humain ; alors surgit une Ève gracieuse et jolie, qui s'incline pour remercier son créateur. Puis vient le tour du serpent, sous une forme mi-humaine, mi-animale, il s'enlace autour d'un arbre et commence à jouer son rôle de séducteur. Tout à côté le couple rebelle est chassé du paradis par un Ange, armé d'une épée flamboyante, qui en gardera désormais l'entrée.

Le sacrifice d'actions de grâces de Noé précède le Déluge ; sur l'onde en furie, l'arche flotte, ballottée au pied d'une montagne sur la cime de laquelle apparaissent une multitude d'hommes et de femmes effrayés, qui suivent avec terreur la marche ascendante de l'élément liquide. Le terrible Jéhovah domine ce tableau ; on le voit, dans sa colère, anéantir l'humanité. Enfin l'ivresse de Noé termine l'histoire des scènes bibliques ; ces compositions sont empreintes d'un sentiment de force et de grandeur incomparables.

Ces fresques sont antérieures d'une trentaine d'années à celle du Jugement dernier.

Le Jugement dernier est l'une des manifestations les plus hautes du génie humain : l'ampleur et l'audace de sa conception, la grandeur de son ordonnance en font l'une des plus belles pages de l'art pictural. Malheureusement la fumée, la poussière, le temps en ont altéré les couleurs, et, aujourd'hui, on n'y discerne plus guère qu'un entassement de torses, de bras, de jambes aux raccourcis violents, aux muscles athlétiques, qui se détachent sur un fond gris estompé de noir.

La composition de cette œuvre magistrale se partage en quatre zones ; les personnages des trois premières évoluent dans le ciel immense, ceux de la quatrième sont placés sur la terre. La figure principale est celle du Christ, qui, placé sur un trône de nuages, par un geste terrible, foudroie les criminels. A ses côtés la Vierge effrayée se réfugie suppliante, tandis que les apôtres, les saints et les martyrs s'empressent et constituent sa garde d'honneur. D'un côté les justes montent au ciel et de l'autre les damnés sont précipités par les démons au fond des enfers ; entre ces groupes, des anges, aux visages irrités, sonnent de la trompette, alors que l'un d'entre eux tient le livre de Vie et un autre celui de la Mort.

Dans la quatrième zone, sur la terre, les squelettes sortent du tombeau, ils se dressent et tendent leurs mains décharnées vers le ciel ; quelques-uns se revêtent de chair, et une force divine les emporte jusqu'aux pieds du Grand Justicier. Tout près d'un rocher, apparaissent au milieu d'une sombre caverne des démons guettant leurs victimes, tandis que, sur les ondes d'un fleuve, glisse une barque remplie de réprouvés, qu'un diable, à coups d'aviron, oblige à atterrir sur le rivage d'où l'on ne revient plus. L'artiste a cherché surtout à représenter, sur la physionomie et dans l'attitude des coupables, les vices qui les ont perdus ; on reconnaît ainsi les sept péchés capitaux.

Les papes, leur entourage et les critiques du temps, trouvèrent que de pareilles figures et de semblables nudités, seraient mieux à leur place dans une salle de bain que dans une chapelle pontificale. L'un des maîtres de cérémonies de Paul III, surtout, que Michel-Ange avait représenté sous les traits d'un vieillard, enlacé par les plis monstrueux d'un serpent, se plaignit au souverain pontife et lui demanda de faire changer son visage afin qu'on ne pût le reconnaître. Le pape lui répondit spirituellement, que s'il avait été au purgatoire il aurait pu intercéder en sa faveur, mais que, placé en enfer, il lui était impossible d'intervenir, puisque là il n'est plus de salut. Dans la suite, plusieurs peintres revêtirent de draperies et de vêtements les nus les plus offusquants. De l'ensemble de cette composition se dégage surtout une immense terreur, adoucie dans les régions célestes par le respect, la tendresse, le bonheur des élus ; mais poussée aux dernières limites chez les damnés, qui roulent en s'entraînant dans les abîmes !

La variété des attitudes, la hardiesse des raccourcis,

la vigueur des reliefs impriment à cette peinture une harmonie et une homogénéité telles, qu'on la croirait faite en un jour, alors que l'artiste mit plus de huit années à l'accomplir. Mais il sut imprimer à son œuvre un cachet sublime, qui la place parmi les conceptions les plus grandioses et les plus géniales, qui aient existé.

La Chapelle Pauline, beaucoup moins importante que la Sixtine, contient deux fresques de Michel-Ange : la conversion de saint Paul et le crucifiement de saint Pierre. Ces peintures, ayant eu à supporter la fumée des cierges, sont devenues grises et incolores. Le jeudi saint et le premier dimanche de l'Avent, de fort belles cérémonies se célèbrent dans ce lieu.

Il en est encore une, appelée Chapelle de Saint-Laurent, décorée par Fra Angelico et construite sous Nicolas V ; mais à part ses peintures relatant les principaux épisodes des vies de saint Etienne et de saint Laurent, elle ne peut rivaliser avec ses deux grandes sœurs.

La bibliothèque du Vatican est l'une des plus précieuses qui existent. Outre ses 80.000 volumes et ses 24.000 manuscrits, elle renferme des autographes d'un prix inestimable, ceux de Pétrarque, du Dante, du Tasse, des lettres d'amour de Henri VIII à Anne de Boleyn. On y conserve précieusement des miniatures de Virgile, de Térence ; la bible du duc d'Urbin, le bréviaire de Mathias Corvin, roi de Hongrie, et quantité d'autres souvenirs d'une valeur inappréciable.

Le musée, édifié aux époques de la toute-puissance

pontificale, contient des collections qui suffiraient à faire de ce palais l'édifice le plus intéressant du monde. Des sarcophages, des bas-reliefs, des autels, des statues d'empereurs et de dieux anciens, remplissent les salles de l'aile appelée Pio Clémentino.

La salle du Bige, ainsi nommée de Biga (char à deux chevaux, qui pendant longtemps servit de trône épiscopal à l'église Saint-Marc), renferme de nombreuses statues antiques. La galerie des Candélabres avec ses sarcophages et ses mosaïques est très intéressante, elle accède à celle des Arazzi, qui contient des tapisseries superbes faites à Arras d'après les cartons de Raphaël. Ces tapisseries qui devaient décorer la partie inférieure des murs de la chapelle Sixtine, n'y entrèrent jamais, elles furent exposées dans cette salle et la plupart des dessins qui leur servirent de modèle appartiennent aujourd'hui au musée de Londres.

Les salles des Muses, des Animaux, des Statues, des Masques, du Belvédère renferment les chefs-d'œuvre de la statuaire antique. Jadis enfouies sous terre, ces merveilles revirent le jour à la Renaissance et les papes rachetèrent avec empressement ces vestiges du paganisme, condamnés par leurs prédécesseurs. On put même récemment reconstituer un musée égyptien et un musée étrusque, avec les objets apportés à Rome sous l'empire, et qu'on eut la bonne fortune de retrouver.

Malgré cette fondation de tant de papes, ce ne sont pas eux qui règnent au Vatican, c'est Raphaël ! La Transfiguration, la Vierge au donataire, la Dispute du Saint-Sacrement, les fresques sublimes des Loges et des Stanze, la Salle des Arazzi célèbrent à jamais sa gloire ! On peut dire que le palais pontifical est habité par son génie !

La galerie de peinture ne comprend pas un grand nombre de toiles, mais presque toutes sont des chefs-d'œuvre. Les noms de Guerchin, Titien, Jules Romain, le Perugin, Raphaël, Murillo indiquent le choix et la valeur de ces tableaux.

Un grand jardin s'étend sur les collines du Vatican ; on y jouit d'une vue superbe et étendue. Au milieu du parc s'élève une élégante villa construite pour Pie IV et que l'on nomme Villa Pia ou Casino du Pape. Une partie du jardin est appelée della Pigna en l'honneur d'une énorme pomme de pin en bronze, placée devant une niche, que les uns disent tirée du Panthéon, les autres du fort Saint-Ange.

Tout dans ce décor est fait pour le plaisir des yeux et de l'intelligence ; ces ombrages poussés à l'abri de la vieille basilique revêtent un caractère mystérieux, en harmonie avec les merveilles dont le palais est rempli. La vue de ces richesses vous fait retourner en arrière, à une époque lointaine où la Papauté dominait les rois et commandait à l'univers ! Si Saint-Pierre est le plus beau monument élevé par la créature au Créateur, le Vatican est le plus somptueux qu'ait élevé l'homme à lui-même.

CHAPITRE XXV

LE PAPE

Maintenant que j'ai parlé de la demeure, il me faut consacrer un instant à son hôte suprême, à ce Dieu vivant, prisonnier volontaire d'un nouvel ordre de choses, et, malgré tout, adoré jusqu'au fond de sa retraite.

Dans l'hôtel où nous étions descendus, nous voyons un jour une affluence considérable de personnes entrer dans la salle à manger, et s'asseoir autour d'une immense table. Les hommes appartenaient à ce monde moyen qui compose la majorité des foules; les femmes lourdes et communes, gesticulant et parlant fort, étaient loin de relever le niveau de leurs compagnons. C'étaient des pèlerins français qui arrivaient de Jérusalem, et repassaient par Rome pour y faire leurs dévotions; le Pape devait les recevoir le lendemain. Je n'eus plus qu'une idée: les accompagner au Vatican. Je me fis présenter à l'un des directeurs du pèlerinage qui, en qualité de compatriote, m'accueillit fort aimablement et me donna les cartes d'audience que je désirais.

Le lendemain donc, nous voici, dès la première heure, procédant à nos préparatifs ; la partie masculine de notre caravane ayant refusé d'être des nôtres, mes compagnes seules me suivirent. Nous revêtons un costume noir, et nous nous couvrons la tête d'une mantille, vêtements exigés par l'étiquette ; formalité dont je compris l'opportunité en songeant aux excentricités de toilette qu'une trop grande liberté d'habillement permettrait.

En arrivant à la Porte de Bronze, nous apercevons, descendant de voiture, deux jeunes gens, deux amis. L'un était le fils d'un ministre dont nous connaissions la présence à Rome et que nous avions vainement cherché ; l'autre était le secrétaire de ce même ministre ; tous les deux venaient également assister à l'audience pontificale. Ces messieurs ont quelque peine à nous reconnaître à cause de notre travestissement, et ils doivent nous regarder à plusieurs reprises pour bien s'assurer qu'ils ne se trompent point. Nous pénétrons tous ensemble dans le palais ; des hallebardiers moyen âge en culotte bouffante et justaucorps jaune et noir, forment la garde d'honneur.

A l'extrémité d'une longue galerie, nous gravissons un sombre escalier de pierre (Scala Regia) et nous accédons à la Scala Reale. Là tout près des chapelles Sixtine et Pauline, se trouvent les appartements particuliers du Pape ; la salle d'audience étant située à l'étage supérieur, il nous faut continuer à gravir d'autres escaliers. Nous traversons d'immenses galeries rappelant celles de Versailles : caissons sculptés, plafonds et murs à fresques, sièges et fauteuils en tapisserie, consoles et tables laquées ou dorées, nous offrent la banalité de tous les palais, et sans la vue des gardes-nobles en rouge et noir, nous pourrions nous croire aussi bien à Paris qu'à Rome. Enfin, après avoir parcouru de vastes couloirs et des salles plus vastes encore, nous atteignons le Salon des Cartes, ainsi nommé parce que ses murs sont recouverts de cartes géographiques représentant toutes les parties de l'univers. Des peintures et des sculptures alternent avec la sécheresse de ces documents instructifs que rehaussent des glaces, lampadaires, fenêtres, tentures.

A l'une des extrémités de cette galerie s'élève un trône surmonté d'un dais de velours rouge à franges d'or. C'est là que le Pontife va venir recevoir et bénir les fidèles. Dans le murmure sourd et confus de la foule, parmi les rumeurs et lazzis qui s'en échappent, les hallebardiers se promènent graves et indifférents ; ils obligent les visiteurs à se masser de côté, afin de réserver l'espace nécessaire au passage de l'escorte, à l'arrivée du vicaire de Dieu. Les femmes émues se regardent, les hommes chuchotent, les prêtres se recueillent, le moment solennel est venu; un silence profond plane sur la foule tout à l'heure si bruyante, les larges battants des portes s'ouvrent, et nous voyons apparaître Léon XIII dans toute sa majesté.

Des gardes passent d'abord, puis deux rangs de gardes-nobles précèdent les chambellans au royal manteau de pourpre ; ensuite le maitre des cérémonies en velours noir rehaussé d'or marche d'un pas rythmé, comme en un rayonnement de gloire dans lequel surgit en sa toute-puissance l'idole vivante, le Pape. Vêtu et coiffé de blanc, la croix épiscopale sur la poitrine, il est assis sur la Sedia Gestatoria. C'est un vieillard chétif, jaune, osseux ; d'un geste solennel, presque automatique, il bénit la foule prosternée à ses pieds. Il est digne et majestueux, et sans la vivacité de deux yeux intenses, noirs, profonds et scrutateurs, on pourrait le prendre pour une statue portée en triomphe. A son passage, je m'incline et le regarde, mais, comme à ce moment un prêtre placé devant moi crie à pleins poumons : Vive le Pape, le Pape-Roi, le Pape des ouvriers (pourquoi donc cette dernière appellation ?). Léon XIII, curieux de voir celui de ses fidèles qui l'acclamait si fort, se détourne. Aussitôt le zélé fervent, ne pouvant supporter la profondeur de ces yeux extraordinaires, s'agenouille, et l'éclat intense du rayon m'arrive ; jamais nulle part, je ne rencontrai une telle force et une telle acuité de regard. L'être extatique n'avait plus rien d'humain, on aurait dit un fantôme rattaché à la terre par un sens : celui de la vue.

On le conduisit ainsi jusqu'au trône ; là après un discours prononcé en son nom par un des chambellans, il se leva et donna sa bénédiction à haute et intelligible voix ; des vivats éclatèrent plus sonores, plus nourris et le même cérémonial qu'à l'aller présida au retour. Je revis passer cet étrange vieillard, qui du haut de son siège triomphal paraissait dominer le temps et l'univers ; je crus, quand il disparut, le voir entrer dans l'éternité !...

Un tumulte effrayant me rappelle à la réalité ; des dames ayant eu l'honneur de baiser la main de l'idole étaient tombées évanouies, d'autres pleuraient en s'embrassant ; des hommes criaient et gesticulaient ; c'était de la démence. Chacun avait perdu en cette atmosphère surchauffée la notion des êtres et des choses ! J'observai froidement ce spectacle ; dans cet être traité en fétiche, acclamé comme un Dieu, je n'avais pu voir que le vieillard exsangue, un pied déjà dans la tombe. Malgré toute ma bonne volonté, il m'avait été impossible de l'entourer de cette auréole divine, au milieu de laquelle l'apercevait certainement la foule en délire, et tristement, je conclus, une fois de plus, à la naïve et crédule faiblesse de notre pauvre humanité.

Enfin j'avais vu le Pape, cet être que la religion cherche à immatérialiser, ce représentant de Dieu dont tout le monde parle et qu'un si petit nombre approche. Mon impression fut que Léon XIII alliait à une haute intelligence beaucoup de grandeur et de noblesse ; il savait paraître, il savait bénir, et je me demandai ce qu'au fond de lui-même il devait penser de la superstition, toujours si vivace dans le cœur humain.

CHAPITRE XXVI

ROME NOUVELLE

LE QUIRINAL — VILLA MÉDICIS

APRÈS cette visite au Vatican où les souvenirs anciens côtoient l'esprit des temps modernes, où la résurrection des divinités du paganisme s'opère en pleine apothéose chrétienne, on est heureux de se ressaisir et de retrouver le courant de la vie ambiante; on quitte ce palais, ce musée, allégé, ébloui par la quantité de visions entrevues, de trésors admirés.

Nous franchissons la place Saint-Pierre; une dernière fois nous nous retournons pour admirer le dôme et sa basilique. Nous retrouvons, dans le quartier commerçant du Borgo-Nuovo, le tramway, qui, après avoir traversé le Tibre sur le pont Saint-Ange, nous amène dans la Rome nouvelle: ville moderne, que ses rues alignées, bordées de hautes maisons et d'élégants magasins, rendent semblable à toutes les autres.

Nous voici arrivés au Corso, ancienne voie Flaminienne de l'antiquité, aujourd'hui artère principale que traverse la place Colonna, l'une des plus animées de la ville. La colonne de Marc-Aurèle, qui domine cette place, est très intéressante par les bas-reliefs dont sa base est revêtue ; ils représentent les guerres de l'empire romain contre les peuplades germaniques des bords du Danube. Sixte-Quint, en faisant restaurer cette colonne commémorative, la fit surmonter d'une statue de saint Paul.

Près du Panthéon, la place de la Minerve, ornée d'un éléphant de marbre supportant un obélisque lilliputien, précède un sanctuaire chrétien. Construite sur les ruines du temple érigé par Domitien à la déesse de la Sagesse, cette église à trois nefs renferme des œuvres d'art remarquables ; elle est l'une des nombreuses chapelles dédiées à la mère du Christ, envers laquelle les Italiens professent une adoration presque exclusive.

La Vierge est la personnification par excellence de la femme, sa plus pure essence, son type le plus parfait. Tout ce qui dans la religion vous émeut se rapporte à cette figure idéale qui symbolise la tendresse et joue un rôle prépondérant dans l'existence de ses nombreux et fidèles adorateurs. Pour les habitants de cette terre féconde, l'amour est une dévotion, et la dévotion est encore de l'amour, aussi intercèdent-ils auprès de la Madone partout et pour tout. On l'invoque dans la joie et dans la douleur ; on lui adresse des actions de grâces, on lui dédie des ex-voto. Ses images, ses statues se retrouvent en tous lieux, sur les routes, sur les ponts, dans les rues, au coin des carrefours, dans les magasins, dans les cafés. Les honneurs qu'on lui rend sont tels que le reste de la religion en paraît négligé, et que notre culte semble froid en comparaison d'une semblable ardeur. Cette dévotion explique le nombre considérable d'églises dédiées à la Mère de Dieu.

Le Pincio, rendez-vous élégant de la société romaine, tire son nom de la famille Pincii à qui il appartenait; cette promenade fut créée sous Napoléon Ier dans une vigne du couvent de Sainte-Marie du Peuple. La vue qu'on y découvre de la terrasse s'étend sur toute la ville, elle est merveilleuse et presque semblable à celle dont on jouit de la Villa Médicis toute proche.

Au-dessus de la place du Peuple, par delà le Tibre, le dôme de Saint-Pierre et la masse du Vatican s'estompent sur le bleu du ciel et semblent terminer la ville d'un côté : plus près et continuant pour ainsi dire l'enceinte de cette limite, s'élève majestueuse la tour du château Saint-Ange. Dominée par l'ange de bronze qui la surplombe, la vieille forteresse apparaît belliqueuse et superbe, imprimant au paysage qui l'entoure la note guerrière du moyen âge. En face sur une colline éloignée qui borne l'horizon, le mur d'une église apparaît surmonté d'un beffroi, c'est Sainte-Marie d'Ara Cœli avec les créneaux du palais sénatorial, sur le sommet du Capitole. A gauche du mont Capitolin, sur une hauteur voisine, un bâtiment blanc se détache sur le fond vert des cyprès et des ifs, c'est la villa Mills sur le Palatin. Dans un chaos de maisons et d'édifices, de toits et de clochers, on découvre le dôme du Panthéon, puis les deux tours de Saint-Jacques et la rotonde de Saint-Charles, églises situées sur le Corso.

Enfin au premier plan, tout près, surgit la résidence des rois d'Italie, le Quirinal, qui ne présente aucun caractère architectural. Ce palais, du xvi⁰ siècle, servit pendant de longues années de villa d'été aux papes, qui y trouvaient l'air meilleur qu'au Vatican ; ses dimensions énormes et sa situation élevée en rendent le séjour agréable. Pendant l'absence de la Cour, il est permis de le visiter, mais il ne contient guère que des œuvres de moindre importance, et dans une ville aussi intéressante que la capitale de l'Italie où le temps fuit avec rapidité, mieux vaut chercher à voir les chefs-d'œuvre. Nous n'en vîmes donc que l'extérieur, et parmi les nombreux palais particuliers : Colonna, Doria, Barberini, Borghèse, Corsini, contenant des collections intéressantes, nous n'en visitâmes qu'un seul, celui qui nous tenait le plus au cœur, celui qui, pour un instant, nous donna l'illusion de notre cher pays, je veux parler de la villa Médicis.

Sur le sommet extrême de cette même colline, à demi enfouie dans la verdure, s'élève coquette et gracieuse une villa Renaissance ; ayant appartenu aux Médicis, elle est aujourd'hui la propriété de la France, c'est notre Académie des Beaux-Arts. L'un de nos compagnons de voyage connaissant le directeur, M. Guillaume, le fit demander, et rien n'égala le plaisir que nous éprouvâmes à voir la cocarde tricolore du gardien chargé de nous introduire. Nous franchîmes religieusement la porte d'entrée, comme celle d'une église ; le sol que nous foulions était français, et cette demeure pour un instant représentait la patrie !...

Comment exprimer la joie intime et profonde que l'on ressent, à rencontrer, en pays étranger, des êtres parlant le même langage et soumis aux mêmes lois que vous ? Ce vieillard que je voyais pour la première fois n'était pas un étranger pour moi, il me semblait le connaître depuis longtemps, du reste son amabilité et sa courtoisie furent à la hauteur du renom de la galanterie française. Il nous reçut dans l'immense galerie qui contient les portraits des principaux pensionnaires de la villa : Massenet, Hébert, Barrias, Bouguereau, etc. Trois baies immenses accèdent à un balcon, d'où la ville se déroule grandiose et superbe ; c'est la répétition du panorama décrit plus haut. L'air doux et embaumé, la lumière tamisée donnaient à ce spectacle une note poétique qui m'entraînait et m'idéalisait ; je restais enchantée et ravie, et je savourai là un des instants les plus délicieux de mon voyage.

Le maître de céans nous fit ensuite les honneurs de son parc rempli de feuillage, d'oiseaux et de fleurs ; il nous indiqua, abrités dans la verdure, les ateliers des artistes qui, pendant trois années, viennent étudier les chefs-d'œuvre de l'art antique, et je compris en ce décor, en ce calme et en cette sérénité les beautés profondes, artistiques que les cerveaux de nos maîtres futurs doivent sentir et interpréter pour la gloire de leur pays ! Je remercie ici même l'aimable directeur de son exquise réception et du plaisir que nous firent éprouver l'accueil et la conversation d'un compatriote, chez lequel nous retrouvions toute la distinction et tout le charme de l'esprit français !....

Pour voir la Ville Eternelle, pour l'analyser dans ses détails, il faudrait des jours et des mois complets ; malheureusement nous ne pouvions disposer que d'un temps relativement restreint. Après avoir effleuré ses principaux monuments et ses souvenirs disparus, il nous fallait continuer notre route. A midi nous montâmes dans le wagon qui devait nous amener le soir même à Naples, je me penchai à la portière ; des yeux je suivis le plus longtemps possible le Dôme, les tours, les flèches, les collines ; puis tout se fondit, s'estompa, s'effaça à l'horizon dans la brume, Rome avait disparu !

CHAPITRE XXVII

LA CAMPAGNE ROMAINE

DE ROME A NAPLES

La campagne romaine couverte de ruines et d'aqueducs présente un aspect triste et désolé ; elle ne rappelle en rien la fertilité et les plaisirs champêtres chantés par les poètes ! Les bœufs majestueux d'allure, et superbes de formes, qui apparaissent de temps à autre, ne suffisent pas à animer ces plaines dénudées qui respirent la mélancolie. Des paysans hâves, décharnés, grelottants, évoquent l'effrayante malaria, cette fièvre endémique qui saisit, tenaille, torture et emporte les habitants de ces marécages !

Ces parages sont humides et malsains ; pour les assainir il faudrait les dessécher, mais les sociétés d'élevage, auxquelles le sol appartient, préfèrent le conserver en prairies, plutôt que de le transformer en culture ; le gouvernement s'est bien ému de cet état de choses, malheureusement n'en étant pas le propriétaire, il n'y peut rien changer.

Pendant notre séjour dans la capitale, nous obéîmes strictement à la prescription de plusieurs docteurs, nous ordonnant de ne pas sortir hors de la ville après le coucher du soleil, afin d'éviter les miasmes et vapeurs se dégageant des marais ; ensuite, de prendre chaque matin, pendant plusieurs jours, des cachets de quinine ; nous nous trouvâmes très bien de ces conseils et aucun de nous ne fut indisposé. Tout récemment on vient de découvrir la cause de cette fièvre ; on la suppose due à un moustique, qui, après avoir pompé le virus dangereux dans les eaux stagnantes, l'inocule par sa piqûre. Quoi qu'il en soit, si l'on pouvait irriguer et assainir ces terres, on mettrait fin à cet état morbide, effrayant chez les paysans....

Et cependant..... en traversant cette campagne romaine, des noms immortalisés par la poésie et l'histoire reviennent à l'esprit, ceux de Frascati, de Tusculum, séjour préféré de Cicéron, de Tivoli avec ses gracieuses cascades, de la villa Adrien. Cette villa, de plusieurs lieues de circonférence, fut une création de l'empereur dont elle porta le nom, qui en fit une merveille d'architecture. Ayant beaucoup voyagé, il donna aux différentes parties de son domaine l'appellation des contrées et lieux célèbres qui l'avaient frappé. Il y eut les vallées de Canope, Pécile, Tempé, le Lycée, l'Académie, le Prytanée, le Théâtre. Les ruines de cette construction gigantesque permirent de comprendre et de suivre la civilisation raffinée des Césars ; et les œuvres d'art retrouvées dans ce palais immense sont les plus remarquables des musées de Rome.

Nous marchons toujours, bientôt les environs de la capitale sont dépassés, nous franchissons les monts Albains, puis les montagnes de la Sabine, nous arrivons à Palestrina (Preneste) une des plus anciennes villes de l'Italie, qui conserve avec soin quelques murailles antiques. Un peu plus loin, à Valmontone, sur un cône volcanique isolé, nous apercevons le château des Doria-Pamphili.

Nous arrivons ainsi à la vallée du Sacco dont nous suivons la rive gauche ; nous brûlons Segui (Siguia), Anagni où Guillaume de Nogaret, envoyé de Philippe le Bel fit prisonnier le pape Boniface VIII, Ferentino (Ferentinum), Frosinone (Frusino), Ceprano. Là, étant descendus au buffet, nous eûmes, en reprenant possession de notre wagon, un incident plutôt comique, qui vaut la peine d'être conté. En quittant Rome il faisait chaud, les stores étaient baissés du côté du soleil ; un Napolitain, qui me paraissait être un riche propriétaire, s'était endormi dans un coin obscur, et nul n'y avait fait attention. Mais le mouvement de la descente et de la montée l'ayant réveillé à Ceprano, il nous regarde et s'écrie à la vue d'une de nos compagnes : « Ah ! la Dame, la Dame de Lourdes ! » Dans son langage mi-latin, mi-français, mi-italien, nous parvenons à comprendre qu'il revenait de Lourdes où il avait fait ses dévotions à la Madone, et que la voyageuse qu'il rencontrait en ce moment ressemblait selon lui à la vierge miraculeuse ;

il en était convaincu et rien ne put le dissuader de cette pensée. Je crois que pour un peu il se serait agenouillé dévotement devant elle. Heureusement plus de la moitié du trajet était effectuée, et les yeux mystiques qu'il tournait de notre côté n'eurent pas le temps de nous effrayer, mais il ne voulait plus nous quitter et nous dûmes, pour nous en débarrasser à l'arrivée, le perdre dans la foule.

Nous continuons notre route et arrivons à la vallée fertile et bien cultivée du Liris qui, après avoir reçu le Sacco, prend le nom de Garigliano ; puis Roccasecca, embranchement sur les Abruzzes, Aquino (Aquinum), patrie de Juvénal et du docteur évangélique du xviiie siècle : saint Thomas d'Aquin.

Un peu au delà une montagne aride s'élève, connue du monde entier par le monastère qu'elle abrita, c'est le mont Cassin. Les moines de cet ordre fondé par saint Benoit se sont à jamais rendus célèbres par leur culte pour les sciences et les lettres, et par leur patience à composer ces manuscrits qui, en leurs feuillets jaunis, nous transmirent l'histoire du monde et de la civilisation. Aujourd'hui cette abbaye célèbre est transformée en maison d'éducation religieuse.

Après Cassino (ancien Cassinum), dont on aperçoit encore les ruines du vieil amphithéâtre, on quitte la vallée du Garigliano ; une chaîne de montagnes pittoresques surgit à l'horizon, ces collines apparaissent plus distinctement : enfin on aperçoit, parce qu'on le cherche, un mont plus élevé que les autres, qui semble relié au ciel par une colonne de fumée, c'est le Vésuve.

Nous traversons alors la riche plaine de la Campanie, l'une des plus fertiles de l'Europe qui, outre la quantité innombrable de vignes, d'arbres qu'elle alimente, produit trois récoltes par an. Terre enchantée et féconde, aux effluves capiteux d'Orient ; pays fortuné digne du Paradis de nos pères, où se réunissaient à la fois les plaisirs des sens à ceux de l'esprit. Les héros carthaginois ne se méfièrent pas de ces délices inconnues, dont le charme ne les atteignit que plus sûrement ; ils furent vaincus non par la puissance des armes, mais par celle de la volupté !

L'ombre de l'austère Annibal m'apparaît, je songe à son séjour en ces lieux.... puis Capoue s'éloigne, nous approchons de Caserte. Véritable Versailles dont le château, situé au milieu d'un parc magnifique, laisse apercevoir de la gare sa silhouette élégante du xviiie siècle. Nous brûlons plusieurs petites stations, Maddaloni, Cancello, le mont Somma qui cache le cône du cratère, Acerra (Acerræ des Anciens), Casalnuovo, il nous semble toucher le Vésuve ; nous voyons se détacher sur l'azur du ciel une baie superbe, puis nous apercevons une agglomération de tours, clochers, églises, maisons, nous arrivons à Naples.

CHAPITRE XXVIII

NAPLES

Napoli, l'une des plus importantes et des plus anciennes villes de l'Italie, est bâtie sur le versant d'onduleuses collines qui aboutissent doucement à la mer. Sa baie, unique au monde, présente la forme d'un arc dont les extrémités sont le cap Misène, d'un côté et la pointe de Sorrente, de l'autre. Tandis qu'à l'ouest le château de l'Œuf (XIIe siècle), dernier vestige des guerres de jadis, semble veiller au salut de la ville, en face, la silhouette du palais et les ombrages royaux de Capo di Monte, évoquent à notre esprit les splendeurs de la vie seigneuriale. Entre ces deux extrémités s'étend pittoresque, animé et bruyant, le quai de Santa-Lucia, quartier populeux où pullulent les lazzarones et les pêcheurs.

En pleine mer, l'île Capri, avec ses rocs superbes, dignes d'encadrer l'ombre de Tibère, semble, en voulant rejoindre les deux extrémités de l'arc, fermer le golfe commandé si majestueusement par le Vésuve !

Ville de rêve, de poésie, de soleil, cette cité est la capitale de l'indolence... Couchée au pied du fantastique géant qui la domine d'une terreur perpétuelle, elle vit dans la crainte de son tyran capricieux, qui, d'un seul de ses mouvements, est capable de la réduire à néant ! Superbe en sa puissance, le Vésuve régit et commande, nul ne peut se soustraire à sa colère, et la moindre de ses secousses fait trembler la terre jusqu'en ses fondements.

Et cependant, comme si la nature avait voulu amoindrir la présence du danger, la splendeur du ciel, la douceur de l'atmosphère, la luxuriance de la végétation, les caresses de la mer, se réunissent pour embellir ce coin de terre fortunée, et pour le transformer en un pays d'enchantement.

Les maisons, élevées avec leurs balcons et leurs toits en terrasses, s'étagent en amphithéâtre et semblent relier le ciel à la mer, tandis que de coquettes villas blanches et roses, blotties dans la verdure, unissent la ville à la campagne environnante. Le trajet de Naples à Portici, Castellamare, Sorrente, n'est qu'une suite d'élégants panoramas, de jardins fleuris, caressés voluptueusement par l'onde aux flots nacrés. De la ville même, les collines lointaines apparaissent azurées, tandis que leurs contours, en se dessinant dans l'atmosphère, les font paraître toutes proches. Spectacle délicieux et poétique, qui en charmant l'œil et l'esprit fait comprendre le fameux dicton : Voir Naples et mourir !...

Sous cet heureux climat, la terre fertile produit sans exiger de peine, et le peuple très sobre se contente de peu. Le Napolitain gai, exubérant, ami des plaisirs, de la musique, des spectacles en plein air, éprouve pour le travail une aversion instinctive ; il vit dans l'oisiveté et dans la misère sans que son humeur joyeuse s'en trouve altérée. La douceur de la température le dispense de la préoccupation du vêtement ; il mange peu, et encore préfère-t-il l'alimentation végétale. Il prend son gîte où il se trouve, ne songe à rien, dort ou chante ; et ce vieux refrain me revient en mémoire :

> Moi, joyeux lazzarone,
> De père en fils je trône
> Sur les parvis du roi.
> Je n'ai rien en ce monde,
> Mais l'air pur qui m'inonde
> Le ciel, la terre et l'onde,
> Tous ces biens sont à moi. (*bis*)

Aussi l'industrie y est-elle à peu près nulle, et le commerce, assez actif, appartient-il tout entier aux étrangers.

La marque distinctive du caractère napolitain est, je crois, le désir de s'approprier le plus adroitement possible le bien d'autrui. Le soir même de notre arrivée, nous voulûmes assister à un concert en plein air sur la villa Reale, promenade merveilleusement située au bord de la mer ; tandis qu'en écoutant cette musique passionnée, nous admirions la beauté de la rade et la splendeur de la nuit étoilée, nous fûmes tout à coup entourés d'une nuée de bambins. Ils dansaient, chantaient et faisaient mille gambades qui n'avaient d'autre but que de les rapprocher de nous. Au début, nous fûmes un peu surpris de cette intempestive exubérance, mais bientôt nous eûmes la clef de l'énigme : à un moment donné un rayon lumineux ayant été projeté directement sur nous, fit scintiller un brillant que je portais au cou ; des yeux fureteurs avaient aperçu cet éclair et de suite ces jeunes gavroches convoitèrent le bijou. Je devinai leur pensée, je me tins sur la défensive ; je laissai faire et attendis. Bientôt je sentis un léger frôlement, puis j'aperçus une petite main qui s'essayait doucement à détacher la boucle ; je saisis légèrement les doigts audacieux, et le hardi larron, lâchant prise, s'enfuit à toutes jambes, avec ses compagnons. Nous rîmes de bon cœur de cette tentative manquée qui avait si mal profité à son héros et la bande joyeuse s'étant éparpillée en vrais moineaux effarouchés, nous finîmes tranquillement le reste de la soirée et pûmes deviser et rêver tout à notre aise.

Le lendemain, l'un de ces gamins monta sur le marchepied de notre voiture, détacha la montre et la chaîne de l'un de nous et emporta les deux bijoux avec une dextérité et une rapidité telles, que nous ne pûmes crier gare. La scène s'était passée en moins de temps qu'il n'en faut pour la décrire. Heureusement notre ami put rattraper l'adroit voleur qui rendit l'objet en souriant, comme s'il ne s'était agi que d'une simple plaisanterie. Les Napolitains, si respectueux des principes de leur religion, auraient-ils trouvé le moyen de concilier leurs convoitises avec l'un des commandements du décalogue ?

Naples est une ville très ancienne à laquelle on attribue une origine presque divine. Dès les temps les plus reculés, les riches habitants de Rome en firent leur résidence de prédilection, et petit à petit, la transformèrent, avec ses environs, en villégiature élégante et raffinée. A chaque pas, surgissent des vestiges et des souvenirs de l'antiquité.

Le mont Pausilippe et sa grotte évoquent l'ombre de Virgile qui, après avoir chanté la beauté de cet endroit, le choisit pour y dormir son dernier sommeil.

Baïes fait songer à Agrippine s'enfuyant à la nage du bateau sur lequel Néron, son fils, l'avait embarquée pour la faire couler à fond.... La plus brillante et la plus célèbre station balnéaire des anciens est encore recouverte aujourd'hui des ruines de ses villas grandioses d'autrefois.

Pouzzoles fut jadis une ville très importante en raison de ses relations avec l'Egypte et l'Orient. Maintenant ses socles renversés, ses colonnes fendues, ses énormes monceaux de marbre, provenant de l'ancien temple de Sérapis, lui donnent un caractère mystérieux et mélancolique. Et, comme pour corroborer cette impression, la Solfatare qui se trouve tout proche, avec ses collines fumantes et ses émanations sulfureuses, remémore les bouleversements de cette terre de feu dans la période agitée de son ancien volcan.

Aujourd'hui, à demi éteint, le cratère s'est affaissé au milieu d'un cirque de montagnes dont les fentes nombreuses continuent à dégager de la fumée et du soufre. Des grottes recouvertes de poussière sulfureuse, de minuscules cratères, d'innombrables sources thermales, attestent la corrélation existant entre ce terrain brûlant et le Vésuve. Quand il y a éruption là-haut, la Solfatare reste silencieuse : quand le lion rugit, les animaux se taisent !

L'une de ces excavations, nommée la grotte du Chien, est rendue dangereuse à visiter par les gaz délétères qui s'en dégagent; elle doit son nom au malheureux animal qui, sous la garde d'un agent, y pénètre chaque jour plusieurs fois, afin de démontrer, par les malaises qu'il subit, la malfaisance des couches inférieures de l'air.

Les lacs Lucrin et Fusaro renommés pour leurs huîtres et le lac Averne, considéré comme l'entrée des enfers, reflétèrent jadis l'image des plus hauts dignitaires de Rome. Ces rives fortunées furent foulées par l'élite de l'univers ; elles étaient comprises dans le parcours d'un pèlerinage fort ancien et fort réputé, celui de la Sybille de Cumes ! Il ne reste plus rien de ce lieu tragique et émouvant, où les rois eux-mêmes venaient en tremblant consulter la fameuse pythonisse ; un souterrain noir et marécageux remplace l'antre sacré, d'où jadis se manifestait la volonté du Destin.

C'est dans les environs de cette grotte fantastique que Virgile plaça son Achéron et ses Champs-Elysées. La fidélité scrupuleuse observée par le poète dans la description de ces lieux permet de suivre pas à pas et sentier par sentier, la marche du héros troyen. Depuis son débarquement sur la côte jusqu'à sa descente aux enfers, on peut accompagner Énée : d'abord au temple d'Apollon, puis chez la Sybille. Là était la forêt sacrée dans laquelle il cueillit le rameau d'or, ici l'endroit où il jeta à Cerbère le gâteau de miel et de pavots qui lui permit d'endormir ce fidèle gardien, pour traverser l'Achéron et atteindre les Champs-Élysées ! Certes il faut un grand effort d'imagination, pour revivre, dans un tel cadre, ces personnages fabuleux : l'Achéron est maintenant un parc à huitres et les Champs-Élysées, recouverts de vignes, se sont transformés en propriétés de rapport !

CHAPITRE XXIX

MUSÉE DE NAPLES

Ne nous laissons pas égarer dans les environs de Naples, sur l'aile bleue de la fantaisie, rentrons dans la cité, et recherchons-y la vie oisive des riches Romains. Nous l'y retrouverons dans toute son authenticité, et cette évocation du passé nous fera goûter le charme et l'intérêt du Musée.

Ancienne caserne, ancienne université, le Musée fut disposé, à la fin du xviiie siècle seulement, pour recevoir les collections royales. Lors des fouilles de Pompéï, Herculanum, Stabies et Cumes, on y installa les objets exhumés. Aussi la quantité, la variété et la beauté de ces meubles, de ces bijoux, de ces œuvres d'art, qui retracent exactement la vie des anciens, ont-elles fait de cette collection l'une des premières du monde.

D'abord les peintures murales détachées avec soin

et abritées par une glace représentent la vie voluptueuse des Sybarites. Ces fresques sont d'autant plus intéressantes qu'elles font revivre leur époque. Si la littérature permet de juger la civilisation et le niveau moral d'un peuple, la vue de ses œuvres d'art laisse toute liberté de l'étudier, de l'approfondir et de le comprendre.

La plupart des compositions retrouvées se rattachent à la mythologie et ont trait aux aventures des dieux et des héros de la Fable. D'autres, moins nombreuses, reproduisent des animaux, des paysages, des natures mortes ou des tableaux de genre. Ces derniers peuvent même se diviser en deux catégories : la première contient un mélange de réalité et d'idéal gracieux à voir, tels que Eros à la chasse, des Amours frais, ailés et joufflus vendangeant, pêchant à la ligne, aidant de jolies femmes aux soins multiples de leur toilette. La seconde reproduit des scènes de la vie ordinaire ; ce sont des ouvriers, aubergistes, boulangers, marchands, paysans, soldats en pleine réalité. C'est même par ce côté vrai de l'art décoratif, qu'on est parvenu à reconstituer la ville avec ses mœurs et ses coutumes. Du reste, rien n'est changé, quant aux habitants, à part le costume, le type est resté le même ; il vous semble voir sortir le citoyen romain de la boutique voisine, le voir errer dans la rue ; on le reconnaît, on le retrouve partout.

Des mosaïques, très appréciées comme composition et comme coloris, représentent les mêmes sujets que les fresques ; des peintures ornementales, d'une finesse rare, attestent le développement de la civilisation chez ces blasés. Monde élégant et futile qui savait accommoder son art et sa religion aux caprices d'une société riche et heureuse, n'ayant d'autre souci que de jouir gaiement de la vie. Cette société aimait à se représenter elle-même sous la figure de ses dieux, et à idéaliser ses plaisirs en les prêtant aux habitants de l'Olympe. C'étaient des voluptueux qui désiraient récréer leurs yeux et leur esprit par la vue d'images agréables ; ils avaient su donner une forme galante aux épisodes de la mythologie. Partout ce n'étaient qu'histoires d'amour : s'ils représentaient Hercule, c'était filant aux pieds d'Omphale, Vénus « flirtant » avec Mars et le « Vieux Marcheur », divin Jupiter, enlevant tour à tour Io, Danaé, Europe et Léda.

Du reste, si la vertu n'existait pas à Rome, elle ne se trouvait pas davantage à Naples ni à Pompéï. Le site admirable de ces villes enchanteresses, la tiédeur de leur atmosphère, invitaient à la jouissance et aux plaisirs les plus raffinés. Situées en face de Baïes, le plus beau lieu du monde, mais aussi le plus corrompu, tout conspirait à faire de ces cités indolentes un séjour factice et dangereux pour la vertu.

Je crois le moment opportun de parler ici du fameux Musée secret ; je ne pénétrai pourtant pas dans ce lieu terrible, interdit aux femmes, aux prêtres et aux enfants... il s'en fallut de bien peu. Pendant que nous nous attardions dans les salles précédentes, l'une de nos compagnes plus alerte avait marché en avant et avait rencontré cette pièce réservée ; elle y était entrée et apercevant les objets plus que grivois qu'elle contenait, s'était hâtée de venir nous chercher. Nous nous empressâmes de la suivre, mais un gardien malencontreux avait surgi, et tel l'ange flamboyant à la porte du paradis, il nous en interdit l'entrée ; seuls ces messieurs furent admis.

Nous essayâmes de jeter quelques coups d'œil furtifs, et d'après les données de notre compagne, nous pûmes apercevoir deux pièces très connues et qui suffirent à notre curiosité. C'étaient une balance de pharmacien, et un trépied en bronze supporté par trois satyres. Je constatai alors une fois de plus toute l'attraction du fruit défendu... Ces objets d'art libertin devaient anciennement se trouver bien en évidence et nul n'y faisait attention, aujourd'hui qu'ils sont cachés, tout le monde veut les voir.

Nous nous rabattîmes sur la collection des verres antiques, la plus importante qui existe ; on y voit les vitres de la villa Diomède et une urne entourée d'amours entrelacés, dans des feuillages blancs sur bleu, d'une finesse inimaginable.

Dans la salle des Inscriptions, on trouve des épitaphes de tombeaux ou de monuments, des enseignes qui permettent de revivre ce passé de dix-huit siècles. Les médailles de toutes provenances et les vases d'origine grecque ont une valeur inappréciable.

Dans la galerie des marbres antiques, j'ai remarqué une Diane polychrome trouvée à Pompéï ; des traces d'or et de carmin démontrent que le procédé à l'aide duquel Gérôme a essayé d'animer ses statues, en les revêtant des couleurs de la vie, était déjà employé par les artistes anciens. Une Minerve d'Herculanum, Vénus Callipyge provenant des palais impériaux de Rome, un satyre portant Bacchus enfant sur son épaule, un buste d'Homère, figure idéalisée du poète, m'ont surtout frappée.

J'admirai, entre plusieurs margelles de puits, celle qui est ornée de sept dieux : Jupiter, Mars, Apollon, Esculape, Bacchus, Hercule et Mercure ; puis je m'arrêtai devant le bas-relief bien connu d'Orphée et d'Eurydice, dont l'origine remonte jusqu'à Phidias. Plusieurs reproductions en ont été faites ; le Louvre en possède une.

La salle qui me charma le plus fut la galerie des Bronzes ; presque tous proviennent d'Herculanum, et très peu de Pompéï. La patine vert foncé des premiers et vert clair des autres est agréable à l'œil. La finesse du travail, le choix de la matière, l'habileté avec laquelle furent surmontées les difficultés de fonte et de ciselure, accusent le degré de perfection esthétique de cette époque.

Parmi tant de chefs-d'œuvre, il m'est bien difficile d'en énumérer : une Victoire ailée sur un globe, Vénus lissant ses cheveux devant son miroir, un Faune ivre, un autre dansant et marquant la mesure avec ses doigts, deux lutteurs, un jeune Bacchus d'une élégance exquise et qu'on attribue à l'école de Praxitèle m'ont laissé un artistique souvenir. Sur les parois des murs de vastes vitrines renferment une quantité prodigieuse de statuettes ; ce sont des gladiateurs, des mains enlacées avec emblèmes servant d'amulettes, des dieux lares, des génies familiers. Tout cela est joli, coquet, charmant ; et cependant que de siècles ces figurines ont traversés impunément !

La bibliothèque des Papyrus est fort curieuse ; malgré la carbonisation des rouleaux, un procédé ingénieux permit de les déchiffrer ; ce sont des écrits philosophiques sur la nature, la rhétorique, la musique, etc. Il est à remarquer que ces manuscrits proviennent seulement d'Herculanum ; à Pompéï on ne découvrit que ceux d'un banquier placés dans un coffret au-dessus d'une porte. C'étaient des registres parfaitement tenus, qui permirent de reconstituer la comptabilité du temps. Il existait certainement de nombreux livres, publications ou journaux dans la ville raffinée de Pompéï, mais les cendres chaudes, en atteignant directement le bois des tablettes ou le papyrus des volumes durent les consumer sans laisser aucune trace ; tandis qu'à Herculanum la lave, s'étant refroidie et solidifiée, forma une couche dure et épaisse qui atténua la violence de la chaleur et respecta ainsi les rouleaux.

La visite la plus intéressante au point de vue historique est certainement celle des salles où l'on retrouve intacts les meubles, ustensiles, bijoux restés pendant de si longs siècles enfouis sous terre. Les tables rondes avec trépied, les lits et sièges à lignes droites, ont servi de modèle au style empire. Napoléon, en cherchant à s'inspirer de César, voulut en toutes choses faire revivre l'époque impériale ; le style auquel il donna son nom, remontait donc à dix-huit siècles !...

Je regardai avec beaucoup d'intérêt des coffres-forts d'atria de maisons antiques, des réchauds en forme de forteresse, des entonnoirs, fourneaux, brasiers, sièges perfectionnés, baignoires, instruments de musique, de chirurgie ; osselets, dés, jetons, compas, hameçons, ciseaux, couteaux, objets en fer, en bronze, en ivoire, lits et sièges d'apparat, tout cela est parfaitement conservé. Des bijoux en filigrane d'or, des pierres précieuses, de nombreux miroirs attestent encore l'éternelle coquetterie féminine.

La célèbre tasse Farnèse en onyx, ornée de bas-reliefs, unique en son genre, de superbes camées, des intailles, pierres transparentes gravées en creux ; des vases, coupes, bracelets en argent, un admirable candélabre dont le socle carré porte un Bacchus enfant à cheval sur une panthère ; une lampe gigantesque d'un travail exquis, témoignent du confortable et du luxe des Pompéiens, curieuses et intéressantes épaves d'une époque à jamais disparue !

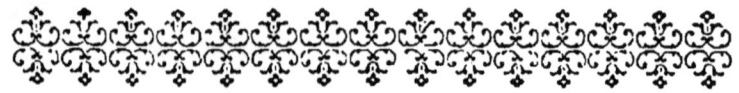

CHAPITRE XXX

NAPLES MODERNE

L'AQUARIUM
LE PALAIS DE LA REINE JEANNE
LE PORT

Jusqu'a présent, si j'ai beaucoup plus parlé des environs de Naples et de leurs souvenirs, que de la cité elle-même, c'est qu'au point de vue artistique et local, la ville moderne est loin d'égaler ses sœurs du nord de l'Italie. A part sa situation, son volcan et sa campagne, ses rues étroites, tortueuses, accidentées, mal entretenues, n'offrent aucun caractère spécial.

Des maisons basses, sans toits et sans volets, laissent flotter à leurs fenêtres une multitude de loques de couleurs vives ; les habitants de ces masures attachent ainsi leurs vêtements pour les aérer et leur linge pour le sécher, coutume qui exige un radieux soleil pour revêtir une teinte pittoresque. Sur les places publiques, de petits marchés volants avec leurs éventaires de produits exotiques : poissons, salaisons, pastèques, légumes verts, fruits de toutes provenances, mêlent leurs arômes différents aux groupes bariolés de la foule bruyante. Ici, c'est le braiement d'un âne attelé à une charrette, là le juron d'un portefaix, tout près une marchande furieuse discute le prix de sa marchandise ; plus loin, des camelots vantent leur étalage, des chiens aboient, des enfants s'amusent, des cochers font claquer leur fouet, bruits dissemblables qui vous enveloppent d'une ahurissante cacophonie.

On est heureux de quitter ces rues populeuses de la vieille ville et de retrouver les avenues larges, aérées de la Naples moderne. Le corso Umberto, les stradas Caracciolo, Roma, Toledo, San Carlo composent le quartier élégant. Les maisons élevées et bien construites ont vu transformer leur rez-de-chaussée en magasins remplis de coraux, de camées, d'ouvrages en lave, en écaille, en orfèvrerie. Des étalages de majoliques, des imitations de vases étrusques, des copies de bronzes antiques vous attirent par leurs reflets chatoyants.

La Villa Nationale, considérée comme le centre de la colonie étrangère, est un parc créé à la fin du xviiie siècle et considérablement agrandi depuis. De plantureux palmiers abritent la terrasse d'où l'on jouit d'une admirable vue sur le Pausilippe ; deux petits temples érigés en l'honneur du Tasse et de Virgile, deux jets d'eau retombant dans une vasque en granit de Pœstum, ornent ce lieu, rendez-vous de bonne compagnie.

Au centre de cette villa, un bâtiment blanc et moderne comprend la station zoologique fondée récemment par un naturaliste allemand ; la plus grande partie des subventions affectées à l'entretien de ce musée provient de l'Allemagne, quelques autres pays y participent, mais dans une moindre proportion.

L'aquarium de Naples est le plus riche de l'Europe par la beauté et la variété des poissons qui y sont exposés. La flore vivante s'y épanouit dans toute sa splendeur ; elle semble avoir emprunté aux plantes les plus rares de nos serres leurs formes et leurs couleurs. Ici c'est une orgueilleuse orchidée, là un lis dans tout son éclat, plus loin une gracieuse campanule ou une capricieuse étoile. Fleurs animées, restant toujours attachées au lieu de leur naissance, elles tiennent à la fois du règne animal et du règne végétal ; elles mangent et respirent par leurs pétales qui s'ouvrent et se referment pour s'assimiler la nourriture quotidienne. Leur coloris éclatant pourrait rivaliser avec la plus riche palette d'artiste.

Plus loin on admire les zoophytes dans toutes leurs gammes, variant du rouge le plus foncé au rose le plus tendre pour se dégrader jusqu'au blanc immaculé. Puis la série des éponges, des étoiles de mer, des hippocampes si gracieux et si vifs ! Nous rentrons alors dans le domaine des poissons voyageurs et même vagabonds ; tous les échantillons en sont réunis là, depuis la vulgaire sole ou le simple merlan jusqu'aux répulsives lamproies ! Sangsues géantes que je ne pouvais considérer qu'avec effroi. Il me semblait les voir visqueuses et gluantes m'enlacer et sentir leur suçoir avide me dévorer jusqu'à la moelle... Une répulsion insurmontable m'étreignait et je pensais qu'il me serait impossible de goûter à leur chair réputée pourtant si savoureuse par Lucullus lui-même, qui poussait le raffinement jusqu'à nourrir ces poissons de chair humaine !

Du reste, comme pour appuyer cette version, au Palais de la reine Jeanne, on nous fit voir les oubliettes aboutissant à la mer et dans lesquelles la princesse précipitait ses amants quand ils avaient cessé de lui plaire. Et puisque le souvenir de ce palais me revient en mémoire, je vais en profiter pour conter le repas que nous fîmes dans ces ruines témoins de tant d'horreurs !..

Par l'épaisseur de ses murailles, ce château gothique assis sur un rocher qui surplombe la mer, semble taillé à même dans le roc. Des constructions modernes masquent son entrée, on n'y accède que par des terrasses et des tonnelles. Une fois parvenus dans son enceinte, nous fûmes surpris de nous trouver en présence d'une galerie de dix mètres de hauteur, qui servait de salle des gardes au monarque. Son plafond ogival la fait ressembler à une chapelle ; au milieu du sol grossièrement carrelé, on aperçoit une excavation qui aboutit aux souterrains : à cet endroit, dit-on, la souveraine précipitait ses victimes dans la mer.

Je chassai de mon esprit ces souvenirs sanguinaires et je m'abandonnai toute entière à la poésie du décor et du moment. Le soir tombait, les mille lumières du golfe s'allumaient, de petites barques sillonnaient la rade en tous sens. Par la large baie à meneaux et colonnettes nous arrivait le bruit du clapotement de la vague, déferlant sur les assises de notre citadelle : murmure harmonieux et doux qui servait d'accompagnement aux barcarolles des pêcheurs. Et comme pour compléter ce spectacle unique, sur le ciel velouté et parsemé d'étoiles, se détachait superbe le dieu fantasque dont l'audacieuse fumée semblait vouloir atteindre jusqu'à Dieu !

Notre repas hélas fut loin de répondre à l'enchantement du décor. D'abord il se fit beaucoup attendre, sans provoquer d'impatience de notre part. Au bout d'une heure au moins, on nous apporta des biftecks durs, des pommes de terre mal frites, du macaroni à l'eau et du poulet pas cuit. Le vin fut mauvais et les huîtres pas fraîches ; menu peu engageant qui nous fut compté dix fois son prix. Nous nous rebiffâmes et rien n'était risible comme de nous entendre nous expliquer avec les quelques mots d'italien que chacun de nous possédait. Il fallut cependant se soumettre aux exigences du restaurateur ; toutefois nous nous promîmes de ne jamais revenir dîner au Palais de la reine Jeanne !

Le port de Naples présente un aspect mouvementé et curieux. Dans cette baie merveilleuse, les bateaux se bercent mollement et semblent contenir en leurs mouvements rythmés de larges promesses de bonheur ! Des pêcheurs descendus de leur barque vous font signe et vous interpellent ; ils présentent leurs corbeilles remplies de poissons étincelants de fraîcheur qu'ils cherchent à vendre comme *frutti di mare*, fruits de mer. Des lazzarones nonchalamment couchés vous regardent d'un air indolent, ils attendent une besogne qu'ils désirent ne voir jamais venir. Puis, à côté, comme pour servir de contraste à ce paisible tableau, des chants, des cris, des refrains populaires s'élèvent dans l'atmosphère imprégnée d'odeurs de friture, de goudron et de graisse. C'est le peuple qui vit, travaille, mange, s'amuse, et comme tout être inconscient, il est exubérant dans sa joie.

Parmi les barques à l'ancre, j'en remarquai plusieurs remplies de petites lattes serrées, semblables à des fragments de bois, et tout en me demandant ce que pouvait bien contenir cette cargaison, je regardai les déchargeurs la fouler aux pieds pour remplir leur besogne, tandis que les chiens la flairaient... et que des loqueteux s'y étendaient avec ivresse. La vue d'un bambin sale, déguenillé, couvert de vermine, qui s'amusait à prendre, sucer et rejeter sur le tas commun, ces salaisons, me fit regarder de plus près ; je m'aperçus alors que ces innombrables morceaux grisâtres représentaient des morues sèches destinées aux épiciers napolitains. Rien ne peut exprimer la répugnance dont je fus saisie, et depuis je ne pus goûter à la chair de ces poissons que j'avais vu transporter d'aussi singulière façon.

Je ne sais si j'ose aborder ici une question assez délicate. O Rabelais, garde-toi de me suggérer l'une de tes coutumières expressions, dont la brutalité choquerait par trop mes lecteurs et surtout mes lectrices ! Je veux parler des *retirata* ou petits chalets de nécessité ; nulle part il n'en existe d'aussi curieux qu'à Naples !

Figurez-vous une sorte de vestibule où se trouvent une dizaine de ces chaises, sur lesquelles les Mémoires du xviie siècle s'expliquent avec tant de complaisance. Là, de braves gens assis en rond lisent leurs journaux et en commentent les nouvelles ; celui qui veut partir paye sa place et l'offre au nouvel arrivant.

Cette petite particularité reflète bien l'insouciance napolitaine. A Naples, tout s'accomplit en plein air, on fait la cuisine, on mange, on fait la sieste, on échange des visites, on s'habille, on se coiffe, et l'on fait bien d'autres choses encore !

L'insouciance du Napolitain n'a d'égale que sa résignation.

Un jour un tout petit âne soyeux et gris, attelé à une charrette remplie de fruits, se refusa tout à coup et sans qu'on sût pourquoi à avancer. Arc-bouté sur ses pattes menues, il semblait du regard défier son maître, qui en véritable colosse le dominant de sa taille l'invectivait et le stimulait de son mieux. Rien n'y faisait, l'animal demeurait impassible ; à coups de pied et à coups de poing le rustre le corrigea, l'âne résistait avec la plus âpre énergie. Exaspéré, l'homme détacha l'un des montants de la voiture et en frappa à tour de bras le révolté. Des passants émus de pitié à ce spectacle hélèrent un agent qui survint, admonesta le brutal, s'empara de son arme improvisée et la jeta dans la mer. L'homme ne tenta aucune résistance, ne protesta même pas et, dans un geste de résignation admirable, détela son âne, l'attacha derrière la charrette, et se plaçant lui-même entre les brancards, traîna résolument son véhicule, sans soulever d'ailleurs, dans le public, l'ombre d'un étonnement.

Ce petit incident résume l'état d'âme du Napolitain !

CHAPITRE XXXI

LES ÉGLISES DE NAPLES

LA Cathédrale ou Dôme, dédiée au patron de la ville, saint Janvier, est la plus importante des églises de Naples. Edifiée au xiiie siècle par Charles d'Anjou, elle fut détruite deux cents ans plus tard par un tremblement de terre ; Alphonse d'Aragon la fit alors reconstruire par Pisano, d'après les dessins de Nicolas le Florentin et de son élève Maglione.

Cette basilique, qui revêt la forme d'une croix latine à trois nefs, renferme cent dix chapelles ; deux colonnes de porphyre et d'autres, nombreuses, en granit égyptien, proviennent des temples disparus. Des fresques de Luca Giordano ornent les dessus des arcs et représentent les douze apôtres, les docteurs de l'Eglise et les protecteurs de la ville.

La porte principale est surmontée de tombeaux royaux, ceux de Charles d'Anjou, de Charles Martel, roi de Hongrie, de sa femme Clémence. Un vase antique, élevé sur un piédestal de porphyre, sert de baptistère ; il est remarquable par ses bas-reliefs qui représentent les attributs de Bacchus.

Le maître-autel contient, dans sa partie inférieure, une chapelle incrustée de marbre, ornée d'arabesques délicates et soutenue par huit colonnes ioniques. C'est là que repose le saint évêque, grand protecteur de Naples, qui, chaque année, renouvelle son miracle appelé celui de Saint Janvier. Administrateur de l'église de Bénévent, au IVe siècle, il fut décapité à Pouzzoles par ordre de Dioclétien ; ses restes furent transportés dans sa ville natale, par le roi Ferdinand, à la fin du XVe siècle. Une calamité, un fléau menacent-ils la cité, aussitôt, pour conjurer le sort, on promène processionnellement les reliques sacrées de « San Gennaro ».

Au-dessous de l'autel, un tabernacle de bronze à portes d'argent renferme deux ampoules dans lesquelles sont précieusement conservées les gouttes de sang du martyr. Deux fois par an, aux mois de Mai et Septembre, la liquéfaction du liquide coagulé s'opère en présence d'une foule innombrable accourue de toutes parts. Si le miracle ne peut se produire, malheur alors au peuple, qui, d'après ce triste pronostic, se voit menacé de tous les périls, de tous les dangers. Jadis, on attribuait ce fâcheux augure à la présence d'un incrédule ou d'un hérétique, et si un étranger à la mine rébarbative se trouvait, à ce moment, parmi les fanatiques, ces derniers se ruaient sur lui et le massacraient.

En 1799, lorsque Championnet se fut emparé de Naples, on l'avertit que, dans le but d'irriter le peuple contre lui, le clergé se promettait d'empêcher l'accomplissement du miracle. Au jour fixé pour l'exposition des ampoules, il se rendit à la cathédrale, le sang resta compact ; ce furent alors des cris, des imprécations, des malédictions, on allait même lui faire un mauvais parti et l'obliger à sortir, quand il envoya l'un de ses aides de camp prévenir l'officiant que si la liquéfaction n'avait pas lieu immédiatement, il bombarderait la ville. A cette menace le miracle se produisit aussitôt, et le général rentra chez lui au milieu des acclamations unanimes.

Du reste, il est facile d'enlever du surnaturel à un fait qui s'explique scientifiquement. Une certaine dose d'éther sulfurique, colorée avec de l'orcanette et saturée de blanc de baleine, produit une substance rougeâtre qui reste figée à 10 degrés au-dessus de zéro, et fond et bouillonne à 20. Il suffit de tenir la fiole dans la main et de l'approcher d'un cierge allumé, cette double chaleur fait fondre le liquide, et le miracle est consommé. Mais le peuple superstitieux et ignorant persiste à croire à la puissance du bon saint Janvier, et à sa manifestation ! Il lui a élevé une statue sur la place même du Dôme, il l'honore et le vénère à l'égal d'un dieu.

L'église Sainte-Claire (Santa Chiara) construite au xve siècle est toute modernisée ; les fresques, dont plusieurs étaient l'œuvre de Giotto, ont disparu sous un badigeon malencontreux et le campanile qui, dans l'ordonnance primitive, devait se composer de cinq ordres, ne fut exécuté que jusqu'au troisième. Plusieurs tombeaux de rois, reines et guerriers sont déposés dans les chapelles ; le sarcophage antique d'un duc de Rhodes, placé au pied de l'autel San-Felice, est intéressant par ses bas-reliefs.

L'église Saint-Dominique commencée au XIIIe siècle pour accomplir un vœu fait par Charles II d'Anjou pendant sa captivité, est une belle construction gothique dont malheureusement le style n'est pas homogène ; elle porte l'empreinte d'époques successives. De nombreux tableaux, des fresques et des statues la décorent artistiquement ; on y voit encore le crucifix qui, selon la légende, parla à saint Thomas d'Aquin.

L'église de Saint-Philippe de Néri, l'une des plus belles de Naples, fut fondée au XVIe siècle par le saint dont elle porte le nom. Divisée en trois nefs par douze colonnes corinthiennes, elle est décorée intérieurement avec une grande magnificence. Des fresques de Luca Giordano, des tableaux du Guide, Palma le Vieux, Mignard, Ribera l'embellissent de leur note artistique. Le monastère qui y était jadis annexé contient l'une des bibliothèques les plus réputées de Naples.

Le Palais-Royal, ancienne résidence des vice-rois de Naples, se compose de trois rangs de pilastres superposés, et surmontés d'une corniche ornée de vases et pyramides.

Celui de Capo di Monte, situé sur une colline, est une ancienne villa royale ; ses jardins surtout sont merveilleux et le coup d'œil dont on y jouit est féerique.

Les palais particuliers ne possèdent pas, au point de vue architectural, le même caractère que ceux de Rome, Venise, Florence et Gênes. Mais la plupart ont été décorés intérieurement par des maîtres, et renferment des œuvres remarquables. Rubens, Van Dyck, Holbein, Vélasquez, Gérard Dow, Albert Durer, Téniers, Tintoret et Titien y sont représentés par des compositions grandioses. Rien n'est curieux comme la visite de ces antiques demeures, qui ont à peine suivi le progrès.

Le Pezzo Falcone, bâti sur l'emplacement du palais de Lucullus, domine le château de l'Œuf; il communique au fort Saint-Elme par le pont de la Chiaja. Vestiges du despotisme inquiet et féroce, qui, pendant de si longues années, tint Naples asservie.

Le théâtre Saint-Charles, après la Scala de Milan, est le plus vaste de tous ceux d'Italie.

CHAPITRE XXXII

DE NAPLES A POMPÉI

La route qui conduit de Naples à Pompéi est la plus délicieuse qu'il soit possible de rêver : c'est une suite ininterrompue de villas élégantes, de castels riants et de jardins fleuris, bordés par une mer d'azur, sous un ciel en fête. Des haies de myrtes et d'orangers, des bosquets de lauriers-roses noyés dans la lumière éblouissante, exhalent les parfums les plus enivrants. On dirait que la nature a voulu réserver à ce coin de terre son plus séduisant sourire, en compensation de la menace perpétuelle de son capricieux voisin !... Si, nous détournant un instant de ce chatoiement fait de couleurs, de rayons et de caresses, nous voulons regarder à nos pieds et examiner le sol de ce pays enchanteur, de quelles déceptions ne sommes-nous pas saisis ! Les blocs de pierre que nous heurtons et qui sont là amoncelés depuis des siècles ont détruit d'autres végétations luxuriantes, d'autres générations humaines qui rayonnaient de la même gaieté et de la même splendeur. Des villes entières sont enfouies sous nos pas et le peuple reconstruit, sème et plante, sans songer que la lave peut engloutir son œuvre demain !

Nous arrivons à Portici, dont le port, formé par un môle agréable à l'œil, revêt l'aspect d'un décor de théâtre. Je songe à l'opéra d'Auber et le souvenir de la jolie Muette s'ajoute à celui de Masaniello. Partout nous rencontrons cette population de pêcheurs, décrite par Lamartine avec tant de fraîcheur et de simplicité. Ici ce sont des bambins absolument nus, à la chair dorée comme une pêche mûre, qui vous font penser à Beppino ; à côté, des jeunes filles, sveltes, gracieuses, dont le profil correct, les yeux lumineux, la bouche savoureuse, l'ovale pur et l'harmonie des formes, évoquent l'image de Graziella ; et, comme pour ajouter encore au charme de ce tableau pittoresque, les vieux pêcheurs en raccommodant les filets sur le pas de leur porte, ressuscitent l'antique aïeul, Andréa. Les îles Procida, Ischia, Capri, s'élèvent en face de nous et la route que nous suivons est celle de Castellamare et de Sorrente.

Nous passons dans la cour du château des anciens rois de Naples et nous arrivons à Résina. Résina, contiguë à Portici, s'élève, comme cette ville, sur l'ancien emplacement d'Herculanum, dans un des sites les plus délicieux qui existent. Ces deux cités furent construites sur les torrents de lave qui ensevelirent en même temps que Pompéï, l'Héracleia des Grecs, l'Herculanum des Romains. D'autres éruptions survinrent et exhaussèrent la couche volcanique; les siècles se succédèrent et ce fut au commencement du XVIIIᵉ seulement que, par hasard, on découvrit les vestiges de ces cités disparues. Le forage d'un puits de 27 mètres ayant mis à nu le sol d'un théâtre, on s'aperçut alors qu'une ville entière sommeillait dans la lave, on l'y laissa pendant près d'un siècle encore; les rois français seulement, Joseph et Murat firent procéder à des fouilles sérieuses. On trouva des pièces artistiques de grande valeur qui furent envoyées au Musée de Naples; mais la dureté et l'épaisseur de l'enveloppe solidifiée exigeant des crédits importants, les travaux furent suspendus pour l'exécution de ceux de Pompéï, beaucoup moins coûteux et plus faciles à réaliser en raison de la cendre qui seule recouvre la cité enfouie.

En continuant notre chemin, nous atteignons Torre del Greco; là nous nous arrêtons pour laisser reposer les chevaux qui en ont réellement besoin, ayant quitté Naples de bon matin. Il est dix heures, le soleil monte à l'horizon et fait sentir son ardeur; aussi, pendant que nos bêtes se rafraîchissent et se réconfortent, nous allons examiner l'un des manèges nombreux rencontrés partout sur notre route.

Au milieu d'une baie largement ouverte, une roue formée d'échelons apparaît; deux hommes, en gravissant chacun de ces degrés, impriment un mouvement de rotation qui se transmet au récipient communiquant. C'est par cette trépidation que la pâte se trouve pétrie, mélangée, manutentionnée et transformée en tuyaux de macaroni. Jusqu'à présent, rien de plus naturel ; c'est alors que les conditions dans lesquelles se prépare cet aliment semblent peu faites pour engager à y goûter jamais. Une fois fabriqués, ces petits fuseaux sont étendus pour être séchés, sur d'immenses toiles, mais ces bâches, au lieu d'être placées dans un endroit abrité des malpropretés, sont étalées près des maisons, sur les trottoirs, au bord du ruisseau, sur le chemin. Non seulement la poussière et les microbes s'attachent à cette pâte demi-séchée, mais encore les enfants sales et déguenillés se roulent dessus, les poules la picorent, les chats la grattent et les chiens la flairent quand ils n'y font pas autre chose !.... Et dire que les Napolitains, fiers de leur fabrication, considèrent avec dédain les macaronis du reste de l'Italie !...

Naples est la ville par excellence de ce mets national ; on y voit des cuisines, des boutiques en plein air, près desquelles les clients sans cuillères ni fourchettes, élèvent le macaroni aussi haut qu'ils peuvent au-dessus de leur tête et le laissent filer adroitement dans leur bouche sans en rompre les tubes.

Les chevaux sont prêts, le cocher appelle et nous remontons dans la voiture pour continuer notre chemin. Nous suivons toujours le bord de la mer, il n'y est plus question de sable ni de galets, on n'y voit que des cendres et de la lave, nous contournons le pied du Vésuve. Après Torre Annunziata, ville florissante et petit port d'où s'étend une vue magnifique sur la baie de Castellamare, nous obliquons dans les terres et à quelques kilomètres nous atteignons enfin Pompéï !

Il est l'heure du déjeuner, deux hôtels profilent leur silhouette engageante : celui de la Lune et celui du Soleil... Lequel des deux choisîmes-nous ? je ne me le rappelle plus très bien ; dans tous les cas, nous fîmes honneur au repas, assaisonné qu'il fut par un appétit formidable doublement aiguisé par notre promenade en voiture et l'aspiration de l'air salin.

CHAPITRE XXXIII

POMPÉI

Pompéï, située au fond du golfe de Naples, et séparée aujourd'hui de plusieurs kilomètres du rivage, servait autrefois d'arsenal aux villes maritimes Campaniennes et possédait un port tout comme Herculanum et Stabies. Au VIe siècle avant l'ère chrétienne, des familles Osques venues de la Campanie s'emparèrent du sol qui s'étendait entre le Sarnus et la mer ; puis, enfermant ces terres par des murs de blocs énormes posés les uns sur les autres, les nouveaux propriétaires s'établirent à l'aise dans ce vaste espace. Toutes les habitations dont on retrouve encore les vestiges portent la trace d'une cour ouverte à laquelle aboutissaient les appartements. Chaque maison s'élevait au centre d'une parcelle de terre cultivée par la famille ; ce n'était pas une ville, mais une agglomération de fermes situées les unes près des autres à l'abri d'une muraille commune.

Deux siècles plus tard, les Samnites intelligents et

civilisés s'emparèrent de ce terrain et y édifièrent une ville véritable ; de très beaux monuments dont quelques-uns subsistent encore datent de cette époque. Pompéï s'inspira plus fidèlement que Rome de la Grèce ; la civilisation s'y implanta plus profondément et bientôt la cité nouvelle atteignit un degré très élevé de culture, de richesse et d'art. C'est ainsi qu'elle fit élever une palestre afin que les jeunes gens, comme à Athènes ou à Sparte, pussent s'exercer aux jeux physiques ; qu'elle fit construire un théâtre en pierre alors qu'à Rome on ne les construisait qu'en bois ; qu'elle édifia un temple à Isis, déesse qui ne fut admise à Rome que beaucoup plus tard sous la dynastie flavienne.

Sylla, jaloux de la prospérité de cette ville, vint l'assiéger ; elle se défendit courageusement, mais malgré la bravoure dont elle fit preuve, elle tomba au pouvoir du terrible dictateur. Municipe sous Auguste, elle devint enfin romaine sous Néron. C'est alors que la beauté de son site et la douceur de son climat attirèrent les patriciens, les élégants, les oisifs qui la transformèrent en station très renommée.

Pompéï jouissait alors d'une grande prospérité, lorsque vers l'an 63 de l'ère chrétienne, un tremblement de terre survint qui dévasta la Campanie, les côtes de Sorrente, de Stabies et le rivage d'Herculanum. Les habitants ayant abandonné leurs villes, après ce désastre ne tardèrent pas à y rentrer ; on reconstruisit alors les monuments sur le modèle de ceux de Rome ; les matériaux de valeur, comme le marbre, faisant défaut, on recouvrit de stuc le moellon, le travertin et le ciment, et on réédifia ainsi les théâtres, les thermes, les temples d'Isis, Jupiter, Vénus, Mercure, etc. Mais à peine ces travaux étaient-ils terminés, à peine la ville s'était-elle vue renouvelée et embellie, qu'en 79 le volcan s'entr'ouvrit de nouveau, vomit des torrents de flammes, projeta d'énormes quartiers de roches et ensevelit sous des monceaux de lave et de cendres, Résina, Stabies, Pompéï, Herculanum et les localités avoisinantes.

Pline l'Ancien qui, à la tête de la flotte de Misène, était venu à Résina secourir la garnison, aborda à Stabies et mourut étouffé par la chaleur et les gaz empoisonnés, tandis qu'il soupait chez son ami Pomponius. Pline le Jeune, qui se trouvait à Misène avec sa mère, n'échappa qu'à grand'peine au danger ; venu sur le terrain de la catastrophe, il raconte dans deux de ses lettres à Tacite le désastre effrayant, qui lui fit croire un instant à la destruction de l'univers !... Un nuage d'une grandeur extraordinaire, en forme de pin, obscurcit l'atmosphère ; des pierres calcinées, des cailloux noircis, des cendres chaudes pleuvent et s'amoncellent sur le sol, à une hauteur prodigieuse ; des détonations successives et rapprochées se font entendre, la lave coule incandescente et vient solidifier la poussière et la cendre ; la mer bouillonnante semble refluer, le rivage est rendu inaccessible par l'entassement des blocs projetés de la montagne. Des odeurs de soufre, des émanations délétères s'exhalent de partout ; ce ne sont que lamentations, cris et gémissements ; les habitants affolés ne savent où s'enfuir, ils se dirigent vers la plage, ils ne la retrouvent plus, la mer s'est retirée à une distance considérable ; ils reviennent dans la ville où tout tremble, s'agite et tombe ; ils courent dans la campagne où les quartiers de roche les atteignent et les ruisseaux de lave en fusion les arrêtent; ce cataclysme horrible dura trois jours !...

Quand la colère du géant eut cessé, quand la pluie de cendres et l'avalanche de pierres furent terminées, un soleil radieux éclaira le lieu de la catastrophe. Hélas ! la côte avait disparu complètement, il ne restait aucun vestige de ces villes, hier encore, si coquettes et si riantes, et qui devaient rester ensevelies dans leur linceul de pierres pendant plus de seize siècles !...

Longtemps encore les menaces du Vésuve continuèrent à planer sur ces cités détruites, les habitants des pays voisins n'osaient s'en approcher, et au bout de quelques années ils en avaient oublié jusqu'à la situation exacte !

Titus forma le projet de les relever, mais il renonça bientôt à réaliser ce rêve, et elles restèrent enfouies sous une plantation de bois et de vignes. Elles furent si bien anéanties qu'à la fin du xvie siècle un architecte ayant amené les eaux du Sarnus à Torre Annunziata par un canal souterrain, personne ne se douta que la construction de ce conduit avait dû se faire parmi les monuments de villes ensevelies. Au milieu du xviiie siècle, des vignerons ayant heurté avec leurs pioches des constructions antiques, l'autorité s'émut et commença à faire procéder à des fouilles. Mais mal dirigés, ces travaux n'aboutirent guère et furent bientôt abandonnés ; ils demeurèrent ainsi jusqu'au milieu du siècle dernier où ils furent repris et suivis avec méthode. Des équipes d'ouvriers mirent à jour de nombreux trésors archéologiques et débarrassèrent de son enveloppe volcanique la moitié de Pompéï.

L'impression, je dirai même l'émotion éprouvée, en pénétrant dans l'intérieur de cette ville est unique et fort curieuse. Ce n'est point un amas de débris informes et inutiles qu'on a sous les yeux, c'est une cité reconstituée dans tous ses détails ; c'est la vie antique, vie matérielle, intime, intérieure, écrite en pierre, en marbre, en colonnes ! Tout y parle à l'imagination et, par moments, on croit encore y voir errer les ombres de ses habitants !

La façon de construire les villes chez les anciens Italiens était très simple ; ils les édifiaient presque toutes sur le même plan. Après en avoir tracé l'enceinte, ils tiraient deux lignes perpendiculaires : du Nord au Midi (cardo), de l'Est à l'Ouest (decumanus) ; telles se présentaient les deux voies principales, sur lesquelles venaient aboutir toutes les autres. A Pompéï on retrouva le Cardo et le Decumanus, et cette disposition aida beaucoup aux fouilles qui y furent faites. Elle permit ainsi de diviser la ville en neuf quartiers, dont trois entièrement découverts sont ceux que l'on visite ; trois autres ne sont pas encore déblayés, et les trois derniers sont plutôt soupçonnés que connus.

Les rues étroites, pavées de blocs polygonaux, sont bordées de petits trottoirs, de distance en distance de larges pierres, horizontalement placées, permettaient aux piétons de traverser la chaussée. Des ornières profondes, formées par les traces des roues sur le pavé, indiquent le passage continu des chars qui ne pouvaient se rencontrer, étant donnée l'exiguïté de la rue. En temps de pluie, ces ornières se transformaient en ruisseaux et donnaient ainsi libre cours à l'écoulement des eaux.

Les maisons se retrouvent intactes et nous permettent dès lors de reconstituer la vie oisive, confortable et élégante des anciens Romains. Pour se rendre compte de tout le bien-être, de tout l'agrément que les demeures pompéiennes réservaient à leurs propriétaires, il nous faut, pour un instant, nous dégager de nos préjugés actuels ; chaque époque, chaque pays, chaque âge, chaque milieu possède ses habitudes, ses usages, ses coutumes. Les maisons de Pompéï nous eussent semblé exiguës et mal distribuées telles qu'elles étaient, cependant elles convenaient aux goûts et aux besoins de leurs habitants.

Chez les anciens la vie privée était d'ailleurs beaucoup moins extérieure et moins en dehors que la nôtre : de même qu'ils ne voulaient pas voir ce qui se passait dans la rue, ils ne voulaient pas davantage que de la rue on vît ce qui se passait chez eux, aussi n'y avait-t-il pas, à proprement parler, comme chez nous, de façade ; elle se composait d'un mur percé de portes dont l'une à deux battants et généralement fermée, était celle des appartements particuliers, les autres s'ouvraient sur des magasins complètement indépendants du reste de la maison.

En franchissant l'entrée, nous pénétrons dans un étroit couloir qui accède à une cour entourée d'une galerie couverte, à laquelle aboutissent les pièces de l'habitation ; toutes sont situées au rez-de-chaussée, le premier étage étant affecté aux esclaves. De chaque côté, dans les espaces appelés ailes, sont situées les salles à manger, ou salles de réception, ornées des images des ancêtres et des dieux. Ces chambres peuvent sembler petites, mais il faut remarquer que le patricien a une pièce spéciale pour chacune des circonstances de la journée, comme il a des serviteurs pour tous les besoins de la vie. Ainsi il n'a pas qu'une salle à manger, il en a plusieurs, selon l'heure ou la saison, et de dimensions plus ou moins vastes, selon le nombre des convives. La chambre où il repose dans la journée, celle où il dort la nuit, sont privées de fenêtres et ne reçoivent la lumière que par la porte laissée ouverte sur la cour ; inconvénient qui n'en est pas un dans un endroit consacré au sommeil et situé dans un pays du Midi où l'obscurité assure la fraîcheur.

A l'extrémité de cette cour appelée atrium, s'élève une grande salle, largement ouverte, désignée sous le nom de tablinum ; c'est là que le patron reçoit ses clients, se livre à ses occupations, discute, marchande, ordonne, etc. C'est la partie réservée aux étrangers, celle destinée à la famille est située en arrière et donne sur une seconde cour appelée péristyle ; sanctuaire d'accès difficile et presque impénétrable, qui comprend les chambres à coucher, les salles de bains, de toilette, les cuisines, etc. Quand le noble citadin ne se promène pas sous les portiques du Forum, des temples ou des théâtres, il séjourne dans l'un de ces endroits réservés et intimes entouré de sa femme, de ses enfants, ses amis, ses affranchis et ses esclaves.

Ces cours, que l'on retrouve dans toutes les maisons pompéiennes, y sont indispensables pour y apporter le jour et la lumière, aussi furent-elles de tout temps ornées avec art et magnificence. Si l'espace le permet, on y plante des arbustes, on y fait pousser des fleurs, on y amène de l'eau qui retombe en cascades dans des vasques de marbre ; les murs sont adoucis de bleu ou de rose, les colonnes peintes de jaune ou de rouge, et toutes ces couleurs se fondent harmonieusement dans le beau soleil du Midi. Les corniches sont ornées de mosaïques gracieuses, composées de fleurs, d'arabesques, d'oiseaux ; un panneau peut-il contenir une scène mythologique ? Aussitôt une peinture rappelle quelque chef-d'œuvre antique et en fixe le souvenir ; ou bien l'imitation d'une des beautés de la statuaire grecque, placée sur un socle de l'atrium ou du péristyle, charme continuellement les regards du maître et de ses visiteurs !

Je ne mentionne pas les fresques qui recouvrent presque toutes les maisons et qui font encore l'admiration de nos artistes ; la peinture murale est la partie la plus originale de l'art pompéien et celle qui concourt le plus à constituer son style. Les motifs habituels de décoration sont des fleurs, fruits, paysages, génies, danseurs, acrobates, ainsi que les plus admirables sujets fournis par la plus symbolique des religions ; ici la peinture se substitue à la sculpture, et le ciel napolitain fait le reste !

XXXIV

MAISONS CÉLÈBRES

TEMPLES — ALLÉE DES TOMBEAUX

Parmi les habitations les plus célèbres récemment reconstituées, nous trouvons celles de Lucrèce Pansa, Méléagre, Salluste, du Faune, du Poëte, des Vettii. Dans cette dernière, nouvellement découverte, on restaura les bassins, les colonnes et on replanta les jardins symétriquement avec des arbustes de même essence que ceux de jadis. Les fresques y sont en parfait état de conservation et les cuisines contiennent encore des ustensiles semblables à ceux de nos jours.

Dans une maison toute proche, je vis une couchette en fer et quelques ossements au milieu d'un monceau de cendres ; le gardien nous dit que ce lit était celui d'un paralytique qui n'avait pu s'enfuir, et que le squelette retrouvé s'était, sous l'action de l'air, réduit en poussière.

On retrouva fort peu de cadavres, ils étaient pulvérisés, mais la couche de cendres qui les avait enfouis, en se solidifiant, avait formé une espèce de moule. Le directeur des fouilles, M. Fiorelli, ayant eu l'idée de faire couler du plâtre dans cette matrice, fit obtenir ainsi la forme, l'attitude et la figure du corps disparu. Ces moulages transportés au Musée sont fort intéressants par leur expression exactement rendue, on y retrouve la souffrance, la douleur ; les uns joignent les mains, les autres se voilent la face. Un chien attaché est absolument crispé par les efforts qu'il fait pour rompre sa chaîne ; ses hurlements plaintifs semblent retentir dans l'air, il veut s'enfuir, il ne le peut, il vous imprègne de la frayeur dont il est rempli.

Les aliments, petits pains, gâteaux, fruits, retrouvés, sont conservés au Musée.

De nombreuses enseignes subsistent encore sur les murs et indiquent à chaque devanture quelles marchandises étaient vendues dans la maison. Ici, un moulin annonce un meunier, une chèvre une laiterie, une grappe de raisin portée sur un bâton par deux hommes symbolise un débit de boissons. Le pharmacien se reconnaît au serpent mangeant une pomme de pin ; chez un épicier renommé figurent des amphores remplies d'olives. Les thermopoles (cafés) étaient très nombreux, on y servait des consommations chaudes composées d'acides tellement corrosifs qu'elles ont marqué de leur empreinte les comptoirs sur lesquels elles étaient débitées. De hautes jarres en terre cuite étaient remplies de vin ou d'huile, et l'on remarque encore la meule de pierre qui servait à moudre le grain. Des fours restés intacts indiquent une boulangerie, tandis que des pinces, bistouris et spatules témoignent de la demeure d'un chirurgien.

Les magasins les plus nombreux, et qu'on retrouve partout, sont les *fullonica* ou boutiques de foulon. Ce métier était très répandu ; les citadins, de mise correcte et recherchée, revêtaient toujours la toge, mais ce vêtement, que l'ampleur de ses plis et la blancheur de son tissu rendaient aristocratique et élégant, était en revanche gênant à porter et prompt à se salir.

Pour le nettoyer, on l'envoyait chez le foulon, qui le plongeait dans des bassins remplis d'eau et de matières crétacées ; il était ensuite lavé, non pas avec le frottement des mains, mais avec le foulement des pieds. L'ouvrier chargé de cette besogne l'exécutait, tel le vigneron pressant le raisin, avec une sorte de cadence à trois temps, appelée *tripudium* ; mouvement qui, par la suite, devint la danse populaire et sacrée des Anciens. Une fois lavé, le manteau était placé sur une cage à claire-voie, et soumis à des exhalaisons sulfureuses. Puis il était tiré, brossé et étendu sous un pressoir semblable à celui des vendangeurs. Plus il était comprimé, plus il devenait souple et diaphane.

Ces différentes opérations exigeaient une vaste installation et de nombreux ouvriers : aussi la corporation des foulons était-elle très étendue. Elle avait la réputation d'aimer les joyeux propos, la gaîté et le plaisir ; la comédie populaire s'intéressait beaucoup à elle, et s'amusait à la transporter sur la scène. Placés sous la protection de Minerve, les foulons vénéraient l'image fort répandue de cette déesse et célébraient en grande pompe ses fêtes qui duraient plusieurs jours.

Dans la fullonica récemment découverte, les cuves sont demeurées intactes, il semble qu'il n'y ait pour les remplir d'eau qu'à tourner les robinets, parfaitement conservés ; on en remarque une entre autres qui contient encore les ingrédients préparés certainement au moment de la catastrophe.

Mais revenons dans la rue et rendons-nous au Forum, aux temples et aux théâtres. De nombreuses inscriptions recouvrent encore les murs, ce sont des affiches commerciales, satiriques et politiques ; le plus souvent elles ont trait à des candidatures briguées, appuyées ou contestées. Est-il rien de nouveau sous le soleil ? On peut diviser ces inscriptions en trois sortes: celles gravées sur le marbre ou la pierre, au fronton des temples ou sur le socle des statues, destinées à perpétuer le nom des fondateurs, ou celui des personnages représentés. Les secondes peintes en rouge ou noir sur les murailles remplacent nos affiches d'aujourd'hui, tant au point de vue politique qu'à celui de la publicité. Un propriétaire a-t-il un appartement à louer, un hôtelier ou un commerçant désirent-ils recommander leur maison ou leur produit, un citoyen veut-il promettre une récompense pour retrouver un objet perdu, vite on l'inscrit sur les murs dans les passages les plus fréquentés. Enfin les troisièmes, simplement tracées au charbon ou avec la pointe d'un couteau, émanent d'un amoureux qui veut honorer son amie en passant; d'un mauvais plaisant heureux de ridiculiser un voisin grincheux ; d'un citoyen qui, furieux de n'être pas invité à diner, exhale sa colère contre l'amphitryon, etc. Ce sont ces facéties, heureusement tolérées, qui nous permettent de nous immiscer le plus facilement dans la vie intime des Pompéïens.

J'étais heureuse de pouvoir errer ainsi parmi ces rues vieilles de dix-huit siècles ; l'évocation de ces existences disparues était comme la lecture d'un livre intéressant, hâtivement parcouru. Les maisons autrefois étaient désignées, non par des numéros, mais par le nom, la qualité ou l'état de l'habitant; aussi les dénominations que je lisais autour de moi m'intéressaient, il me semblait connaître ceux dont elles fixaient le souvenir.

Les anciens, malgré leurs habitations fraîches, mystérieuses et coquettes, vivaient surtout en plein air; ils passaient la majeure partie de leur temps au Forum, au temple, au cirque.

Le Forum, cœur de la cité, est un vaste quadrilatère entouré par le temple de Jupiter et par d'élégants portiques. L'espace central, pavé de larges dalles, était orné de statues honorifiques érigées en l'honneur des chefs, citoyens célèbres et fonctionnaires de la ville. La plupart des monuments étaient tournés vers cette place et de nombreuses rues y aboutissaient. De hautes pierres posées verticalement en interdisaient l'entrée aux voitures et laissaient le passage libre seulement aux piétons. C'était là, comme à Rome, que se passait la vie élégante, aristocratique, littéraire et commerçante ; c'était le rendez-vous des beaux esprits, des oisifs et des snobs. Les restes d'un macellum ou marché indiquent que le peuple n'en était pas exclu, et que tout Pompéï, du haut en bas de l'échelle, s'y donnait rendez-vous.

A la place d'honneur du Forum s'élevait le temple de Jupiter, second Capitole qui contenait les statues vénérées du maître des dieux, de Junon et de Minerve.

Tout à côté, le Forum triangulaire, orné d'un portique de colonnes ioniques, était fréquenté surtout par les spectateurs des théâtres voisins ; ils y venaient respirer, ils s'y promenaient, ils y devisaient avant ou après les représentations.

De même qu'à Rome, à Pompéï on appréciait les jeux publics, les spectacles et les combats ; riches et pauvres éprouvaient la même passion et se retrouvaient dans les mêmes lieux. On construisit deux théâtres qui existent encore : le premier, le plus grand, à ciel découvert, pouvait contenir cinq mille spectateurs ; il se divisait en trois parties, les quatre premiers rangs étaient réservés aux personnes de distinction, les vingt suivants étaient attribués aux commerçants et à la classe moyenne, enfin les quatre derniers étaient abandonnés à la foule.

Entre l'orchestre et la scène, une ouverture dans le sol permettait la descente du rideau, car à l'inverse du nôtre, il s'abaissait au lieu de monter. La scène longue et étroite était décorée de statues et fermée par un frontispice à trois portes comme le voulait la tragédie antique ; celle du milieu appelée porte royale était destinée aux héros ; celle de droite aux personnages de second ordre, vieillards, matrones, généraux; celle de gauche aux affranchis et esclaves. Comme machinisme, l'appareil le plus utilisé était celui qui servait à s'élever dans les airs ; une pièce antique ne se comprenant guère sans une apothéose, il était donc de première nécessité qu'un système ingénieux permit aux acteurs de remplir convenablement leur rôle.

Le mur d'enceinte a conservé la trace des mâts qui supportaient le velarium, toile destinée à préserver des rayons du soleil; un réservoir carré (crypta) contenait de l'eau, qui, pendant les chaleurs, transformée en pluie artificielle, servait à rafraîchir l'atmosphère.

Le petit théâtre contenait quinze cents places, un toit le recouvrait, étant donnée son affectation aux exécutions musicales ; les sièges étaient aménagés de façon à ce que les pieds du spectateur, assis sur le gradin supérieur, n'incommodassent pas la personne placée au-dessous. Je ne sais si, à cette époque, on représentait de nombreuses comédies ou tragédies, mais le genre qui devait l'emporter était certainement la pantomime. Divertissement d'un ordre plus badin n'exigeant pas une culture littéraire bien approfondie et de ce fait se trouvant mieux à la portée de tous. Les jeunes gens surtout recherchaient ces sortes de spectacles, les rôles féminins y étant tenus par des femmes de mœurs plutôt légères, il leur était facile d'ébaucher un bout de roman avec quelque séduisante comédienne ; n'oublions pas que la ville de

Pompéï était placée sous la protection de Vénus et que toute dévotion envers cette aimable déesse était considérée comme un acte méritoire.

Mais les spectacles préférés par la foule à tous les autres étaient ceux du cirque ; les gladiateurs formaient des familles très connues, ils devenaient populaires comme les toréadors en Espagne, ou les acteurs chez nous. Leurs traits se trouvaient reproduits partout, dans les poses les plus variées et, souvent, le nom du personnage et le nombre de ses victoires étaient inscrits au-dessous de son image. Les gens du peuple, les enfants mêmes s'amusaient à dessiner sur les murs un gladiateur, comme aujourd'hui ils crayonnent un soldat. Et ces hécatombes d'hommes et d'animaux, dont nous pouvons à peine lire les descriptions, étaient considérées comme le spectacle le plus intéressant et le plus apprécié !

Tout près du Forum nous remarquons les tribunaux ou temple de la Justice ; parmi les fûts de colonnes et les chapiteaux brisés, nous retrouvons la trace de trois salles contiguës : celle du milieu servait aux séances du Conseil municipal et les deux autres étaient affectées aux magistrats.

Le temple d'Apollon, reconstruit après le tremblement de terre de l'an 63, s'élève au milieu d'une cour entourée d'un portique de colonnes corinthiennes. Le sanctuaire auquel on accède par un perron de treize marches, renfermait la statue du dieu placée sur un immense piédestal, d'où il dominait le temple et la ville.

Celui d'Isis fut l'un des plus fameux et des plus

réputés; quelques colonnes et quelques chapiteaux témoignent des derniers vestiges de sa splendeur passée. Cependant on peut encore remarquer un autel, derrière lequel, placés dans une ouverture, des prêtres se dissimulaient pour rendre leurs oracles; de cette façon, ils faisaient passer par la bouche du dieu ou de la bonne déesse leurs exhortations et leurs prophéties.

Des thermes nombreux se retrouvent également et permettent d'apprécier le raffinement apporté par les Pompéïens aux soins de l'hygiène. De nos jours aucun établissement de ce genre n'est plus luxueux ni mieux compris. Les ablutions, les immersions, très fréquentes en ce pays de température surchauffée et de climat énervant, avaient vite atteint le summum du raffinement.

Si Pompéï était une ville de luxe et de plaisir, elle était également un centre important au point de vue maritime et commercial, elle exportait, en grande quantité, du vin, des fruits, des légumes ; ses choux étaient, paraît-il, très réputés. Un assaisonnement (garum) fabriqué avec du poisson salé était fort apprécié.

Les ouvriers s'y trouvaient en grand nombre et des corporations existaient avec leurs ordonnances, leurs fêtes et leurs assemblées. Au-dessous des commerçants tels que orfèvres, marchands de bois, muletiers, etc., il y avait toutes sortes de petits industriels qui remplissaient comme chez nous les rues de mouvement et de bruit; marchands de friandises, de légumes, de *frutti di mare*, ils criaient leurs marchandises avec des intonations différentes. On les appelait *forenses*, du mot Forum, parce qu'ils s'installaient sur la place publique.

Les quartiers où le bas peuple demeurait n'ont pas encore été retrouvés ; en s'éloignant du centre, les maisons, plus petites et plus simples, qu'on rencontre ne sont pas ce qu'on peut appeler des habitations populaires, peut-être les malheureux habitaient-ils les étages supérieurs avec terrasses, qui ont complètement disparu, puisque seul, le rez-de-chaussée a subsisté.

En suivant toujours, nous arrivons à l'extrémité de la cité, où se trouvent de nombreuses hôtelleries que fréquentaient les paysans apportant à la ville leurs denrées, ou venant y chercher les objets nécessaires. Le trottoir incliné devant la porte permettait aux chars l'entrée des remises. Ces auberges contiennent de petites pièces où les voyageurs pouvaient passer la nuit quand leurs affaires les y obligeaient ; nombre d'entre eux ont inscrit sur les murs leur nom, leur âge, le motif de leur voyage, ou des réflexions personnelles que le temps a rendues fort intéressantes. Comme de nos jours, les cafés occupaient les endroits les plus fréquentés, surtout l'angle ou le carrefour des rues.

Une dizaine de portes comprises dans le mur d'enceinte entouraient la ville et y donnaient accès, la plus vaste est celle d'Herculanum qui date du temps d'Auguste ; elle se composait de trois passages, deux de chaque côté, entièrement voûtés pour les piétons, celui du milieu était destiné aux voitures et seulement couvert aux extrémités.

En dehors s'étendait le faubourg appelé en l'honneur du César romain, Augustus Felix, la route qui le traversait se nommait la Voie des Tombeaux. Nouvelle Via Appia de Rome, les sépulcres alignés sur chacun de ses côtés, telles que des bornes milliaires, s'étendaient à une très grande distance de la ville. Ce peuple qui avait toujours vécu sur la place publique ne voulait pas d'une sépulture solitaire et retirée, il lui fallait le ciel, l'air et la foule.

Singulière coutume des anciens, que celle d'échelonner sur les routes les ombres chères ou illustres ! Quel sentiment de tristesse n'éprouve-t-on pas à lire, sur ces monuments mutilés, les inscriptions et les noms des familles éteintes ! Dans le déblaiement de cette voie on découvrit les ossements de plusieurs habitants qui, au moment de la catastrophe, s'étaient enfuis épouvantés. Hélas ! la mort les avait frappés au milieu des tombeaux des leurs ! Trois de ces squelettes appartenaient à des femmes qui, réfugiées contre le pilier d'un portique, y avaient été étouffées par la pluie de cendres. Tout près, une malheureuse mère fut retrouvée portant dans ses bras un enfant au berceau, tandis que les deux aînés s'étaient blottis à ses côtés.

Mais laissons ces images lugubres, continuons notre chemin ; le soleil descend à l'horizon et nous voulons faire l'ascension du Vésuve, avant la fin du jour. Nous ne regrettâmes pas cette façon de procéder, le spectacle inoubliable qui nous y attendait est celui qui m'a le plus frappée dans mon existence ! Mais, au point de vue physique, je ne conseillerai à personne de nous imiter, les deux expéditions effectuées dans la même journée étant réellement trop fatigantes.

CHAPITRE XXXV

LE VÉSUVE

En quittant Pompéi, nous nous éloignons des ombrages de Castellamare et de Sorrente, nous prenons une direction opposée et arrivons au petit pays de Bosco-Reale, village aux maisons basses et rustiques faites de lave. Nous suivons la route bordée d'arbres et de verdure et faisons halte à Bosco-Trecase ; là nous laissons notre équipage et enfourchons les montures, que de Pompéi nous avions fait préparer.

Nous tenons à faire le trajet à cheval, ce mode de locomotion est beaucoup plus pittoresque que le funiculaire. Chacun de nous a son poney et son guide, ce dernier, gamin de 10 à 15 ans, sorte de gavroche italien, connaît en plusieurs langues les banalités de la politesse et s'en sert pour apprendre la nationalité des étrangers qu'il accompagne ; dans ses phrases obséquieuses, c'est naturellement votre pays qui possède le beau rôle. Leur curiosité enfantine ne le cède en rien à leur loquacité et à leur suffisance.

Nous accomplissons ainsi près de la moitié de notre trajet, le sentier que nous suivons est encadré de verdure et serpente au milieu de ces vignobles magnifiques, qui produisent le fameux vin de Lacryma-Christi. Les ceps aux feuilles larges et aux sarments vigoureux, plantés les uns à côté des autres, s'enlacent aux arbres, aux moindres appuis qu'ils recouvrent de leur luxuriance, culture originale qui transforme les pampres de la vigne en gracieuses tonnelles, d'où retombent en gerbes les grappes dorées.

A mi-côte, c'est-à-dire à près de 700 mètres d'altitude, nous nous arrêtons à l'observatoire météorologique, dit l'Ermitage ; d'ermites il ne s'en rencontre point et l'hospitalité que l'on reçoit n'est nullement gratuite. Les guides ont besoin de se rafraîchir, ils pénètrent dans un cabaret de modeste apparence, pendant que nous nous complaisons à admirer le panorama qui s'offre à nos regards.

En face, la baie, merveilleusement encadrée de côtes découpées se profilant sur l'azur du ciel, apparaît blottie dans le feuillage, les villas et les fleurs. La mer s'étend calme et recueillie, baignant doucement les îles nombreuses qui, de loin, ressemblent à des blocs de granit jetés çà et là par une force inconnue. La pointe de Sorrente, avec ses orangers, apparaît comme l'asile du bonheur, tandis que tout près de nous, si près qu'il nous semble le toucher, le monstre gronde, fume, tressaille. Quel contraste entre la paix de la nature qui nous environne et le bruit persistant du géant qui veille toujours !...

Nous voici de nouveau en route, mais quel changement autour de nous, la terre couverte de lave et de cendres refroidies ne présente plus aucune trace de végétation ; l'aspect désolé de cette nature stérile, les détonations qui retentissent à chaque instant, l'absence de tout être animé, impressionnent et attristent. Les lazzis de nos jeunes italiens ne nous intéressent plus, nous nous recueillons comme à l'approche d'un événement grave, on sent une puissance mystérieuse vous envahir et on se demande où l'on va.

Après de nombreux zig-zags parmi ces scories, nous faisons halte et descendons encore une fois à terre ; les guides et leurs bêtes de somme ne pénètrent pas au delà, ils doivent nous attendre à cet endroit. Sous un abri de planches légères se tiennent de nombreux gardiens ; comme dans un musée il faut une autorisation pour accéder au cratère, permis que le gouvernement n'octroie que moyennant une assez forte redevance.

Le soleil descend, la nuit ne va pas tarder à nous envelopper et sur ce sol brûlant et mobile, il nous faut, pour atteindre le faîte de la montagne, affronter la friabilité et la chaleur de la cendre ; le pied enfonce jusqu'à la cheville et, pour un pas fait en avant, il faut en faire deux en arrière. Enfin, après beaucoup de temps et d'efforts, avec l'aide de nos cavaliers, nous parvenons au sommet. Rien ne peut exprimer l'impression de beauté et de terreur qui nous envahit !... De tous les spectacles de la nature, celui-là est certainement le plus grandiose et le plus émouvant !

Qu'on se figure un orifice gigantesque, d'une circonférence de deux cents mètres environ, laissant voir, à une profondeur d'une cinquantaine de mètres, un liquide aussi incandescent que l'acier en fusion. Par intermittence de deux minutes à peu près, un bouillonnement se produit et comme une gerbe d'étincelles, jaillit une pluie de feu, de pierres, de fumée exhalant une odeur sulfureuse. Le volcan se trouvait alors dans une phase tranquille, ses projections retombaient à l'intérieur du cratère ; mais, en temps d'éruption, les mouvements se produisant avec violence, les pierres sont lancées à des hauteurs et à des distances prodigieuses et l'imminence du danger est telle qu'elle éloigne de ces lieux les touristes les plus téméraires.

Le feu central existe certainement, l'incandescence de ces matières le démontre ; en y réfléchissant je m'aperçus que les volcans se trouvaient presque toujours situés dans le voisinage de la mer, j'en conclus qu'une corrélation devait exister entre l'océan et l'échappatoire du monstre. Quand, pour une cause encore inconnue, l'eau communique avec la matière en ébullition, elle produit par son contact une explosion, dont les effets se manifestent jusqu'à l'extérieur. Les éruptions occasionnent toujours un raz de marée, et c'est cette constatation qui m'a suggéré mon hypothèse, peut-être très contestable scientifiquement.

Quoi qu'il en soit, le Vésuve communique avec les îles de la baie de Naples et les tressaillements de l'un se répercutent chez les autres ; le tremblement de terre qui, il y a une vingtaine d'années, anéantit presque l'île d'Ischia, fut assurément le résultat d'un mouvement du volcan.

Le guide nous ayant recommandé de nous tenir les uns les autres par le bras, nous nous serrions autour du gouffre comme une grappe humaine surplombant l'abîme et qu'un seul faux pas pouvait engloutir à jamais. Aucune barrière n'existe, elle ne résisterait pas au choc des pierres et à l'écoulement de la lave ; fleuve lumineux, qui, de sa source, descend lentement, sans souci des obstacles qu'il renverse et des cités qu'il consume. Chaque éruption change l'aspect du volcan ; de nos jours celle de 1872 fut la plus importante, les matières en fusion y furent projetées à une hauteur de 1300 mètres et à côté du cratère central, une seconde bouche se forma, qui existe depuis et qu'on nomme : Cratere nuovo. Depuis que ces lignes sont écrites, une nouvelle et forte éruption vint, au printemps 1906, effrayer les habitants de ces lieux si dangereux. Les paysans des petits villages dont je parle furent obligés d'abandonner leur maison et leurs biens, jusqu'à ce que, la colère du monstre ayant cessé, il leur fut permis de réintégrer leur domicile.

Quand il nous fallut quitter ces hauteurs, il était nuit complète et la vue du golfe et de la ville, avec leurs mille lumières, était pittoresque. Après avoir retrouvé nos guides, nous descendîmes, armés de revolvers et éclairés de falots. Seul l'un de nos amis préféra faire le trajet à pied ; bien lui en prit, car son cheval, selon l'habitude invétérée chez ses semblables, marcha si près du bord, qu'il roula sur lui-même et que, de chute en chute, il arriva directement en bas, sans s'être fait aucun mal.

A mi-côte le chef des guides qui nous accompagnait nous dit que ces parages étaient dangereux et que parfois les voyageurs y étaient attaqués. Nous nous rapprochâmes les uns des autres et nous nous tînmes sur la défensive. Quel spectacle inoubliable que celui de cette descente, quelle émotion délicieuse me fit-elle éprouver ! L'air était pur, j'entendais la mer au loin, je voyais scintiller les étoiles, les plus âgés de nos jeunes gens fredonnaient de joyeux airs dans la demi-opacité de la nuit ; les falots vacillants qui nous escortaient me faisaient songer à d'aériennes lucioles et la pensée même du danger donnait une saveur de plus à cette promenade nocturne ! Aussi éprouvai-je presque un regret quand nous arrivâmes à destination, c'est-à-dire à Bosco-Trecase.

CHAPITRE XXXVI

DÉPART DE NAPLES

RETOUR EN TOSCANE

Il était dix heures. Notre équipage et notre cocher napolitain nous attendaient ; cependant nous différâmes notre retour vers Naples, n'ayant rien mangé depuis midi, nous étions en proie à un appétit formidable qu'il fallait immédiatement apaiser. Mais, à cette heure tardive, allions-nous trouver un dîner dans ce pays déjà endormi ? Nos guides, reconnaissants du pourboire reçu, hésitaient à nous quitter ; nous leur demandâmes de nous indiquer une auberge. Ils nous conduisirent dans une maison retirée, de fort modeste apparence, où un homme presque obèse, au regard fuyant et à la bouche mauvaise nous reçut froidement. L'aspect louche de cette demeure et de son hôte fut loin de nous rassurer et à tout instant nous redoutions que l'unique pièce dans laquelle nous nous trouvions, ne fût envahie par des brigands venus pour nous rançonner et peut-être nous maltraiter.

Mais nous étions nombreux, et la faim aidant, nous n'hésitâmes pas à demeurer dans cet inquiétant logis. Nous demandâmes à l'hôtelier de nous donner ce qu'il avait. Sans répondre, il posa des assiettes de faïence à fleurs sur une table recouverte d'une toile cirée, y ajouta des verres grossiers, des couverts en fer, et des couteaux tellement ébréchés que nous ne pûmes nous en servir. Puis, il confectionna une soupe à l'oignon, une omelette qu'il nous présenta ainsi que du jambon et du fromage de gruyère. Du pain bis, épais et rassis, compléta ce frugal repas commencé dans un réel malaise. Mais aucun des brigands supposés n'étant apparu, nos soupçons s'évanouirent peu à peu et notre humeur joyeuse reprenant le dessus, nous mangeâmes avec plaisir ; puis nous remontâmes dans notre voiture. Ce petit incident nous démontra une fois de plus qu'il ne faut pas toujours se fier aux apparences ; cet homme lourd, d'aspect peu honnête, fut cependant l'auteur d'une restitution qui nous étonna d'autant mieux que la suspicion dont nous avions fait preuve envers lui avait été plus grande. Les couteaux n'ayant pu servir, l'un de nous avait, pour découper, prêté le sien, pièce de choix à manche ivoire et virole argent. Pressés par l'heure et la distance, nous partîmes précipitamment en laissant sur la table la fine lame de Langres ; le lendemain nous étant aperçus de sa disparition, nous pensâmes en chœur ne plus la revoir. Nous fîmes part de cet oubli à notre hôtelier napolitain, qui s'empressa d'écrire à son collègue de Bosco pour lui donner le signalement de l'objet perdu et le prier de le lui faire parvenir. Au bout de quelques jours le couteau nous fut adressé à Naples que nous venions de quitter, d'où l'expéditeur le fit suivre à Paris, accompagné d'un mot gracieux.

Mais revenons à notre excursion, ou plutôt quittons le Vésuve pour reprendre à Résina la grande route parcourue le matin ; au moment de partir le cocher nous demande si nous ne verrions pas d'inconvénient à ce qu'un paysan des villages situés sur notre parcours montât sur le siège à côté de lui, de cette façon il éviterait la fatigue du trajet à pied et rentrerait plus vite à son domicile. Nous répondons affirmativement à cette demande et laissant le villageois s'installer sur le devant de la voiture, nous partons au trot de nos deux chevaux parfaitement reposés. Arrivé au but de son voyage, nous le voyons descendre et s'expliquer aigrement avec le cocher qui paraissait furieux ; ne comprenant rien à cette scène, nous en demandons l'explication et voici ce que nous parvenons à saisir au milieu des phrases diffuses et embarrassées de l'automédon qui ne connaissait le français que très imparfaitement. En descendant, l'indigène demanda un pourboire pour avoir, disait-il, indiqué la route à suivre ; le cocher, au contraire, prétendait connaître son chemin et n'avoir cédé une place à ce compagnon improvisé, que pour lui rendre service. Notre conducteur avait certainement raison, puisqu'il ne faisait que répéter ce qu'il nous avait dit au départ ; aussi fûmes-nous outrés de la mauvaise foi de ce rustre, qui finit par se perdre dans la nuit, en nous couvrant d'injures que, fort heureusement sans doute, nous ne comprîmes point !

A Résina nous admirâmes la silhouette du château dans la nuit claire et transparente, nous atteignîmes Portici où nous retrouvâmes notre itinéraire du matin. La fatigue et le sommeil m'envahirent si fort à ce moment qu'il me fut, malgré mes efforts, impossible d'ouvrir les yeux. Je ne sentais, ne voyais, n'entendais plus rien ; j'aurais dormi n'importe où et n'importe comment, debout, dans la rue, sur le trottoir ; je n'étais plus un être, mais une chose inconsciente ; les bruits extérieurs m'arrivaient confusément, j'avais perdu toute faculté de penser. Quand la voiture s'arrêta devant notre hôtel, il m'était impossible de me mouvoir ; mes jambes ne me supportaient plus, heureusement nous prîmes l'ascenseur et une minute après, je m'endormais d'un sommeil de plomb qui dura jusqu'au déjeuner du lendemain.

Cette ascension ayant clos notre séjour à Naples, le lendemain nous reprîmes le train pour Rome ; ce départ m'attrista, c'était le début du retour, nous revenions sur nos pas, et notre itinéraire commençait à se replier sur lui-même. Comme toutes choses disparues ou sur le point de l'être, une note de mélancolie m'étreignit et c'est avec un sentiment de regret que je contemplai Naples une dernière fois.

Nous suivîmes donc inversement le même trajet, retraversant les plaines campaniennes, admirant la haute stature du mont Cassin. Nous arrivions à Rome le soir, mais pour la traverser seulement et reprendre de suite le chemin de Pise, via Orte, Chiusi, Sienne et Empoli.

Nous passons à Montepulciano, qui, de son point culminant, se détache fièrement sur de riantes collines et des montagnes boisées. Renommée pour ses vins, cette cité l'est également par les constructions de l'art gothique et de la Renaissance qu'elle renferme.

Après avoir parcouru la belle vallée de la Chiana, nous traversons la chaîne des Apennins, au milieu de laquelle, dans la partie la plus sauvage et la plus abrupte, s'élève le monastère de Monte-Oliveto.

Fondée au XIVe siècle par le bienheureux Bernard Tolomei, cette abbaye prit bientôt un tel essor que la Cour d'Avignon elle-même s'en émut. Soumise à la règle de Saint-Benoît, cette congrégation s'implanta dans toutes les villes importantes de l'Italie et de la Hongrie. Un décret de Napoléon ayant supprimé les communautés religieuses de la Toscane, les moines se dispersèrent et le monastère, déclaré monument national, fut confié aux soins de la commission des Beaux-Arts de Sienne. L'intérieur de ce couvent décoré par Luca Signorelli, Pierre de Cortone, et le Sodoma, est un véritable musée, que de nombreux touristes vont visiter pendant la belle saison.

La petite ville d'Ascanio, située dans un bas-fond, entre des collines fort accidentées, renferme une variété d'œuvres d'art qu'on est étonné de rencontrer dans ces parages isolés. Il faut se dire que l'on se trouve en Toscane où la prospérité matérielle de date récente ayant coïncidé avec l'essor artistique, les édifices, au lieu d'être décorés par des artistes de la décadence, le furent par des maîtres contemporains, en plein épanouissement.

J'étais heureuse de me retrouver dans cette belle Toscane, que la nature et l'art combinés savent rendre si charmante et si raffinée! Nous quittons le bassin de la Chiana pour celui de l'Ombrone (affluent de l'Arno), et arrivons à la ville qui, un instant, partagea avec Florence le sceptre de la richesse et de la souveraineté, j'ai nommé Sienne.

CHAPITRE XXXVII

SIENNE

Assise sur un triple monticule dont elle couronne le sommet, la cité siennoise présente un aspect très pittoresque avec ses murailles crénelées, ses palais ogivaux et ses voies tortueuses. Faites de descentes rapides et d'ascensions laborieuses, ces rues étroites, avec leurs brusques solutions de continuité, présentent sur la campagne des échappées pittoresques et admirables. La nature tout comme la main de l'homme lui a imprimé une physionomie complètement différente de celle de Florence. Tandis que fièrement perchée sur ses collines, Sienne semble un nid d'aigle au sommet d'une montagne, la capitale toscane au contraire, assise au milieu de la plaine, se baigne mollement dans l'onde de son fleuve. Dans la première, chaque carrefour présente un aspect nouveau, un tableau différent : ici c'est un bas-fond encadré de constructions grandioses, là un terre-plein d'où se déroulent le dédale des ruelles, les sinuosités des mamelons ; dans la seconde les rues, d'un alignement rigoureux et d'une égalité de niveau remarquable, offrent un spectacle de beauté, d'ampleur et de régularité cher aux Médicis ! A Sienne la brique règne en maîtresse, on la voit s'adapter aux plis et replis du terrain ; à Florence au contraire la pierre de taille s'épanouit en toute liberté, et embellit, par l'harmonie de ses lignes, l'art de ses constructions.

Pour bien comprendre Sienne qui fut jadis non seulement capitale, mais véritable État, il faut s'abstraire du présent et se plonger dans le souvenir du passé. Son origine est excessivement ancienne, elle s'appelait alors Sena Julia et selon la légende, eut pour fondateur Senius, fils de Rémus, par conséquent neveu de Romulus. De là, la louve romaine, depuis l'époque la plus reculée, figure dans les armoiries de la ville, et orne le fronton de tous ses monuments.

Au Moyen Age, époque de sa splendeur, cette cité importante se resserra derrière ses remparts et guerroya comme toutes les villes de l'Italie. Outre l'hostilité des Guelfes et des Gibelins, elle eut à supporter des luttes intérieures fomentées par les nobles d'un côté et les marchands de l'autre, mais ses habitants se montrèrent braves et énergiques et les nombreux combats qu'elle affronta furent impuissants à briser la vitalité de sa population.

Il fut un temps où chez elle le commerce, la banque, l'industrie florissaient et en faisaient la rivale de Florence ; Sienne eut le tort de se concentrer sur elle-même et de ne pas adopter les idées nouvelles, tandis que la ville du Dante travaillait, elle, à s'étendre et à absorber la Toscane. Sienne ne compte pas parmi ses enfants illustres des hommes célèbres, politiciens, généraux, poètes, savants ou artistes, comme la plupart des autres cités ; elle s'honore surtout par les papes et les personnages sanctifiés qui naquirent dans ses murs. Saint Bernard Tolomei, fondateur de l'Ordre des Olivetains, sainte Catherine, saint Bernardin, réformateur de plusieurs ordres et de nombreux pontifes y virent le jour ; aussi a-t-elle été surnommée : la cité de la Vierge.

L'esprit des Siennois diffère absolument de celui des Florentins ; l'excès de la religiosité en est la cause primordiale. Les enfants de Sienne ne possédèrent jamais la vigueur ni l'originalité des compatriotes du Dante et de Pétrarque ; tandis que ces génies portaient le nom de leur cité jusqu'aux confins du monde, le mouvement littéraire de la vieille Sena se confinait aux oraisons et aux lettres de sainte Catherine !

Son Université n'égala jamais celles de Bologne, de Padoue ou de Pise ; quant à la sculpture elle y était interprétée par de vulgaires tailleurs de pierres. Au XIIIe siècle, lors de la construction de la cathédrale, on s'adressa aux trois maîtres florentins Donato, Lapo et Garo ; ces artistes y reçurent le droit de cité, et y renouvelèrent les merveilles du Dôme.

Mais si les Siennois sont restés inférieurs dans le domaine de la littérature et de la sculpture, en revanche ils se dédommagèrent dans celui de la peinture, art qui s'accommodait si bien avec leur morbidesse et l'esprit de leur mysticisme. Les peintres s'y distinguèrent surtout par une douceur et par une suavité inconnues jusque-là ; ils excellaient dans le coloris plus que dans la science du dessin. Sienne fut un foyer intense qui rayonna sur la Toscane, l'Ombrie, les Etats de l'Eglise jusqu'au royaume de Naples. Les Florentins eux-mêmes durent recourir à la science de leurs rivaux et leur commandèrent des œuvres nombreuses.

La Renaissance ne pouvait que troubler l'antique cité, attachée aux traditions du moyen âge ; aussi cette époque marque-t-elle un temps d'arrêt dans l'essor intellectuel de cette ville. Tandis que ses voisins s'élançaient voiles déployées vers les horizons nouveaux, elle-même demeura indécise entre les souvenirs du passé et les promesses de l'avenir.

C'est alors qu'un grand sculpteur : Quercia, contemporain de Ghiberti et de Donatello, eut assez de génie pour imposer son style qui tint le milieu entre le gothique et la Renaissance ; mais ses successeurs ne l'imitèrent pas, ne pouvant parvenir à son niveau, ils conçurent un style hybride où l'on sent dominer l'élément gothique, mais sans noblesse, ni puissance. Les formes recroquevillées manquent de charme, de distinction et de vie ; ce sont des images de dévotion, mais non des œuvres d'art.

Plus tard, au XVIe siècle, l'antique cité de la Vierge se rallie franchement aux principes de la Renaissance et arrive ainsi à l'apogée de sa gloire ; peintres, sculpteurs, philosophes, littérateurs, savants, surgissent de toutes parts et portent sa renommée dans tout l'univers. Enfin, après des luttes nombreuses et acharnées, les Médicis finissent par s'emparer de Sienne, et par l'assujettir ; dès lors son indépendance est perdue, elle partage le sort du reste de la Toscane.

La principale artère, la via Cavour, offre une quantité de circuits, parmi d'innombrables montées et descentes ; cette rue pittoresque est surtout intéressante par le contraste de ses magasins modernes, avec son décor médiéval.

Nous retrouvons dans cette antique cité la trilogie architecturale dont la réunion formait à cette époque l'ensemble du monument sacré : Baptistère, Campanile et Dôme.

Une ruelle escarpée conduit au Baptistère placé en contre-bas de la basilique et dominé par elle. Il est décoré de losanges blancs, découpés et encastrés dans des marbres de couleur qui rappellent les incrustations florentines. Cet édifice manque de caractère ; l'œil de bœuf pratiqué au milieu de la façade principale éclaire insuffisamment l'intérieur, destiné encore aujourd'hui à la réception de l'onction sainte. Les autels nouveaux qui y ont été ajoutés lui enlèvent le cachet de sa beauté primitive.

Le Campanile, d'une élégance de structure admirable, est formé d'une coupole octogonale avec galeries extérieures et lanterne couronnant le faîte. Il s'élance gracieusement dans les airs et l'harmonie de ses proportions fait ressortir davantage encore celle de ses lignes.

La Cathédrale, construite et modifiée à plusieurs reprises, fut enfin achevée à la fin du xive siècle ; cette différence d'époque et de direction lui fait perdre son ensemble d'unité.

Quelque riche que soit sa façade gothique, elle est loin de correspondre à la magnificence intérieure du monument qui ne contient que des œuvres de maîtres. Les autels, retables, tombeaux, chaire, bénitiers, statues sont des merveilles de la statuaire du xv siècle ; tandis que les vitraux, fresques, tableaux représentent l'art pictural de cette époque dans tout son épanouissement.

Michel-Ange passa à l'ombre de ces vieilles murailles un certain temps pour y achever plusieurs de ses figures ; ce séjour fut d'une certaine influence sur son talent et, dans les fresques de la Chapelle Sixtine, on retrouve différents emprunts à celles de Sienne, preuve incontestable de l'admiration du grand artiste pour ses confrères voisins. Le dallage de la basilique est un travail de mosaïque unique en son genre ; il contient de nombreuses figures représentant des scènes de la Bible. La caractéristique des mosaïstes de ce temps est la simplicité avec laquelle ils procédaient ; n'ayant pas encore cherché à imiter la peinture comme ceux de Rome ou de Venise, ils se servaient de trois ou quatre tons seulement, avec lesquels ils arrivaient à de prodigieux effets décoratifs.

Les stalles du chœur offrent un précieux spécimen de l'art de l'incrustation si répandu en Italie ; ces petits morceaux de bois, soit clairs, soit foncés, soit polychromes, fondent si harmonieusement leurs lignes et leurs tons, qu'ils forment de véritables tableaux. Parfaitement conservés, ces panneaux indiquent à quel degré de perfection cet art était parvenu à l'époque de la Renaissance.

La Libreria ou Bibliothèque, ancienne Sacristie, fut décorée par Pinturicchio, d'après les dessins de Raphaël, de fresques restées aussi fraîches et intactes que si elles dataient d'hier. De nombreux festons et hippocampes encadrent l'histoire d'Œucas Sylvius Piccolomini (Pic II), des adolescents joyeux, des princesses couvertes de riches atours, des vieillards majestueux, nous représentent les costumes, usages et mœurs d'antan.

Le groupe antique des trois Grâces que Pic IX avait fait enlever par pudibonderie fut réintégré à sa place dans ce sanctuaire et personne n'en semble offusqué.

Une longue discussion s'éleva jadis sur les droits à la priorité de la Renaissance en peinture, entre les artistes de Florence et ceux de Sienne. Mais Duccio, le plus important des primitifs nés dans cette dernière ville, s'étant révélé avant Giotto et après Cimabué, la question se trouva résolue en faveur de Florence ; Duccio n'en alla pas moins dans la capitale toscane, où il peignit une madone et plusieurs autres figures pour Sainte-Marie-Nouvelle.

La place de la cathédrale se trouve complétée par le Palais provincial élevé au xvie siècle sur les plans de Buontalenti. En descendant la pente rapide qui y accède, nous arrivons à la Fonte Branda, jolie fontaine gothique à trois arches, surmontée de superbes lions, et chantée par Dante. Dans une ville aussi escarpée, la question de l'approvisionnement d'eau joue toujours un rôle prépondérant ; aussi s'explique-t-on les nombreux puits qu'on y a creusés.

A l'Académie des Beaux-Arts, on peut suivre jusqu'à son complet développement les étapes de l'école siennoise du XIII° au XVI° siècle, ses adeptes préfèrent généralement la peinture à la fresque qui se contente d'un degré de fini inférieur ; moins experts dans l'agencement des grandes compositions, ils atteignent à une intensité et à une élévation de sentiment hors de pair, dans les scènes calmes et imposantes.

Je ne veux pas quitter la ville de Sienne sans parler d'une sainte très connue qui sut allier au mysticisme le plus profond, la finesse la plus consommée. Sa diplomatie fut telle, qu'après avoir réconcilié les Florentins avec le pape Grégoire XI, elle parvint à ramener ce dernier d'Avignon à Rome ! Sainte Catherine, fille du teinturier Benincasa, élevée dans un milieu de piété fervente, se consacra de bonne heure à la vie religieuse. D'une intelligence supérieure, elle correspondit avec de hauts personnages et ses lettres d'une grande pureté de style la placèrent au rang des classiques italiens. Très exaltée, ne trouvant d'époux digne d'elle que le Christ lui-même, elle se fiança à lui et, dit la légende, le Seigneur, en gage de sa foi, lui remit au doigt l'anneau des épousailles. De son vivant elle acquit une grande notoriété, on prétendit même qu'elle opérait des miracles ; à sa mort, plusieurs cités se partagèrent ses reliques et elle fut canonisée.

Sa maison natale fut convertie en un sanctuaire que l'on visite encore aujourd'hui ; les moindres pièces de l'humble demeure, depuis la cuisine jusqu'à l'atelier, devinrent des oratoires. Le rez-de-chaussée, transformé en église décorée par le Sodoma, est relié au premier par un escalier, apporté par les Anges, dit la légende. A cet étage, un cloître de briques entouré d'arcades que supportent d'élégantes colonnettes, proclame la renommée du grand architecte Peruzzi. Tout y est d'un arrangement et d'un goût parfaits ; l'oratoire est encore plus riche que celui du rez-de-chaussée et le jardin lui-même a été transformé en chapelle somptueuse. La chambre de la sainte, remplie d'objets lui ayant appartenu, est surtout vénérée des fidèles. Le contraste de ce luxe avec le délabrement des maisons voisines et la pauvreté de ce quartier populeux nommé le Transtévère, est d'un aspect saisissant.

De nombreux palais au style ogival donnent à la ville un aspect archaïque. Celui des Zolomei se compose d'un rez-de-chaussée élevé, percé seulement de trois portes et deux baies, surmonté d'un premier étage à cinq fenêtres trilobées. Un nouvel intervalle aussi élevé sépare cet étage du second, qui comprend les mêmes ouvertures. Des machicoulis et des créneaux couronnent ce palais, qui peut servir de prototype à la série nombreuse de tous les autres. C'est la construction médiévale, fière et sévère.

La « Loggia dei Nobili », XVe siècle, se compose

de trois arcades de façade, sur une seule de profondeur. Des niches semi-gothiques contiennent des statues de guerriers et de femmes, tandis que les arceaux gracieux sont enrichis de sculptures allégoriques. D'aspect tourmenté et prétentieux, ce curieux spécimen de l'époque joint à son style la recherche des modèles antiques.

La « Piazza del Campo », place ovale, creusée en forme d'entonnoir, est toute entourée d'édifices fortifiés, que la patine des siècles rend plus noirs et plus rébarbatifs encore.

La douceur du climat, la transparence de l'air, la beauté de la nature semblent vouloir atténuer la sévérité de ces merveilles et des rochers qui leur servent d'assises. Aussi, après avoir revécu l'histoire de la cité qui a conservé la physionomie de ces temps disparus, retrouve-t-on avec plaisir la vie moderne et reprend-on le train avec bonheur. Nous passons à Empoli, bourgade située dans une contrée fertile arrosée par l'Arno et qui sert de point de jonction à la ligne de Florence, nous arrivons à Pise.

CHAPITRE XXXVIII

PISE

Ancienne rivale de Gênes, cette cité, matériellement déchue, conserve, dans le domaine intellectuel, des titres impérissables de gloire. Son origine se perd dans la nuit des temps ; sa fondation est de beaucoup antérieure à celle de Rome et, de très bonne heure, elle compta parmi les plus importantes colonies de l'Empire. Des ruines nombreuses témoignent de son importance et pendant que les Italiens s'agitaient dans de profondes ténèbres et se consumaient en luttes intestines, les Pisans à esprit large et éclairé, se préparaient aux expéditions lointaines qui devaient augmenter le prestige de leurs armes, de leurs richesses et de leur civilisation. Après avoir fondé des comptoirs en Grèce, en Egypte, jusqu'en Asie-Mineure, ils s'efforcèrent de sauver les derniers vestiges de l'art antique, préoccupation qui explique la riche collection de sculptures grecques et romaines, réunie dans le Campo Santo.

La construction des chefs-d'œuvre qui existent encore marque la période florissante pendant laquelle Pise éclipsa Gênes et Venise. Son commerce heureux ayant développé une grande prospérité parmi ses habitants, ils en profitèrent pour édifier les monuments les plus riches et les plus parfaits de cette époque. Si Florence fut le berceau de la Renaissance, Sienne atteignit le point culminant du style gothique et Pise celui du style roman. Tout concourut à l'éclosion de semblables merveilles ; les carrières de Massa et de Carrare fournirent des pierres magnifiques, dont un harmonieux mélange de marbres noirs et d'incrustations polychromes, relevèrent la blanche monotonie. L'élégance des formes ne le céda en rien à la richesse de la matière et les pans de mur, les piliers massifs devinrent prétextes à combinaisons ingénieuses et pittoresques, qui n'eurent plus rien d'épais ni de lourd.

La dernière période de l'histoire pisane est marquée par sa lutte avec sa dangereuse voisine, après des alternatives de succès et de revers, la vieille cité tomba sous le joug de Florence ; c'en était fait, la République était tributaire des Médicis. Lors de l'expédition de Charles VIII, les Pisans, en un dernier effort, cherchèrent à recouvrer leur indépendance, ils accueillirent avec bonheur le monarque français, ce fut inutile. Vaincus de nouveau, ils retombèrent sous la domination de leurs puissants rivaux. Dès lors, Pise s'ensevelit dans une torpeur profonde et continua à mener une existence morne et effacée.

Les maisons lourdes, badigeonnées de jaune et

garnies de volets verts, présentent un aspect trop paisible ; des murs peu élevés, sans glacis ni fossés, remplacent les anciens remparts et seules quelques arcades, quelques colonnes, rappellent de loin la République fière et puissante du Moyen Age. Ce manque d'animation, cet assoupissement, ce silence caractérisent la ville qui attache une partie de sa gloire à son Campo Santo ! Elle est bien dénommée : la Cité des Morts.

Pise est formée d'un quadrilatère coupé en deux parties inégales par l'Arno ; elle présente cet ensemble de confort, d'unité et de régularité, que l'administration des Médicis sut imprimer aux centres importants de la Toscane. Son fleuve large, majestueux et rapide se brise contre les piliers de marbre des ponts et baigne les quais luxueux dont la pente vient insensiblement s'offrir à cette caresse.

La Cathédrale, le Baptistère, la Tour penchée et le Campo Santo occupent une vaste place, où, largement distribués, ils produisent un effet imposant. La situation de ces monuments à l'extrémité de la ville est exceptionnelle ; généralement la basilique est située au centre de la cité et forme un noyau autour duquel se groupent les rues et les maisons. La place du Dôme forme un immense rectangle garni de pelouses ; à droite s'élève le Campanile, au centre la Cathédrale, à gauche le Baptistère et en retrait le Campo-Santo ; à l'arrière plan les crénelures des remparts achèvent l'ensemble grandiose de ce tableau, entouré d'une atmosphère de repos, de douceur et de paix. Rien ne trouble l'attention qui se concentre tout entière sur la quadruple merveille. Les blocs de marbre blanc recouverts de la patine dorée du temps et du soleil, se détachent avec relief sur le fond azuré des montagnes et du firmament.

Le Dôme fut fondé à la suite d'un des plus glorieux exploits de la République ; au xi° siècle, les Pisans étant parvenus à forcer le port de Palerme, contre les Sarrasins, s'emparèrent des navires qui s'y trouvaient. Les cinq premiers furent livrés aux flammes ; le dernier ayant été vendu, le produit de cette vente servit à édifier le gigantesque sanctuaire. L'architecte Busketus, que plusieurs auteurs font naître en Grèce, accomplit ce tour de force technique qui lui valut l'honneur d'être appelé le « Dédale » de son temps. Malgré toute la célérité dont il fit preuve, il ne posséda pas l'ultime joie de poser la dernière pierre à son œuvre, c'était à son élève Rainaldus, qu'était réservée cette satisfaction.

L'emploi des matériaux de provenance antique a surtout prévalu dans l'abside ; on n'a même pas pris la peine d'assortir les chapiteaux disparates ou de dimensions inégales..., il en est beaucoup qui ont conservé leurs personnages païens. Les deux colonnes surmontées de lions couchés qui flanquent la porte principale, les statues de Jean de Pise ornant le fronton, et le sarcophage cannelé où repose Busketus, sont les seules parties qui se dégagent en relief de la monotonie des incrustations polychromes. L'ornementation de la façade principale consiste dans les trois portes de bronze dues à Jean Bologne, de Douai.

En pénétrant dans ce sanctuaire, on serait ébloui par la richesse des matériaux, si la lumière, heureusement tamisée, n'adoucissait la trop violente coloration des marbres et des ors. Les fresques qui ornent la coupole du Dôme sont de véritables chefs-d'œuvre, elles proviennent de Sodoma et d'Andrea del Sarto ; elles peuvent rivaliser avec celles de Sienne et de Monte Oliveto.

Le lustre en bronze, d'une élégance rare, est l'œuvre du florentin Dominico Lorenzi (xvie siècle). Ce lampadaire, suspendu à la voûte, est surtout célèbre pour avoir inspiré à Galilée ses recherches sur les oscillations du pendule et les principes du mouvement, car nous sommes dans la ville du grand savant ; en sortant de la cathédrale nous admirons la fameuse Tour penchée au sommet de laquelle il essaya ses expériences sur la chute des corps. C'est également de cet observatoire que, la soupçonnant déjà, il s'assura de la sphéricité de la terre ; vérité dangereuse à dévoiler à cette époque, il la proclama cependant, tout en sachant que le temps n'était pas encore venu pour une semblable liberté de langage.

La Tour penchée forme un immense cylindre de marbre blanc à huit étages ; se contournant comme les anneaux d'une spirale, ils sont supportés par plus de deux cents colonnes. Trois cents marches accèdent à son sommet qui abrite les cloches de la cathédrale. Elle fut construite par deux architectes, Bonanus, italien, et Guillaume d'Insprück, allemand ; elle doit sa célébrité à son inclinaison de quatre mètres environ sur une hauteur de 55. Cette inclinaison a été le sujet de nombreuses discussions ; était-elle due à l'affaissement du sol, ou dépendait-elle de l'intention primitive de l'architecte ? Après avoir beaucoup disserté, on admit que la base de la colonne s'étant inégalement tassée pendant les travaux de construction, on continua de bâtir sur ce plan incliné qui se solidifia et présenta les mêmes assises que s'il avait gardé son niveau primitif.

A quelques pas du Dôme et du Campanile, se dresse le Baptistère, rotonde de belle forme soutenue par une rangée circulaire d'arcades et de colonnes. Deux d'entre celles-ci, plus richement sculptées, flanquent la porte principale qui fait face au dôme ; trois autres baies donnent accès à l'intérieur et correspondent aux points cardinaux. Le Baptistère se divise en deux parties : celle du portique et celle de l'édifice lui-même placé sous la coupole, que supportent deux étages de piliers. D'épaisses colonnes rehaussées de chapiteaux s'élèvent et soutiennent des arcs gracieux en plein cintre, sur lesquels repose une seconde galerie de mêmes colonnes et de mêmes arcs. Trois gradins, contournant le portique, forment un amphithéâtre d'où les spectateurs peuvent assister aux cérémonies.

Tout comme pour le Dôme, le trait saillant de la décoration réside dans l'ordonnance de l'architecture, dans l'alternance et la variété des marbres. Cette chapelle froide et nue contient l'œuvre maîtresse d'un grand artiste, qui marque dans l'histoire de la sculpture ; je veux parler de la chaire de marbre, fouillée et travaillée par Nicolas de Pise. C'est un hexagone soutenu par neuf colonnes de porphyre ou de granit, dont plusieurs sont supportées par des lions. De nombreuses figures allégoriques, et six bas-reliefs en pleine bosse accentuent l'ampleur, la souplesse, la beauté de cette merveille.

CHAPITRE XXXIX

PISE (suite).

Le Campo Santo ne ressemble en rien à ceux de Gênes, de Milan ou de Bologne. C'est un cloître de dimensions restreintes fondé au XIIe siècle par l'archevêque Ubaldo de Lanfranchi. Ce prélat, placé à la tête des troupes pisanes pendant la troisième croisade, désira rapporter dans sa patrie une certaine quantité de terre prise au Calvaire du Golgotha ; de retour, il acheta un emplacement près du Dôme, le recouvrit de la poussière sainte, et le transforma en cimetière. Le cloître ne fut édifié qu'un siècle plus tard, et quelle élégance, quelle légèreté ont conservées ces arcades, ces ogives, ces colonnettes gracieuses !

Extérieurement aucune architecture n'apparaît, un mur uniforme, sans ouverture, semble une barrière épaisse élevée entre les bruits de la vie et le silence de la mort. Seule une porte centrale sert d'entrée, elle est surmontée d'un baldaquin gothique orné de plusieurs statues. En voyant ces murailles nues, j'osais à peine les franchir, me demandant quel lieu sinistre elles devaient abriter !... Mais à peine avais-je dépassé l'unique baie, qu'un cri d'admiration m'échappa, j'étais éblouie par l'impression de beauté, d'art et de poésie qui se dégageait de cet endroit.

De larges corridors, composant un vaste quadrilatère, m'entouraient de tous côtés ; une série d'arcades à jour, du style gothique le plus pur, y versent des torrents de lumière que tamisent les arcs, les cintres, les meneaux, les croisillons qui les surmontent. Merveilleuses combinaisons architectoniques qui, avec les fresques, sculptures, œuvres d'art forment la clef de voûte de l'école pisane. Et comme pour ajouter un charme de plus à ce coin délicieux, les gazons et les mousses, les arbustes et les rosiers, en s'épanouissant au milieu de la pelouse, y glorifient la pensée de la nature, faite de force et de mystère.

Ce n'est pas un Campo Santo, mais bien le Panthéon des gloires de l'Italie, où l'archéologie, l'art et l'histoire se réunissent pour transformer ce champ de repos en véritable musée. A l'époque où les Pisans faisaient des conquêtes, ils enrichirent leur République des trésors de l'Orient ; aussi partout, ce ne sont que sculptures antiques, mélange pittoresque de bustes, statues, groupes de marbre, chefs-d'œuvre des Grecs et des Romains. Sur les parois des murs s'étalent orgueilleusement des fresques du Moyen Age, tandis qu'à côté d'autres peintures, du commencement de la Renaissance, dévoilent cette époque avec son inexpérience et sa naïveté. A terre d'innombrables dalles funéraires remémorent les plus illustres noms ; c'est l'histoire qui se déroule devant nous. Et quelle réunion d'œuvres maîtresses, depuis la collection des tombeaux antiques jusqu'au vase de marbre de Bacchus ; depuis les sculptures de Giovanni Pisano jusqu'aux fresques d'Orcagna et de Gozzoli.

Je ne puis citer les richesses contenues dans ces galeries ; il me faut faire une sélection, chose difficile étant donné leur mérite égal. L'un des sarcophages, le plus précieux de tous, est assurément celui de Phèdre et Hippolyte ; rapporté de Grèce, après avoir renfermé les cendres de quelque philosophe ou de quelque courtisane, il reçut au xie siècle les restes d'une des plus puissantes princesses du moyen âge, la comtesse Beatrix, mère de la fameuse comtesse Mathilde. Nicolas de Pise s'inspira de ces bas-reliefs pour exécuter la chaire dont j'ai parlé plus haut, l'artiste transforma les personnages profanes en personnages sacrés ; les traits de Phèdre devinrent ceux de la Vierge Marie, de même que, d'après le vase antique, la figure de Bacchus devint celle du grand-prêtre.

Les chaînes de fer de l'ancien port de Pise, enlevées par les Génois, furent offertes par ceux-ci aux Florentins, qui pendant de longues années en ornèrent leur Baptistère ; au siècle dernier, ces trophées furent restitués aux Pisans, qui rappelèrent en une inscription éloquente leurs luttes séculaires et leur réconciliation.

La décoration du Campo Santo fut confiée d'abord

à Orcagna, qui, dans le Triomphe de la Mort et dans le Jugement dernier, s'affirme en maître, quelques auteurs les attribuent cependant aux frères Ambroise et Lorenzetti de Sienne. Ces murs, d'un côté aux parois très unies, et de l'autre coupés de vastes baies, étaient faits pour tenter les peintres. L'Enfer attribué à Nardo, frère d'Orcagna, l'histoire de Saint Renier, de Job, l'Ascension, la Résurrection, la Crucifixion nous font arriver aux fresques admirables de Gozzoli.

Les scènes de l'Ancien Testament depuis l'histoire de Noé et d'Abraham jusqu'à celles de Jacob, Joseph, Moïse, David et Salomon affirment l'ampleur, la tendresse, la douceur du maître. La construction de la Tour de Babel surtout est intéressante par la reconstitution de la vie, des mœurs et des coutumes des contemporains de Gozzoli. Sous le prétexte de nous retracer l'histoire du peuple d'Israël, c'est celle de son temps qu'il nous raconte et c'est ainsi que nous retrouvons les sentiments, les usages, la vie des Italiens du XVe siècle ; le paysage des environs de Florence et l'aspect des cités y sont reproduits avec une vérité et une précision extraordinaires. Voici les monuments, dômes, clochers, beffrois de cette époque dans toute leur intégralité ; quelques-uns d'entre eux subsistent encore, on les reconnaît avec plaisir. L'artiste même y esquissa les portraits de ses contemporains les plus illustres, c'est ainsi que nous revoyons Cosme de Médicis, son fils Pierre, ses petits-fils Laurent et Julien.

Mais il nous faut quitter l'attrait de cette histoire vécue, pour parcourir la ville et tâcher d'y découvrir les vestiges moins artistiques, mais intéressants quand même, de sa splendeur disparue.

Sur la Piazza dei Cavalieri s'élevait jadis la célèbre « Torre della Fame », Tour de la Faim, où l'archevêque Roger Degli Ubaldini emmura et laissa mourir de faim le Comte Ugolin de Gherardesia, seigneur qui subit cet effroyable mort en compagnie de ses fils et neveux, ainsi que le raconte le Dante dans l'un des chants de son Enfer. Plus tard, au XVIe siècle, ce cachot, témoin de la barbarie du moyen âge, disparut pour faire place à la Carovana, palais élevé par Cosme Ier pour l'installation des chevaliers de Saint-Etienne, ordre dont il était le fondateur. Cet hôtel conserve encore un certain caractère avec ses écussons, ses sculptures et son toit proéminent. La statue du Grand-Duc de Toscane se dresse orgueilleusement au seuil même de cette demeure.

Sur le Lungarno, en face du pont Alla Fortezza, une ruelle escarpée conduit à la maison natale de Galilée ; une plaque commémorative et toute récente indique seule la notoriété de l'enfant illustre, dont cette habitation retirée et modeste abrita les premiers ans.

Parmi les églises nombreuses de Pise, deux seulement méritent d'être mentionnées. L'une San Paolo à Ripa d'Arno, du IXe siècle, servit de cathédrale pendant deux cents ans, l'intérieur, composé de trois nefs et d'un transept, comprend surtout des assises en marbre blanc et noir ; nous y remarquons des colonnes monolithes supportant des arcs en ogive. Des têtes grimaçantes, sculptées sur les chapiteaux, lui impriment un cachet d'archaïsme que malheureusement les restaurations successives dont elle fut l'objet altèrent trop vivement.

L'autre, Santa Maria delle Spina, que ses dimensions exiguës peuvent faire prendre pour une chapelle, fut élevée au XIVe siècle pour recevoir une épine de la Couronne du Christ. Son style du gothique le plus pur, l'harmonie de ses proportions, l'alternance des marbres différents, l'art avec lequel sont fouillées ses statues et édifiés ses clochetons, la transforment en véritable bijou.

Mais l'esprit encore empreint des spectacles grandioses qu'il vient de contempler, a besoin de se ressaisir ; il réclame des tableaux plus vivants, aussi est-ce avec plaisir que nous reprenons le chemin de la gare et que nous quittons cette cité silencieuse dont l'atmosphère trop tranquille finirait par nous assoupir.

CHAPITRE XL

LIVOURNE. CORNICHE. GÊNES

Je ne puis passer si près de Livourne sans dire un mot de cette ancienne bourgade, modeste autrefois, opulente aujourd'hui. Le port de Pise jadis florissant, ayant été comblé par les Génois, fut abandonné en même temps par la fortune, Livourne hérita de sa prospérité et de sa richesse. Les Médicis fortifièrent cette ville peu connue alors et lui accordèrent des privilèges si nombreux que les marchands de toutes nations y affluèrent.

Située à vingt kilomètres de Pise, cette cité est aujourd'hui, après Gênes, la place maritime commerciale la plus importante de l'Italie, ses relations s'étendent à toute la Méditerranée jusqu'au Levant et à la Mer Noire. Ville récente et sans souvenirs, commerçante et positive, elle ne possède aucun monument remarquable, ni aucune œuvre renommée. Parmi ses églises, le Dôme et la Madonna n'ont de beauté que par l'éclat de leurs marbres en revanche sa synagogue est l'une des plus riches de l'Europe.

Les collines environnantes sont couvertes d'oliviers et de verdure, l'une d'entre elles, le Montenero, est un lieu de pèlerinage en honneur chez les Livournais. Du couvent dédié à Notre-Dame, la vue s'étend au loin sur la Méditerranée ; on y aperçoit les récifs de Carapaja et de la Gorgone, par un temps pur, on peut distinguer l'île d'Elbe et même la Corse. La petite station d'Ardenza, aux portes mêmes de Livourne, pittoresquement assise au bord de la mer, est formée de villas élégantes que les riches commerçants habitent pendant la belle saison.

Nous prenons le chemin de Gênes, c'est-à-dire la Corniche, route merveilleuse dominée d'un côté par de verdoyantes montagnes, de l'autre, bordée par la mer que nous devons côtoyer jusqu'à Marseille ! Quel parcours délicieux ! Tantôt par de brusques échappées c'est un coin d'onde bleue qui apparait et disparait subitement ; tantôt nous dominons la falaise, nous appuyons sur un cap, nous entrons dans une baie, paysage d'opéra comique encadré de collines fertiles, au milieu desquelles se détachent des villages pimpants et coquets. Quelle que soit la saison, ces parages fortunés offrent leur abri aux oisifs et aux privilégiés de ce monde, qui n'ont d'autre but que de suivre les caprices d'une humeur fantasque et vagabonde. L'hiver, le soleil s'y prodigue et les montagnes garantissent des vents du Nord, l'été la brise de la mer y atténue la chaleur, tandis que les forêts voisines exhalent des senteurs vivifiantes et parfumées.

Nous brûlons de petites stations peu connues, mais dont chacune présente un aspect pittoresque et tentateur. Elles vous invitent à descendre, à vous arrêter, et font éclore cette pensée : « Qu'on doit être bien ici ! »... Le train marche toujours; voici, au loin des collines qui semblent couvertes de neige, ce sont les célèbres carrières de Massa, ailleurs, appartenant au même sol et à la même chaîne, ce sont celles de Carrare. Un embranchement de quelques kilomètres conduit à cette ville, d'où il faut encore plusieurs heures pour arriver jusqu'à la montagne. Le marbre fait la richesse de ce pays, on en exporte dans tout l'univers.

A Sarzana, j'aperçois la silhouette lointaine d'une cathédrale gothique, petit à petit elle se fond dans l'azur du ciel, bientôt ce n'est plus qu'un point... il disparait. Nous traversons un superbe pont sur la Magra, puis des tunnels nombreux et intermittents se succèdent jusqu'à Gênes. A Arcola nous apercevons d'autres montagnes de marbre, dites Alpes Apuanes, nous voici à Spezzia. Situé au fond du golfe de ce nom, entouré de collines couronnées de forts, ce port militaire, l'un des plus grands de l'Europe, est le plus considérable de l'Italie. La superficie occupée par ses bâtiments, ses bassins et ses docks, atteste son étendue et son importance.

Nous laissons l'arsenal et la flotte et continuons notre route ; les montagnes s'écartent, la voie s'éloigne de la mer. Après de nombreux tunnels, Sestri apparaît, jolie bourgade, blottie au fond d'une baie, protégée par un promontoire. Les montagnes se reculant toujours forment un immense hémicycle. Nous passons à Chiavari, à Rapallo, petit port qui doit à son climat agréable et à son site abrité, d'être devenu une coquette station hivernale.

Nous traversons une plaine très fertile, remplie d'oliviers, de palmiers et couverte de villas, voici la pointe du cap San-Margharita, puis des tunnels; à Sori dans un site magnifique nous passons sur un viaduc d'où l'on jouit d'un coup d'œil splendide sur la vallée et sur la mer. Nervi apparaît au milieu d'oliviers, d'orangers et de citronniers, un chemin monte pittoresquement parmi cette verdure jusqu'au mont Giugo, d'où la vue s'étend à la fois sur la campagne et sur la Méditerranée; cette petite ville et ses environs sont très fréquentés surtout en hiver.

Voici Quinto avec ses nombreuses villas entourées de palmiers et d'orangers, puis Sturla avec son panorama grandiose sur le versant des Apennins recouverts de maisons de campagne et de plantations d'oliviers; les hauteurs couronnées de fortifications qui entourent Gênes apparaissent. Nous traversons la stazione Piazza Brignoli, gare excentrique de la ville, et enfin après un long tunnel, nous débarquons à Genova.

Gênes au milieu de son golfe, adossée aux montagnes de la Ligurie, s'élève doucement en un vaste amphitéâtre; son site agréable et ses palais de marbre l'ont fait surnommer : la Superbe. Ses anciens édifices rappellent l'oligarchie despotique et brillante qui ne cessa de peser sur elle. Entourée d'une double ligne de murailles, elle ne put s'étendre entre l e montagnes d'un côté et la mer de l'autre, aussi ses rues d'une étroitesse excessive sont-elles irrégulières, tristes et sombres. Ces ruelles tortueuses sont bien celles qui convenaient à la ville des guerres intestines ; les Génois ardents, aventureux, passionnés pour les expéditions lointaines, adoraient la mer, elle était pour eux une seconde patrie et ils éprouvaient grand plaisir à retrouver sur terre les mêmes tempêtes que sur l'onde. Le génie de la guerre civile s'y installa en maître, c'est alors qu'il fit tracer autour de ces forteresses, ces couloirs resserrés, qui devaient en empêcher l'attaque. Chaque palais fut couronné d'une terrasse, aujourd'hui recouverte d'une épaisse couche de terre où croissent myrtes, orangers et grenadiers ; ces plates-formes où l'on se battait jadis sont transformées en jardins suspendus qui rappellent ceux de Sémiramis.

Gênes est l'une des villes les plus industrielles et les plus commerçantes de l'Italie ; ainsi que dans les centres où domine l'esprit mercantile, les œuvres artistiques y sont rares. Première puissance maritime, elle partagea pendant quatre siècles, avec Pise et Venise, le monopole du commerce de l'Orient ; les guerres qu'elle entreprit furent caractérisées par ces mots : échange, importation, exportation.

Parmi les églises nous citerons la Cathédrale ou Saint-Laurent. Construite au XIe siècle, elle fut restaurée par Alessi à qui on attribue le chœur et la coupole ; l'extérieur est revêtu de marbre blanc et noir disposé en assises alternatives et les colonnes de la nef sont taillées en marbre de Paros. L'intérieur, d'un mélange bizarre de styles, ne présente aucun caractère ; on y remarque les statues de la chapelle de Saint-Jean-Baptiste, la châsse de ce saint ornée de figurines du xvᵉ siècle et la marqueterie des stalles du chœur.

La sacristie contient une relique presque aussi vénérée que le saint Suaire de Turin ou le sang de saint Janvier à Naples, c'est le Sacro Catino, vase d'émeraude trouvé à la prise de Césarée. Il avait, dit-on, été offert à Salomon par la reine de Saba et Jésus s'en serait servi pour le repas de la Cène. Les Génois le rapportèrent d'une de leurs expéditions en Orient et l'enfermèrent dans une armoire de fer, dont l'unique clef était confiée au doge lui-même. Tous les ans, en une fête solennelle, on sortait le vase sacré de son reliquaire et on l'offrait à la vénération du peuple ; un prélat le maintenait par un large ruban, tandis qu'autour de lui veillaient à sa garde les chevaliers appelés Clavigeri ou Porte-Clefs. Il était absolument interdit d'y toucher, une loi fut même promulguée qui punissait de mort l'audacieux contrevenant. Napoléon Iᵉʳ l'apporta à Paris, trajet pendant lequel il fut brisé ; plus tard après avoir été réparé, il fut rendu à Gênes, où il reprit sa place primitive.

Sainte-Marie-de-Carignan, bâtie au xviᵉ siècle par Galeas Alessi, élève de Michel-Ange, se distingue surtout par sa parfaite unité. Son plan est le même que celui de Saint-Pierre de Rome, le dôme central est soutenu par quatre piliers, tandis que les angles de la croix grecque supportent des coupoles plus petites. Deux statues de Puget y sont conservées, l'orgue est l'un des plus renommés de l'Italie.

L'église de Saint-Ambroise, décorée de marbres de couleurs, renferme une Assomption de Guido Reni et des peintures de Rubens.

L'Annunziata, le plus riche des sanctuaires de Gênes, grâce aux libéralités de la famille Lomellini, est également le plus beau. Sa nef, sa coupole, les cariatides de sa croix sont dorées, sa façade en marbre blanc est supportée par des colonnes cannelées.

Saint-Cyr, qui depuis le IIIe jusqu'au Xe siècle fut considéré comme cathédrale, servait de lieu de réunion au peuple, c'était là qu'on procédait à l'élection du doge.

Saint-Etienne (Xe siècle), tout en marbre blanc et noir, renfermait le tableau de Jules Romain, Martyre de saint Etienne qui fut transporté à Paris.

CHAPITRE XLI

GÊNES (suite) LA CORNICHE

Les palais de Gênes durent leur caractère spécial à Alessi qui sut conformer son style aux aspérités du terrain ; il construisit surtout des portiques et des escaliers grandioses. Rubens et Van Dyck ayant séjourné dans la puissante cité, décorèrent plusieurs de ces maisons seigneuriales, aujourd'hui déchues de leur splendeur et dépouillées de leurs richesses.

Les Doria, Balbi, Bianco, Adorno, Durazzo, Sera, Spinola, Grimaldi donnèrent leur nom aux plus beaux de ces palais. Comme à Venise, ces demeures, abandonnées ou morcelées, ne possèdent plus l'ampleur ni le caractère de jadis; survivant à une époque passée, témoins d'une grandeur disparue, elles portent en elles le sentiment mélancolique d'une chose finie...

Le théâtre Carlo Felice, construit par le souverain de ce nom en 1826, est l'un des premiers d'Italie par sa décoration intérieure et par l'ampleur de ses proportions.

Pour visiter le Campo Santo, situé en dehors de la ville, nous prenons l'un des tramways qui desservent les constructions élégantes et modernes des faubourgs extérieurs. Au moment où nous entrons dans la pittoresque vallée du Bisagno, un orage épouvantable s'abat sur nous; notre fil électrique ne fonctionne plus et pendant près d'une demi-heure, il nous faut attendre la fin de cette pluie diluvienne. Des éclairs nombreux sillonnent le ciel, le tonnerre, répercuté par les collines environnantes, gronde avec fracas, une émotion poignante m'étreint; alors que nous venions chercher dans le domaine de la mort, le calme et la solitude, la nature convulsée nous donne le spectacle de sa force et de sa colère! Quand nous pénétrons dans le Campo-Santo, des ruisseaux jaillissent de toutes parts, les arbustes et les plantes ruissellent d'eau et les oiseaux qui s'étaient tus un instant, reprennent leur chant interrompu. En gravissant les vastes escaliers qui accèdent au Panthéon, je songe, en cette tourmente, à la petitesse de l'homme et à la place infime qu'il occupe dans la nature!...

Les bustes, groupes et statues qui m'entourent me paraissent plats et mesquins, ce sont des imitations précieuses et contournées sans aucun sentiment de grandeur ni de vérité! Une seule figure me frappe, bien plus par l'image saisissante qu'elle représente, que par l'art avec lequel elle est reproduite: C'est un moine plus grand que nature, vêtu de bure et encapuchonné, qui, soudain, sort de son tombeau. La demi-teinte de cette journée pluvieuse, jointe aux artifices du trompe-l'œil, mélange l'effroi à la surprise que j'éprouve... Je me remets vivement et du haut de ces galeries pleines de tombeaux et de statues de toutes formes, je jette un coup d'œil sur l'ensemble de ce cimetière adossé à la montagne, limite naturelle qui me semble représenter l'un des cercles du Dante !....... Je reprends avec bonheur le chemin de la ville et j'essaye de laisser en route les pensées lugubres qui viennent de m'assaillir.

Gênes ne devait pas nous porter bonheur, en rentrant nous voulons visiter le port, mais avec ses portiques encombrés d'ignobles échoppes, avec la quantité innombrable de ses débardeurs, mendiants, va-nu-pieds, il nous semble d'aspect encore plus misérable et plus répugnant que celui de Naples !... ce qui n'est pas peu dire !... Nous rentrons en ville et cherchons pour dîner un restaurant de choix ; l'extérieur élégant et lumineux d'une devanture nous fait supposer que nous avons trouvé ce lieu, nous y entrons, hélas ! on ne nous sert que des mets italiens, relevés et assaisonnés d'aromes si spéciaux que nous ne pouvons y toucher et les plats succèdent aux plats, sans que nous puissions surmonter notre répugnance. Enfin après ce repas manqué, nous faisons une dernière promenade dans la ville, qui, de plus en plus, nous semble maussade et sombre ; nous retrouvons notre hôtel avec un plaisir d'autant plus grand, que nous devons le quitter le lendemain.

Je ne veux pas dire adieu à la cité maritime par excellence, sans saluer le navigateur hardi, qui, sur un frêle esquif, s'aventura par delà les mers, vers des régions inconnues. Peut-être est-ce la vue de ces navires qui, frappant ses regards dès sa première jeunesse, donna à Christophe Colomb l'humeur aventureuse qui le guida dans ses expéditions! Quoi qu'il en soit, la ville de Gênes réclame l'honneur d'avoir donné naissance au capitaine qui sut vaincre les plus insurmontables obstacles.

Le lendemain, dès la première heure, nous prenons le train, cette fois nous quittons le sol italien, nous ne devons plus nous arrêter qu'à Monaco. Nous retrouvons la Corniche, le trajet se continue aussi varié et aussi pittoresque, nous suivons toujours les sinuosités de la côte. Les environs de Gênes sont superbes, ce ne sont qu'élégants castels entourés de parcs et jardins baignés par les flots azurés de la Méditerranée, que gracieuses maisons de campagne, dont l'aspect séduisant fait apprécier le calme de la nature uni au charme de la mer!...

La petite ville de Pegli avec ses promenades magnifiques est une station très recherchée, ses principales villas sont connues et visitées. Savone, avec la couleur vive de ses chalets parmi les citronniers et les orangers, ressemble de loin à un bouquet de fleurs. Une série de tunnels nous amène au promontoire de Noli, petite cité ancienne, entourée de vignes et d'épais massifs d'oliviers. Nous passons à Borghetto San Spirito où s'élevait jadis un château-fort, tout à côté se trouve le couvent du Monte Carmelo, bâti par les Doria; puis à Albenga ancienne ville romaine, les restes d'un pont et les vestiges de plusieurs tours indiquent son ancienne splendeur.

Alassio est une station hivernale très recherchée par nos voisins d'Outre-Manche, heureux d'oublier, en ce site délicieux, les brouillards de la Tamise ; un long tunnel traverse le cap delle Melle, qui s'avance au loin dans la mer, voici Oneille petit port où se fait surtout le commerce des huiles d'olive, Port-Maurice parfaitement abrité et très fréquenté en hiver. Plus loin des tours massives s'élèvent sur la route, elles furent bâties vers le Xe siècle pour protéger le pays contre les Sarrasins.

A San Stefano, on franchit la petite rivière du Taggia, puis un tunnel nous amène à Bussana, village qui fut presque entièrement détruit par le tremblement de terre de 1887 ; la vue de la vallée est délicieuse, voici le Cap Vert que nous traversons par un tunnel pour arriver à San Remo.

Située merveilleusement au centre d'une double baie, San Remo se compose de deux parties : la ville neuve, qui bâtie sur le terrain d'alluvion au bord de la mer, entourée de palmiers, d'orangers, de poivriers, présente l'aspect d'un décor de théâtre et la ville ancienne, qui occupe la crête et le versant d'une colline avec ses maisons hautes et sombres et ses ruelles escarpées et tortueuses. Sa situation abritée la fait choisir comme station préférée pour les malades et les convalescents ; c'est là que condamné par les plus célèbres docteurs, l'ancien Kronprinz Frédéric vint passer la dernière période de sa vie. Il y reçut la nouvelle de la mort du vieil empereur Guillaume et par conséquent celle de son élévation au trône ; c'est là qu'il eut à supporter les intrigues de son fils tendant à le faire abdiquer, il maintint ses droits et la couronne impériale ceignit, pour quelques mois, ce front guetté par la mort.

Nous traversons par un tunnel le cap Nero et arrivons à Ospedaletti, bourgade renommée pour son site et ses promenades pittoresquement tracées en pleine verdure ; puis nous atteignons Bordighera.

Bordighera et San Remo sont les deux villes qui m'ont le plus frappée par le charme et l'attrait de leur physionomie. Egalement divisée en deux, la partie neuve sur la mer, la partie ancienne sur le versant de la montagne qui l'abrite, Bordighera avec sa végétation luxuriante, ses palmiers, ses dattiers et ses fleurs, semble être faite uniquement pour le plaisir des yeux et de l'esprit. Rien n'est joli comme de voir ses élégantes maisons, étagées dans la verdure et adossées contre la montagne qui se profile d'un côté, tandis que de l'autre la Méditerranée, de ce bleu intense qui lui est particulier et fait ressortir la neige de son écume, vient mourir doucement à ses pieds. Nous avions déjà dépassé cette station, que j'admirais encore son aspect féerique ! Il me semblait qu'en ce décor merveilleux, la vie ne pouvait être faite que de fleurs et de tendresse et que le vent des tempêtes ne devait jamais y sévir. Un détour de la route surgit et la ville a disparu !...

Nous arrivons à la frontière, voici Vintimille adossée à la montagne que couronne une forteresse ; visite obligatoire de la douane... Le train reprend sa marche, au premier arrêt nous nous retrouvons en terre française, reverrons-nous jamais le sol italien ? Un regret m'étreint, une pensée mélancolique m'envahit et il ne faut rien moins que l'auréole lointaine de Monaco pour dissiper ce nuage.

Nous passons à Menton, station qui, protégée contre le froid par un hémicycle de hautes montagnes, est devenue le rendez-vous sanitaire et cosmopolite de l'univers. Sa végétation méridionale, ses plantations exotiques achèvent de l'égayer et de l'embellir. Les vallées avoisinantes et les collines de l'Esterel, recouvertes d'arbustes verts, offrent des promenades pittoresques et réputées. En traversant ces montagnes rocheuses, en voyant ces blocs qui surplombent des abîmes, on sent que ces lieux ont eu à supporter quelque effroyable cataclysme, je songe aux secousses sismiques si fréquentes dans ces parages, l'illusion est telle qu'il me semble voir osciller la montagne ! Nous passons le tunnel du Cap Martin, où l'impératrice Eugénie possède une villa superbe, nous arrivons à Cabbé Roquebrune, puis enfin à Monaco !

CHAPITRE XLII

MONACO

ETTE capitale d'un minuscule État est assise majestueusement sur un rocher couronné de plantes exotiques qui lui impriment un caractère africain. Son vieux château, avec ses tours et ses murailles crénelées, achève de lui donner l'illusion du style mauresque, que viennent encore rehausser la pureté du ciel et la splendeur de la Méditerranée.

La fondation de cette cité est très ancienne, les auteurs vont jusqu'à l'attribuer à Hercule. Quant à l'origine de la principauté, elle remonte au xe siècle, époque à laquelle l'empereur Othon Ier conféra la dignité de prince de Monaco aux membres de la famille Grimaldi de Gênes.

A la suite de nombreuses vicissitudes, les seigneurs monégasques parvinrent à conserver leurs prérogatives et leur indépendance. Après l'annexion du

Comté de Nice à la France, le prince Charles Honoré consentit, moyennant une forte indemnité, à la cession des villes de Menton et de Roquebrune en faveur de notre pays. Aujourd'hui le prince Albert est toujours indépendant, il possède même, ce qui manque à beaucoup de souverains, le double pouvoir législatif et exécutif, mais le territoire sur lequel il exerce ce droit est tellement restreint, que nul grand État ne songera jamais à en troubler la quiétude.

Le rocher de Monaco est peu fertile ; les terres, rapportées pour la plupart, produisent quelques fruits savoureux, mais si ce n'est le produit de la pêche et de la navigation, aucune culture, ni aucune industrie, n'enrichissent ses habitants. Ils sont cependant heureux et fortunés, puisqu'ils n'ont à payer ni taxe, ni impôt ! La liste civile de leur souverain, leur minuscule armée, et les rouages de leurs différentes administrations sont, ainsi qu'on va le voir, à la charge de l'univers entier !....

Au milieu du siècle dernier, M. Blanc ayant installé un casino sur le rocher voisin, eut l'idée géniale d'y dresser quelques tables de jeux et de roulettes ; ce furent les fondations du temple de la Fortune ! La fièvre de l'or s'empara des baigneurs qui avaient choisi pour villégiature ce coin délicieux ; les jeux ayant été supprimés à Bade, Spa, et Wiesbaden, le casino de Monte-Carlo prit une extension telle, qu'on y afflua de toutes les parties du monde. Après avoir en peu de temps gagné de nombreux millions, l'heureux propriétaire transforma sa mine féconde en actions, qui, d'année en année, augmentèrent et augmentent encore de valeur. Cette société offre au prince un apanage suffisant pour l'entretenir lui, sa cour et tous ses sujets !....

Devant une telle prospérité on décida de rebâtir le casino avec toute l'élégance et le luxe qui convenaient à un tel sanctuaire; chaque jour, de malheureux mortels, séduits par l'appât du gain, s'y voient dépouillés par les caprices du Destin. Ce rocher couronné d'un palais moderne et recouvert de plantations luxuriantes est devenu le rendez-vous sélect par excellence du monde entier. Les meilleurs musiciens y viennent charmer les oreilles et servir d'accompagnement au bruit métallique de l'or.

Dans cet éblouissant décor, les joueurs, groupés autour du tapis vert, sont insensibles à tout ce qui n'est pas leur Dieu ! Des visages convulsés, des yeux fixes, rivés sur un même point, les caractérisent. Armés de leur crayon, ils pointent et repointent jusqu'aux moindres numéros, dans l'espoir de voir ressortir les mêmes chiffres, dans le même ordre... En sa sagesse, le Prince interdit expressément à ses sujets l'accès de l'édifice tentateur.

Je voulus cependant essayer de m'asseoir autour de ces tables fascinatrices, mais il me fut impossible d'y rester. Mes émotions étaient si désagréables dans leur intensité, que je ne pus les supporter ; en quelques minutes je vécus plus d'un jour. Ces alternatives de gain et de perte m'exaltaient à tel point que je quittai hâtivement ce lieu de corruption.

Je me fis un plaisir d'errer dans les jardins, au milieu de cette nature élégante, où les sons d'une musique harmonieuse vous bercent délicieusement. Ma contemplation dut être longue, car lorsque je repris contact avec ce qui m'entourait, les étoiles commençaient à briller, il me sembla qu'elles flottaient autour de moi, qu'elles me poursuivaient. Ce n'était qu'un rêve : les étoiles qui m'enveloppaient étaient des lucioles qui, dans la tiédeur de l'atmosphère, voltigeaient innombrables, projetant sur le fond d'ombre de la nuit le scintillement de leurs ailes lumineuses.

J'aurais passé ainsi des heures à suivre le vol de ces insectes brillants, si mes compagnons de route n'étaient venus me rappeler à la réalité !... Il nous fallait dîner. Nous descendîmes à la Condamine, langue de terre qui relie à leur base les deux rochers de Monaco et de Monte-Carlo ; on nous y servit une soupe gratinée à l'oignon et du poisson frais, comme on n'en mange probablement que là.

Le lendemain matin, nous montâmes à la vieille ville de Monaco ; après avoir suivi un chemin pittoresque, nous arrivâmes à la promenade Saint Martin, jardin délicieux où s'épanouit, à côté de géraniums et d'héliotropes, une magnifique variété d'arbustes et de plantes rares. De cette terrasse agréablement élevée sur un roc qui surplombe la mer à une hauteur de 60 mètres, la vue dont on jouit est merveilleuse, elle ne sait où s'arrêter, tout est fait pour lui plaire. Au premier plan, des plates-formes saillantes sont disposées pour loger les canons ; des guérites en poivrières, suspendues sur l'abîme, entourent le château que nous visitons avec intérêt.

Retouché et agrandi à plusieurs reprises, il est

formé de parties variées et de styles différents. L'escalier de marbre blanc à double rampe, de spacieuses galeries contenant des toiles de valeur et des portraits de famille, le salon orné d'une vaste cheminée Renaissance, la chapelle artistiquement décorée, les jardins étagés en terrasses d'où la vue s'étend jusqu'à la pleine mer, composent la beauté de cette demeure.

En sortant, nous traversons une place rectangulaire où viennent aboutir les rues étroites de la ville ; celle que nous prenons nous conduit à l'église Saint-Nicolas (xiie siècle) qui renferme de vieilles peintures sur bois très belles et fort intéressantes. Dans l'église des pénitents, on admire un groupe de marbre antique représentant la Vierge et les Anges, nous passons sous deux gracieuses portes de la Renaissance et descendons le chemin escarpé et pittoresque qui nous avait amenés ; nous retrouvons à la Condamine le même restaurant que la veille et après avoir copieusement déjeuné, nous reprenons le chemin de la gare, malgré l'élégante silhouette du Casino, qui avait l'air de nous adresser un sourire plein de promesses et de tentations. La raison l'emporta, notre séjour en Italie s'étant trouvé prolongé par la force même des choses, nous ne voulions pas demeurer plus longtemps dans la ville chère à Mercure et nous reprîmes le train pour Nice.

De nombreux tunnels nous font traverser une arête de rochers. Voici la Turbie, joli village réputé pour son site et sa vue, Eze avec sa vieille forteresse sarrasine, Beaulieu si bien surnommé, bourgades situées entre la Méditerranée et l'Esterel ; puis Villefranche, port militaire, dans une rade minuscule, entourée d'un superbe décor dont je ne pouvais me détacher. Nous trouvons un immense tunnel qui nous amène à Riquier ; nous traversons le Paillon, torrent presque toujours à sec, un nouveau tunnel nous fait passer sous la colline de Cimiez et nous arrivons à Nice.

CHAPITRE XLIII

NICE

Nizza, admirablement située dans la baie des Anges et traversée par le Paillon, se divise en trois parties bien distinctes : la ville ancienne, la nouvelle et la ville maritime. La première avec ses rues étroites et tortueuses, gravissant les flancs de la montagne qui la domine, a conservé son aspect de bourgade de pêcheurs, tandis que la nouvelle, bordée du côté de la mer par la promenade des Anglais, semble un petit coin de Paris au bord de la Méditerranée. Villas élégantes, hôtels luxueux entourés d'une végétation exotique, sont devenus le rendez-vous mondain de l'univers.

Tout y est créé pour la vie facile et le plaisir des yeux : au confortable et au raffinement modernes s'ajoutent la douceur et l'égalité du climat. Le froid peu rigoureux y est de courte durée, les chaleurs de l'été, atténuées par les brises qui soufflent alternativement de la terre et de la mer, n'y sont pas accablantes et l'air pur, provenant des montagnes, entraîne au loin les miasmes délétères. Un seul désagrément s'y rencontre, c'est la poussière opaque que soulève parfois un vent violent contre lequel il est impossible de se défendre.

La troisième partie, située aux alentours des bassins du port, comprend le quartier maritime. Très curieux, adossé contre les rochers que couronne le vieux château, il ne tient à la ville que par une rue et un sentier taillé à pic dans le roc; c'est le chemin des Ponchettes d'où la vue s'étend superbe. Le cap traversé ainsi a reçu le nom de Raouba Capaou (Dérobe chapeau) en raison du vent violent qui assaille les promeneurs.

Sur la plate-forme de la colline subsistent les ruines de l'ancien château démoli, réédifié, et finalement démantelé au XVIIIe siècle; la tour Ballanda (la seule qui reste debout de l'ancienne forteresse) est transformée en belvédère d'un restaurant, d'où l'on jouit d'un panorama merveilleux. Les innombrables villas qui occupent les crêtes, côtes et vallons, rapprochées les unes des autres par la distance, semblent appartenir à une immense capitale coupée de bosquets d'orangers, de citronniers, de palmiers et d'aloès. Les pentes de Montalban, de Montboron, du Vinaigrier, du Mont Gros, et les contreforts des Alpes, entourent et abritent la ville qui s'étend délicieusement jusqu'à la mer. La variété des aspects et la richesse de la végétation orientale, concourent à faire de ce point de vue l'un des plus beaux qui existent. Justement les Niçois ont choisi ce sommet et cet horizon pour y installer leur champ de repos ; on dirait qu'ils désirent jusqu'en leur dernier sommeil jouir de l'air si pur et de la vue si admirable dont ils ont profité pendant la vie. C'est là que repose l'un de nos plus grands hommes politiques modernes, je veux parler de Gambetta.

Nice n'est pas une station balnéaire, elle ne possède qu'une petite grève couverte de galets, trop souvent en proie aux fureurs soudaines et terribles de la mer. Mais son ciel serein, son air exceptionnellement pur, son soleil merveilleux et sa température d'une égalité unique, en font l'un de ces séjours exquis qui semble devoir abriter la paix et le bonheur ! Nice est cependant la ville du bruit, du mouvement, de la gaieté, elle est la patrie du prince Carnaval, envers qui elle professe un véritable culte ; de la musique, des chants, des cris escortent son éphémère majesté.

L'avenue de la Gare avec sa double rangée d'arbres est l'entrée d'honneur de la ville, le Jardin public et la promenade des Anglais en sont les chemins élégants. Ses églises, de construction moderne, n'offrent rien d'artistique ; à part quelques toiles de l'un de ses enfants, Carle Vanloo, l'art pictural y est peu représenté. Une croix de marbre rappelle l'entrevue de Charles-Quint et de François Ier et la statue en bronze de Masséna indique l'admiration de ses compatriotes pour le fameux guerrier. Sur la place des Phocéens, une fontaine antique, entourée de palmiers, est intéressante à voir. Plusieurs ponts traversent le lit du Paillon presque toujours à sec, mais qui, après les orages, se transforme en véritable torrent.

L'intérêt et la beauté de la ville résident dans son site, le luxe de ses maisons, et de sa végétation tropicale. Ce centre élégant, si recherché de l'exotisme, n'est qu'une pâle imitation de Paris ; je le quitte sans regret pour retrouver la côte avec ses successives découpures, nous la suivons jusqu'à Marseille.

Nous longeons la base des collines parsemées de villas et d'orangers, d'immenses champs de fleurs achèvent d'imprimer au paysage un aspect riant et embaumé. Sur un large pont nous passons le Var qui arrose les vignobles de Saint-Laurent, renommés pour leurs excellents vins muscats ; en côtoyant le golfe nous revoyons à l'horizon Nice qui disparaît peu à peu alors que du côté de la terre, les Alpes se profilent dans le lointain.

Voici le Fort-Carré, construit d'après les plans de Vauban, qui défend le petit port d'Antibes ; après une courbe prononcée nous arrivons au golfe Juan, une colonne y indique l'endroit où Napoléon, en 1815, passa la nuit à son retour de l'île d'Elbe. Depuis quelques années on fabrique, dans ce pays, des grès flammés que leur forme artistique et leur coloris harmonieux ont fait connaître et apprécier. Après un nouveau détour nous atteignons le golfe de la Napoule où, nonchalamment couchée, s'étend la cité calme et tranquille par excellence, la ville de Cannes.

Quel contraste entre ces deux voisines presque sœurs ! Autant Nice, en ses élégances, aime à agiter les grelots de la folie, autant Cannes, en sa sombre verdure, recherche l'ombre et le calme. Autant la première, avec ses fêtes et mascarades, ne songe qu'au mouvement et au bruit, autant la seconde, en son recueillement, n'aspire qu'aux douceurs du farniente. Ses hôtels princiers, ses constructions luxueuses abritent, en même temps que les heureux de ce monde, les blessés de la vie qui viennent demander leur guérison à la pureté de son air, et à la clémence de son ciel !

En face, à l'horizon, émergent des flots les îles de Lérins, ces deux perles si différentes. La première Saint-Honorat, avec son abbaye et ses moines, semble un vestige des temps anciens ; les ruines de sa vieille église, de son château-fort et de sa chapelle, impriment l'aspect sévère du « moyen âge » à cette terre silencieuse cultivée par des religieux.

La seconde, la coquette île de Sainte-Marguerite, d'une superficie plus étendue, présente la forme d'un ovale allongé. Sa végétation luxuriante lui donne l'élégance d'une véritable serre, une forêt de pins maritimes en recouvre le sommet. La vue y est merveilleuse : d'un côté, la pleine mer avec son immensité, de l'autre, la baie de Cannes et le golfe Juan sont abrités par des montagnes couvertes d'arbustes, qui se perdent dans la ligne vaporeuse de l'horizon.

Le fort, dont les remparts couronnent une haute falaise, servit de prison au Masque de fer ; on voit la chambre où ce malheureux passa la plus grande partie de sa triste existence et qui, par un raffinement de cruauté, était éclairée seulement par une fenêtre étroite, très élevée, qu'entouraient cinq grillages différents !

Le séjour de cette île enchanteresse, ce climat délicieux, cette végétation magnifique, cet air embaumé furent choisis et offerts comme résidence au plus grand traître des temps modernes, au soldat qui n'hésita pas à sacrifier sa patrie pour satisfaire son ambition, je désigne Bazaine... Il y occupait en toute liberté, avec sa famille, le pavillon le plus agréable, qu'un beau jour il trouva bon de quitter par la porte grande ouverte!...

Après avoir traversé plusieurs torrents, nous passons à la Napoule, port creusé par les Romains, où subsistent encore les ruines et les tours d'un château fort du XIVe siècle ; des tunnels nombreux se succèdent, nous suivons la côte escarpée et dentelée, nous arrivons à Saint-Raphaël, bourg situé à l'extrémité d'un petit golfe, où Bonaparte atterrit à son retour d'Egypte, et s'embarqua pour l'île d'Elbe. Nous continuons à franchir nombre de tunnels et de viaducs, la voie suit les découpures de la côte pour éviter la chaîne de l'Esterel qui se rapproche de la mer. Nous atteignons Fréjus. Assise sur une éminence qui domine la Méditerranée, cette petite ville renferme de nombreuses ruines romaines. L'ancien palais épiscopal et les tours de l'église sont ornés de pilastres cannelés provenant d'édifices antiques.

De Roquebrune, bourgade située au pied d'une montagne rocheuse, on découvre un panorama qui s'étend jusqu'à la Corse. Le Muy, station sise au bas de montagnes couronnées de pins, nous amène aux Arcs, village connu pour sa source ferrugineuse et son embranchement sur Draguignan. La voie toujours accidentée traverse de jolies bourgades, passe au pied de tranchées ouvertes dans des grès rouges ou violets, et arrive à Hyères. Ville d'hiver très connue pour la douceur et l'égalité de son climat, qui la font rechercher par les vieillards et les convalescents. Massillon y est né ; la feue reine Victoria d'Angleterre, au printemps, était heureuse d'y venir goûter quelque repos sous les rayons d'un soleil encore tamisé. Peu de kilomètres nous séparent de Toulon.

CHAPITRE XLIV

TOULON

La ville de Toulon, construite en pente, au pied de collines élevées dont la plus haute s'appelle le Mont Faron, vient doucement se perdre dans la mer. Sur le flanc de la dernière de ces montagnes, se détache le fort qui porte son nom et dont les batteries constituent la plus importante défense de la cité.

Sa rade, avec ses vaisseaux à l'ancre et ses canots légers, ses collines couvertes de verdure et de villas, l'hôpital Saint-Mandrier avec sa blanche rotonde, les vignobles plantés en amphithéâtre et la splendeur de la Méditerranée, qui va se perdre dans l'infini... composent un tableau vivant et coloré. Son origine est de beaucoup antérieure à celle de Marseille, on la fait remonter jusqu'au xviie siècle av. J.-C. Cette colonie maritime eut à souffrir de la fondation de la cité phocéenne et ne fut jamais de force à lutter avec sa grande sœur.

Au point de vue stratégique, Toulon est l'un de nos cinq grands ports militaires, non seulement par son étendue et sa sûreté, mais encore par les travaux de Vauban qui le protègent et l'abritent contre des incursions soudaines et dangereuses. C'est dans sa baie profonde que se balancent nos cuirassés à leur retour de manœuvres ou d'expéditions lointaines. Il nous fut donné de visiter l'une de ces forteresses ambulantes et la constatation de leur poids, de leur force, de leur étendue et de leur importance me saisit d'étonnement; j'étais loin de supposer qu'un bâtiment de guerre pût contenir autant d'hommes et autant de canons. Ville flottante, blindée de fer, ayant sa vie propre et prouvant par sa puissance d'action jusqu'où peut aller le progrès.

Le jour de notre arrivée nous prîmes le bateau pour parcourir la rade, bornée d'un côté par la presqu'île de Sépet et Saint-Mandrier, de l'autre par les collines et chantiers du Mourillon et de la Seyne et, à l'horizon, par les Sablettes ; debout sur le pont, j'admirai la ville limitée par la montagne et la mer. En causant nous cherchions à découvrir les noms des bassins, navires, monuments et sites que nous admirions. Un gentleman s'approcha de nous et, avec fort bonne grâce, nous donna les détails désirés. En arrivant aux Sablettes, c'est-à-dire à l'extrémité de la rade, où nous devions dîner au bord de la mer, l'inconnu nous salua avec courtoisie et disparut. Le lendemain ayant obtenu la permission de visiter l'un des cuirassés nouveaux, c'est-à-dire l'un de ceux qui comprennent les engins et les perfectionnements de la science moderne, un officier de service nous attendait à notre arrivée et nous conduisit saluer l'amiral, commandant le bâtiment sur lequel nous nous trouvions.

D'abord nous traversâmes une immense antichambre, sur laquelle donnait une salle à manger vaste et luxueuse, sièges, tables, meubles, argenterie, étaient maintenus de façon à ce que le roulis n'eût aucune prise sur eux. A côté, un grand salon avec vérandah offrait l'élégance du plus confortable des appartements; attenant à cette salle de réception, un cabinet de travail orné de bibliothèques, glaces, lampes électriques, dégageait une atmosphère de bien être et de repos. L'amiral, qui était assis dans un large fauteuil, au moment de notre arrivée se leva et vint à notre rencontre; étonnement et stupéfaction... nous reconnûmes en lui le voyageur aimable de la veille! La connaissance se fit rapidement puisque le hasard l'avait si bien préparée et il nous donna toute latitude pour visiter entièrement son navire. Le lieutenant qui nous escortait nous accompagna partout, de la passerelle aux soutes. Des escaliers de fer aussi raides et aussi étroits que des échelles nous firent descendre dans les chambres de combat, près des sabords des canons ou des ouvertures des tubes lance-torpilles et rien ne m'impressionnait comme de lire sur les portes hermétiquement jointes, cette inscription : à tenir fermé pendant le combat. Le cuirassé est divisé par des cloisons étanches formant ainsi des compartiments indépendants les uns des autres, de telle sorte que si un obus défonce l'un d'eux et y laisse pénétrer l'eau de toutes parts, la salle voisine reste intacte.

Au son de la musique et aux roulements des tambours, nous assistâmes à la revue des soldats et des matelots, nous visitâmes le dortoir, le réfectoire, la salle des manœuvres. De petites haches s'ajoutent à l'armement des fusils disposés en faisceaux parfaitement alignés et garnissent les cloisons de cette caserne rigoureusement entretrenue.

Tout ce qui est fer ou acier est tellement astiqué et soigné, que pour empêcher la rouille de l'atteindre, on l'enduit de graisse, aussi, quand on s'est appuyé aux rampes des nombreux escaliers, on peut juger de l'état de ses mains. Chacun tient son petit morceau de laine qui sert à enlever cette couche huileuse qu'on est heureux de faire disparaître par une abondante ablution.

En visitant ce bâtiment de guerre, je compris toute l'horreur d'un combat naval au milieu de ces trois fléaux plus meurtriers les uns que les autres : la poudre, l'eau et le feu ; l'impossibilité complète de s'abriter ou de s'éloigner avec la pensée qu'à tout instant les flancs du bateau peuvent s'entr'ouvrir et vous plonger dans l'abime, ajoutent encore à l'horreur de la situation.

Cette visite m'intéressa beaucoup, en reprenant le canot qui nous attendait au pied de la forteresse flottante, je cherchai à me remémorer les termes marins entendus et pour bien discerner bâbord et tribord, je songeai à l'étymologie que notre aimable officier nous en avait donnée. Ces deux locutions proviennent du mot batterie qui se trouvait inscrit un jour sur le pont d'un navire, le capitaine, pour désigner le côté gauche se servit de la première syllabe ba, pour le côté droit de la dernière tri, auxquelles on ajouta la terminaison bord; façon simple et ingénieuse, à la portée des profanes, d'éviter la confusion des mots.

En rentrant nous visitâmes le musée maritime créé par le baron Ch. Dupin, il contient une collection variée de modèles de constructions navales, ainsi que des machines en usage dans les arsenaux.

La ville de Toulon ne renferme pas d'œuvres d'art proprement dites ; à part les cariatides de Puget qui ornent l'Hôtel de Ville, les pilastres chargés d'arabesques de sa maison convertie en temple protestant et les bustes des Saisons, de Louis Hubac, les églises, monuments et fontaines n'offrent rien de remarquable. Cette cité maritime n'a aucun caractère particulier.

Aussi, après une dernière promenade dans ses rues étroites, nous reprenons le train pour Marseille.

Nous atteignons de suite la Seyne, l'un des principaux chantiers de constructions navales, puis Ollioules, station coquettement assise dans la vallée de la Reppe, entourée de rochers abrupts. Nous retrouvons la mer à Bandols, petit port situé au fond d'une anse et défendu par les batteries d'un vieux château fort. Nous quittons le département du Var pour entrer dans celui des Bouches-du-Rhône et arrivons à la Ciotat, ateliers importants pour la construction et la réparation des coques de navires et des machines à vapeur ; d'une terrasse magnifique la vue s'étend sur le golfe de Lecques, l'un des plus beaux de la Méditerranée.

La voie parcourt une vallée riante, parsemée de bastides, traverse un tunnel, passe à Cassis, petit port protégé par un môle et un château fort, où l'on récolte les meilleurs vins de Provence. Nous arrivons à Aubagne, joli bourg au confluent du Morlançon et de l'Huveaune que nous côtoyons à plusieurs reprises. Les villages arrosés par cette rivière sont coquets avec leurs villas multicolores entourées de verdure, on sent l'approche de la grande ville. Encore des tunnels, puis des collines couvertes de bastides, une grande gare... nous sommes à Marseille.

CHAPITRE XLV

MARSEILLE

Nous foulions donc le sol de l'antique cité phocéenne, dont les historiens font remonter l'origine jusqu'au septième siècle avant Jésus-Christ. Son port, son commerce et son industrie en font la reine de la Méditerranée. Les montagnes bleues, qui s'étendent de l'Estaque à Montredon et au centre desquelles elle est assise, la mer qui la baigne et dont les couleurs chatoyantes changent à toute heure du jour, les steamers en partance, surmontés de leur panache de fumée, les mâts élevés des voiliers qui se préparent à la pêche, les yachts que leurs voiles déployées font ressembler à d'énormes goëlands, tout cela animé, éclairé par la lumière éblouissante du Midi, forme un tableau unique en son genre, mouvementé et grandiose : spectacle en harmonie avec le bruit assourdissant du port et de la Cannebière !...

Ah! cette Cannebière! boulevard spacieux, encadré d'hôtels et de magasins luxueux, dont les larges trottoirs servent de marché aux habitants de tout l'univers. Les costumes et le langage du monde entier se retrouvent en ce décor, en ce brouhaha confus, qui pourrait couvrir la voix de l'Océan même!... Au milieu de cette cacophonie, les Marseillaises grandes brunes, jolies, promènent leur élégance surchargée et leur profil marmoréen. Vêtues de couleurs vives qui font ressortir l'éclat doré de leur teint, elles causent et rient bruyamment et sont l'incarnation vivante de l'exubérance provençale.

La ville, formée de quatre collines, se divise en deux parties : l'ancienne et la nouvelle. La première comprend la Joliette, le Vieux Port, la Cannebière ; on y trouve des rues étroites, escarpées, habitées par les ouvriers et les marins. La seconde, qui date des XVIIe et XVIIIe siècles, située au fond de l'ancien port, est faite de rues droites, bien alignées, qui vont en se prolongeant, jusqu'à la colline de Notre-Dame de la Garde.

La rade est un immense espace, demi-circulaire, au fond duquel s'ouvrent les deux ports principaux ; Marseille par l'importance de ses rapports commerciaux avec le Levant dut créer trois nouveaux bassins qui sont encore insuffisants pour la quantité de navires qui y pénètrent. Le quai de la Joliette, avec les rails qui le sillonnent, est celui qui présente le plus de commodité ; il permet de transporter facilement et d'une façon moins coûteuse, les marchandises dans les docks immenses, construits sur le port même.

La cité marseillaise est d'esprit trop mercantile pour posséder beaucoup d'œuvres artistiques ; les anciennes églises n'existent plus, quant aux modernes, elles ne présentent aucun caractère. La façade de l'Hôtel de Ville est remarquable par un écusson aux armes de France, sculpté par Puget.

Le Prado, avec sa quadruple rangée d'arbres, est une promenade qui relie la ville à la mer, les équipages luxueux qui s'y rencontrent tous les jours dans l'après-midi la font ressembler à notre Avenue du Bois de Boulogne. A l'une de ses extrémités s'élève le château Borelly, vaste et bien dessiné, accroché au flanc de la colline ; la vue dont on y jouit s'étend au loin sur la ville et la mer. Le jardin zoologique contient une variété importante d'animaux, arbustes et plantes exotiques. Quant au Palais de Longchamp, construit récemment, il n'est intéressant que par sa cascade alimentée par les eaux de la Durance, depuis peu captées et détournées à Marseille. Le Musée de sculpture occupe l'aile gauche de ce bâtiment tandis que celui d'histoire naturelle est logé dans l'aile droite.

Notre-Dame de la Garde, sur la colline du même nom, a été reconstruite au siècle dernier sur l'emplacement d'une chapelle du XIIIe siècle, qui, pendant longtemps, avait été le rendez-vous des pèlerins du midi. Sa nef est flanquée de chapelles remplies d'ex-voto comme il en existe dans tous les ports. Les marins sont généralement pieux : côtoyant la mort à tout instant ils sont perpétuellement hantés par son spectre, seule la pensée de l'au-delà les console. De la terrasse qui précède l'église, la vue s'étend, au loin, sur la mer, la ville et les ports.

Les environs de Marseille sont fort pittoresques, la vallée de l'Huveaune est la partie la plus fraîche et la plus riante de la campagne, quant à la côte, le chemin de la Corniche qui la suit est absolument merveilleux. La variété des aspects, provoquée par le soleil se jouant sur les collines et sur la mer, change à toute heure et à tout instant ; on ne peut se lasser d'un tel spectacle toujours nouveau et toujours différent. D'élégants restaurants profilent leur façade engageante sur le rivage même et vous invitent à goûter au plat régional, la Bouillabaisse. En effet, nulle part ailleurs ce mets favori des gourmets ne se confectionne mieux qu'à Marseille ; une seule chose peut nous déplaire dans cette soupe au poisson, c'est l'assaisonnement à l'ail et au safran, aussi faut-il avoir grand soin de s'en faire servir sans aucun de ces condiments. J'aimais beaucoup me promener sur les quais environnant le port, je suivais par la pensée les bâtiments en partance pour des plages lointaines, j'aurais voulu prendre place parmi les voyageurs et partager leurs émotions. Je fis la courte excursion du Château d'If, afin de vérifier si Dumas dans ses descriptions du « Comte de Monte-Christo » avait bien respecté la réalité.

Nous nous embarquâmes sur un bateau à vapeur, après avoir contourné le fort Saint-Nicolas, polygone massif et irrégulier construit par Vauban, puis le fort Saint-Jean, ancien château des comtes de Provence, aujourd'hui prison militaire, nous passâmes devant les îles Pomègue, Ratonneau et arrivâmes à destination.

Le château, bâti par François Ier, servit de prison d'Etat ; en parcourant ses galeries et ses cellules obscures, on apprécie davantage encore ce bien suprême qu'est la liberté !... On nous fit entrer dans le cachot du Masque de fer, qui y séjourna peu de temps, puis dans celui où Mirabeau fut enfermé par ordre paternel ; le plus profond, le plus noir, le plus sinistre passe pour être celui de Monte-Christo. Je comprenais qu'obsédé par une idée fixe, celle de s'enfuir, le malheureux prisonnier ait, pour la réaliser, tenté tous les moyens ; il me semblait le voir disjoindre les pierres de sa cloison, assister à la rencontre émouvante avec son compagnon de captivité... Malgré tout l'intérêt de cette reconstitution historique ou romanesque, je quittai ce lieu triste et sombre, enchantée de retrouver le soleil et la mer bleue.

Nous rentrâmes pour dîner, et après avoir dégusté une bouillabaisse exquise (sans ail et sans safran), nous reprîmes le train de Paris.

C'était le soir, la lune argentait la campagne et sous sa blonde clarté, l'étang de Berre m'apparut d'une beauté fantastique ! Dans le calme et la pureté de la nuit, il ressemblait à un diamant enchâssé dans les montagnes, je ne pouvais me détacher de ce spectacle saisissant, mais hélas ! le train marchait toujours.... ma vision s'éloigna..., s'estompa..., disparut....

Pourquoi, puisque cet étang est si rapproché de la mer, ne le ferait-on pas communiquer avec elle ? Il constituerait un port naturel excellent. Mais comme toutes les idées très simples, celle-là a beaucoup de chances de n'être jamais adoptée.

Nous passons à Miramas, ces syllabes sonores me font plaisir à entendre, elles me rappellent la prononciation scandée de la Cannebière, que je m'essaye à imiter. Accent du Midi, délicieux quand il n'est qu'effleuré !...

Puis la lande inculte, la plaine rocailleuse de la Crau, apparaît maintenant, avec sa monotonie et sa stérilité. Ses troupeaux efflanqués n'ont d'autre nourriture qu'une herbe rare et menue, j'aperçois ses bergers lourds et laids, portant la livrée terreuse de la misère ; je compare la réalité de la vie à l'exubérance imaginative des poètes qui savent habilement colorer de pourpre et d'or les scènes les plus ordinaires de l'existence.

Nous continuons notre chemin : le sol devient plus fertile, les arbres disséminés se rapprochent peu à peu et nous retrouvons enfin les jolis bouquets d'oliviers et de mûriers dont le feuillage miroite sous la transparence du ciel provençal. Nous apercevons le ruban blanchâtre du Rhône majestueux dont les eaux bienfaisantes répandent la fertilité sur leur parcours ; dans le lointain nous apparaît une des villes principales de la contrée, Arles, où nous quittons le train.

CHAPITRE XLVI

ARLES

Cette cité, intéressante par ses monuments et ses ruines antiques, fut tellement importante sous les Romains, qu'elle fut surnommée la Rome gauloise; siège de la préfecture des Gaules, elle devint la capitale de l'un des rois Visigoths. Ses rues sont restées irrégulières et mal pavées, mais, à chaque détour, un fragment de mur, une arcade, une colonne attestent sa splendeur d'antan.

L'Amphithéâtre, plus connu sous le nom d'Arènes, frappe par l'ampleur et la hardiesse de son architecture; deux rangs de portiques superposés forment l'enceinte de l'édifice auquel ses arcades cintrées impriment une certaine élégance et beaucoup de sveltesse. L'extérieur seul a résisté au poids des ans, l'intérieur dévasté ne contient plus que ruines, les dalles sont brisées et les gradins ont disparu. La construction de ces Arènes antérieures à celles de Nîmes, remonte à Titus ; plusieurs empereurs romains y donnèrent des jeux et Childebert, roi des Francs, y fit combattre des gladiateurs.

A la fin du viiie siècle, les Sarrasins flanquèrent cet amphithéâtre de quatre tours d'observation et le transformèrent en forteresse ; deux de ces tours subsistent encore aujourd'hui, la vue s'étend de leur sommet sur la vallée jusqu'au delta du Rhône, c'est-à-dire à la Camargue. Au Moyen Age la partie indigente de la population arlésienne s'installa à l'intérieur du cirque et y forma une colonie ; de misérables échoppes, des taudis infects s'abritèrent sous les ouvertures du vieux monument et y demeurèrent jusqu'au siècle dernier. Il fut alors déblayé et d'habiles architectes s'efforcèrent de lui rendre son aspect primitif. Ce but fut atteint, il est vrai, mais comparativement au Colisée de Rome, les autres cirques paraîtront toujours infimes.

Le Théâtre antique est loin d'être aussi bien conservé que les Arènes. Formé de trois rangées d'arcades superposées, il fut mutilé et dévasté par ordre de saint Hilaire, évêque d'Arles au ve siècle. Le marbre et les métaux précieux dont il était revêtu furent employés à la décoration des églises, les statues furent brisées ou enfouies et dans les fouilles qu'on opéra depuis, on remit au jour des œuvres merveilleuses de l'art antique. La Vénus d'Arles offerte à Louis XIV, des fragments d'une statue d'Auguste, le bas-relief représentant le supplice de Marsyas, deux Silènes, trois danseuses proviennent de ce monument.

L'Obélisque qui avait décoré la Spina du cirque, après être resté pendant plusieurs centaines d'années enfoui dans la vase du Rhône, en fut retiré au xvii° siècle pour être érigé sur la place royale. Cette colonne n'est nullement égyptienne, elle ne porte aucune trace de hiéroglyphes et le granit dont elle est composée vient des carrières de l'Esterel ou de la Corse.

La ville d'Arles évangélisée par saint Trophime devint la résidence du primat des Gaules. Elle dut à ce privilège la construction de plusieurs églises très remarquables ; la vieille cathédrale, dédiée à saint Etienne et plus tard à saint Trophime, est l'un des plus intéressants monuments religieux de France. Bâtie d'abord sur le plan des églises romanes, elle fut reconstruite au xiii° siècle, de cette époque datent les chapelles et le chœur actuels. Des tombeaux d'archevêques, quelques anciennes peintures, un saint Christophe colossal et une statue de la Vierge sont fort artistiques ; mais ce qui mérite surtout d'être remarqué, c'est son magnifique portail. Merveilleux poème de pierre, qui par la simplicité d'attitude de ses personnages, nous reporte aux plus belles époques de l'art. De gracieuses colonnettes auxquelles sont adossées les statues des apôtres, séparent les bas-reliefs qui représentent l'histoire du monde depuis la création jusqu'au jugement dernier. Des animaux chimériques, formant de capricieux méandres, encadrent chaque tableau qui est, à lui seul, un véritable chef-d'œuvre.

Un cloître gothique tenant à la cathédrale est décoré avec une profusion variée d'arabesques, de statues, bas-reliefs en rapport avec ceux du portail. Les galeries de ce cloitre ne datent pas de la même époque, les unes sont ogivales, les autres à plein cintre, mais les chapiteaux de marbre blanc et les feuilles d'acanthe qui les entourent sont d'une rare pureté de style.

De la cathédrale nous nous rendons aux Alyscamps, lieu qui fut de tout temps consacré au culte des morts. Situé en dehors de la ville, ce pèlerinage, l'un des plus renommés du Moyen Age, fut l'endroit préféré du Dante : à plusieurs reprises l'illustre poète y vint méditer et il y composa l'un des chants de son Enfer. Cette allée mélancolique, encadrée de pierres tumulaires et de verdure sombre, est bien l'entrée qui convient à un champ de repos.

Quand saint Trophime eut converti la province d'Arles au christianisme, il invita les évêques de la Gaule à venir consacrer ce cimetière. Tous s'y rendirent, mais aucun d'eux ne consentit à officier en cette solennelle circonstance ; obéirent-ils à un sentiment d'humilité ou d'orgueil ? Nul ne l'a su !... Alors, dit la légende, saint Trophime, dans son embarras, eut recours à Dieu et l'implora ; sur sa prière, le Christ descendit du ciel, s'agenouilla sur une roche et fit lui-même la dédicace de l'enceinte désormais sacrée. Les genoux divins laissèrent leur empreinte gravée dans la pierre, sur laquelle plus tard on éleva une chapelle commémorative appelée chapelle de l'Agenouillade.

Ce miracle répandit la renommée des Alyscamps

dans tout le Midi; de tous les côtés, les fidèles s'imposèrent des sacrifices pour s'y assurer une sépulture et ceux qui ne pouvaient venir mourir « en Arles », demandaient à ce que leur corps, accompagné du prix nécessaire, fût placé dans un tonneau enduit de résine et livré au courant de l'eau. Quelles que fussent la crue du fleuve et la violence du vent, la bière flottante s'arrêtait à un tournant du vieux bourg et attendait ainsi qu'on l'amenât au rivage.

Les restes de saint Trophime, pieusement inhumés et conservés dans cette nécropole, furent transportés à la cathédrale lors de sa réparation, c'en fut fait alors des Alyscamps; les hauts personnages cessèrent d'y réclamer leur sépulture et l'on ne songea plus au cimetière célèbre que pour le dépouiller de ses tombes et de ses sculptures. Dans ce champ mortuaire, parmi ces monuments ébréchés par la pioche ou par le temps, on s'attarde à rêver sous le feuillage sombre des nombreux ifs qui invitent au recueillement; la chapelle Saint-Honorat, celle des Porcelets profilent leur silhouette mélancolique en ce funèbre décor.

Oui, cette promenade, à l'heure où le jour disparaît, au milieu de ces souvenirs à jamais envolés, me laissa une émotion profonde et pour la confirmer encore, nous aperçûmes sur notre route des feux nombreux illuminant chaque porte et éclairant le paysage d'une lueur fantastique. Je demandai en quel honneur ces foyers étaient allumés et j'appris ainsi que dans ces parages infestés par les moustiques, le plus sûr moyen de les éloigner était de brûler des herbes aromatiques au moment du crépuscule.

Nous traversons le Rhône ; nous admirons la rapidité de ses ondes tumultueuses !... En arrivant à la gare, nous rencontrons enrubannées du classique bonnet de jolies Arlésiennes au profil grec, aux formes sveltes et harmonieuses que font valoir encore davantage la jupe élégante et le fichu coquet. A la lueur des étoiles qui commencent à briller, la ville s'étend devant moi, j'en sens émerger la personnalité bruyante et vaniteuse de Numa Roumestan, accompagnée du tambourinaire Valmajour ; le contraste des deux races se fait en mon esprit, la froideur du Nord d'un côté, l'exubérance du midi de l'autre... et en cette soirée merveilleuse, au murmure cadencé des grillons, je constate une fois de plus l'influence du décor et du milieu sur la pensée ; en ce cadre, la faconde méridionale me semble toute naturelle, je la comprends, je la trouve presque nécessaire, alors qu'elle est si déplaisante sous le climat de Paris !...

Mais voici le train, nous le prenons jusqu'à Avignon ; je m'assieds en sens inverse près de la portière et je contemple la campagne qui s'enfuit, rien ne peut exprimer la poésie d'un semblable voyage en un pareil moment. La lune enveloppe la terre de sa douce caresse, nous suivons le Rhône qui gronde au loin, tandis qu'à l'horizon s'étend la plaine entrecoupée de marais, de canaux, d'étangs, comprise entre les deux bras du fleuve et qu'on appelle la Camargue. Je songe au pèlerinage si fréquenté des Saintes-Maries, petit village que les femmes judéennes du Calvaire choisirent plus tard comme refuge ; leurs tombeaux sont devenus l'objet d'une vénération toute particulière et très répandue dans le midi.

Nous passons à Tarascon, je revois le fameux monstre du Moyen Age dont la légende est arrivée jusqu'à nous ; tous les ans, le jour de la Sainte-Marthe, la Tarasque parcourt processionnellement et en grande pompe les rues de la ville, afin de commémorer la victoire remportée par la Sainte sur cette effroyable chimère. Un pont magnifique relie Tarascon à Beaucaire, bourgade jadis si réputée par ses foires auxquelles la rapidité et la facilité des communications modernes portèrent un coup mortel.

Au loin apparaissent les dentelures d'une muraille d'enceinte, les bastions et les créneaux d'un château fort. Encore quelques tours de roues et le train s'arrête à Avignon.

CHAPITRE XLVII

AVIGNON — VALENCE

AVIGNON (ville à l'avoine), vieille cité pontificale, métropole temporaire du catholicisme, qui pendant près d'un siècle a vu briller les splendeurs d'une Cour fastueuse. Ses murs virent défiler des cortèges royaux venus de tous les points du monde et la masse imposante de son château abrita des rois et des empereurs. A cette époque la papauté était une grande puissance et le séjour de son représentant imprima à cette ville un relief que le temps lui-même a respecté.

Avec ses riantes campagnes et son ciel d'Italie, elle serait un séjour enchanteur si le mistral n'y soufflait trop fréquemment. Ses rues étroites et sinueuses sont peu animées et mal pavées, ses quais spacieux sont déserts, la ville réside tout entière, sans vestige de faubourg, dans l'enceinte de ses murailles ; ces murs crénelés et flanqués de tours rapprochées sont l'œuvre d'un pape.

Le Château, spécimen imposant de l'architecture féodale, commande sur son rocher à la ville et aux alentours. Sept corps de logis que séparent des préaux, reliés ensemble par d'énormes tours et de gigantesques arcades, le composent. Ce groupement de fortifications, machicoulis, créneaux, tourelles et bastions, représente l'époque autocratique du moyen âge ; ce n'est pas la demeure d'un serviteur du Christ, Dieu de paix et de pardon, mais la forteresse d'un chef puissant d'une tribu belliqueuse. Son entrée souterraine, ses brèches et ses voûtes surbaissées complètent cette illusion.

Aujourd'hui ce palais est transformé en caserne ; les soldats qui s'exercent dans les cours dominées par des bastions, les canons qui tonnent, les chevaux qui piaffent, les clairons qui sonnent, se trouvent si bien transportés dans le cadre qui leur convient, qu'il ne semble pas que ce château ait jamais pu comporter d'autres hôtes. Nous pénétrâmes à l'intérieur de cette forteresse, ses sous-sols comprennent, à côté des oubliettes, les prisons de l'Inquisition. En gravissant l'un des immenses escaliers de pierre, on accède dans des salles vastes et spacieuses. Nous voyons la cloche qui ne s'agitait que sur l'ordre du pape, nous visitons ses appartements particuliers, la chapelle où il officiait chaque jour, la galerie où il tenait ses audiences, etc.

La tour Saint-Jean est fort intéressante par les ogives de ses fenêtres et les quelques têtes qui restent seules des fresques merveilleuses attribuées à Giotto ; il paraît que des artistes peu scrupuleux détachèrent plusieurs de ces peintures exquises et les emportèrent. Les fragments qui subsistent permettent de juger de la valeur, de la force et de l'énergie de l'artiste ; avec ces débris séparés, on peut reconstituer les personnages auxquels ils appartenaient et la légende qu'ils voulaient représenter. Il paraît même que cette tour gothique fut à un moment divisée en deux parties et qu'elle abrita la machine à vapeur d'un manufacturier qui y avait installé son usine.

Sur l'énorme rocher des Doms, à côté du palais, s'élève la vieille église métropolitaine de Notre-Dame. Cet édifice appartient à l'art roman, mais les restaurations successives auxquelles il fut soumis lui donnent un aspect varié résultant de ses styles différents ; tandis qu'une partie de sa voûte est formée d'ogives, les arceaux et fenêtres latérales s'élèvent en plein cintre.

Le mausolée de Jean XXII d'une élégance et d'une délicatesse remarquables, celui de Benoit XII et le tombeau de Crillon sont autant d'œuvres importantes. Une Vierge de Pradier, un autel de marbre très ancien soutenu par cinq colonnes, ornent la chapelle de la Résurrection. Dans le sanctuaire s'élève majestueusement une chaire en marbre blanc, de style byzantin, décorée du lion de saint Marc et du bœuf de saint Luc, c'est le siège pontifical, qui, malgré les événements survenus, est resté en exil.... Quelques fresques de Simon Memmi, fort bien conservées et plusieurs toiles de Mignard achèvent de donner un cachet et une valeur artistiques à cette cathédrale.

Saint-Agricol dont la nef gothique (XIVe siècle) se distingue par sa hardiesse et sa légèreté, contient une tribune magnifique de la Renaissance; on y remarque également un autel de marbre blanc sculpté avec art, une fresque attribuée à Pierre de Cortone, une Vierge en bois de Coysevox.

Saint-Pierre, avec son architecture également gothique, présente une façade du XVIe siècle : cette église est ornée de plusieurs tableaux de Parrocel et d'une chaire en pierre blanche qui est un chef-d'œuvre de délicatesse.

L'Hôtel des Monnaies construit, dit la tradition, d'après les plans de Michel-Ange, ne fut jamais approprié à sa destination, c'est une dépendance de la mairie. Sa façade décorée d'énormes guirlandes et couronnée d'aigles et d'animaux fantastiques, est d'un effet saisissant.

L'Hôtel de Ville moderne, de style Renaissance, est construit sur l'emplacement de l'ancien, dont il reste un beffroi gothique, où les heures sont frappées par les marteaux de la famille Jacquemart.

Parmi les plus jolies promenades que la ville offre à ses habitants, la plus intéressante est certainement le jardin situé à côté du château et de la cathédrale, à l'extrémité du rocher des Doms. Parmi le feuillage et la verdure, au gazouillement des oiseaux et au susurrement des cascades, on jouit d'un coup d'œil admirable sur la ville, la plaine et le fleuve. Les ruines de Châteauneuf (villégiature d'été des papes) se dessinent sur leur roche escarpée, tandis que le fameux pont si connu, avec sa chapelle et les arches qui lui restent, apporte dans le paysage une teinte de mélancolie poétique. Il m'apparut tel un vieillard arrivé au terme du voyage, regardant tristement la vie qu'il va quitter. Depuis huit siècles, ces pierres voient s'enfuir les ondes du fleuve qui, soulevées par le mistral, deviennent parfois furieuses. Témoin de la grandeur de sa cité, il fut le lieu de réunion d'une jeunesse qui le parcourait en chantant joyeusement le refrain connu :

> Sur le pont d'Avignon
> On y danse (*bis*)
> Sur le pont d'Avignon
> On y danse tout en rond.

Je songeais au berger Bénézet qui, selon la légende, poussé par une force supérieure, parvint, malgré la faiblesse de son âge (il avait douze ans), malgré sa pauvreté et son ignorance, à jeter les assises de ces arches. Il fut canonisé plus tard et la tradition veut que ses restes soient inhumés dans la chapelle construite en son honneur, sur le pont même. Le sanctuaire existe toujours, des dix-neuf cintres d'antan, il n'en reste plus que quatre ; non loin de là s'élève un nouveau pont édifié avec toute la solidité et l'élégance des constructions modernes.

Je ne puis quitter Avignon sans parler de la fontaine de Vaucluse, dont le site merveilleux inspira si poétiquement Pétrarque, l'inoubliable chantre de Laure…. nous reprenons le train; après plusieurs petites stations, nous apercevons au loin, assise au pied d'une colline que surmonte une gigantesque statue de la Vierge, Orange, bourgade jolie et coquette. Un arc de triomphe se dessine dans la transparence de l'air, un majestueux amphithéâtre nous apparaît dans le lointain ; ce monument a conservé son élégance primitive et la solidité de ses matériaux indique sa provenance.

Aujourd'hui encore l'élite de nos artistes dramatiques vient, chaque année, sur la scène qui jadis résonna des accents de la poésie latine, nous donner l'illusion du théâtre de l'antiquité. L'édifice étant à ciel ouvert, les représentations ont lieu dans l'après-midi, devant un public d'élite.

Notre train a filé, les arcades ont disparu, l'évocation s'est enfuie ; de nouveau, nous sommes emportés dans le tourbillon, nous brûlons la petite ville de Montélimar, aujourd'hui historique et nous arrivons à Valence.

Pittoresquement située au confluent du Rhône et de l'Isère, Valence est l'une des plus anciennes villes de la Gaule. Sa cathédrale Saint-Apollinaire remonte au IIIe siècle de notre ère, détruite par les Sarrasins, elle fut réédifiée au XIe siècle dans le style roman ; l'abside, les vitraux et la colonnade à jour qui entoure le chœur sont remarquables. Le tombeau de Pie VI, ainsi qu'un mausolée Renaissance appelé Pendentif, servant de sépulture à la famille Mistral, sont très beaux et très réputés.

L'église Saint-Jean, qui date des premiers temps du christianisme, fut reconstruite plus tard, elle n'a conservé de l'époque de sa fondation que son porche et son clocher.

La Maison des Têtes (Renaissance) fort bien conservée, est très intéressante avec ses fenêtres à meneaux, surmontées de médaillons en ronde bosse, qui contiennent des figures symboliques. Valence, par sa situation, son commerce et son industrie, fut sous les Romains un centre important ; plus tard elle eut à supporter des guerres longues et dévastatrices qui l'amoindrirent, jusqu'au jour où elle vint se perdre dans le domaine de la Couronne. De sa superbe promenade du Champ de Mars, on découvre la vallée du Rhône que domine fièrement le rocher de Crussol, surmonté de ses pittoresques ruines.

Le train nous reprend, nous continuons à côtoyer le fleuve majestueux et arrivons à Vienne.

Entourée d'une ceinture de collines, cette ancienne capitale du pays des Allobroges fut jadis l'une des plus importantes cités de la Gaule : étagée en amphithéâtre sur le penchant d'une colline, cette ville est renommée au double point de vue pittoresque et archéologique.

Le temple d'Auguste et de Livie, qui date du règne de l'empereur Claude, est, avec la Maison carrée de Nîmes, le monument le mieux conservé de la période des Césars ; ses colonnes corinthiennes abritent aujourd'hui des débris de constructions romaines, retrouvés dans les environs. Ce peuple pratique avait compris le parti qu'il pourrait tirer d'une situation aussi avantageuse, il avait entouré la ville de murailles épaisses, y avait édifié des viaducs, des remparts et des temples, et pendant longtemps Vienne rivalisa avec sa puissante voisine, Lyon.

Cette dernière par son commerce, son industrie, et la facilité des communications que lui valait sa situation au confluent du Rhône et de la Saône, n'eut pas de peine à obtenir la prépondérance. Vienne la capitale descendit au second plan et laissa la primauté à son orgueilleuse sœur.

CHAPITRE XLVIII

LYON — MACON

Lyon se dispute avec Marseille le premier rang parmi les villes de France ; fièrement assise au bord de ses deux fleuves, elle se trouve groupée entre les collines de Fourvières et des Chartreux. Sa situation pittoresque, la beauté de ses environs, la disposition capricieuse des montagnes qui l'entourent, lui impriment un caractère grandiose qui frappe le touriste.

Son origine se perd dans la nuit des temps, son nom (*Longdounon*) vient de *longon* corbeau et *dounon* éminence, en voici la raison. Deux chefs ségusiens ayant été détrônés, consultèrent l'oracle qui leur conseilla de bâtir une ville sur l'éminence s'élevant au confluent du Rhône et de la Saône. Les fondations en étaient jetées, quand une multitude de corbeaux se dirigèrent de ce côté et vinrent s'abattre sur les arbres d'alentour ; l'un des deux chefs, versé dans la science des augures, donna à la future cité, en l'honneur des volatiles, le nom de *Longdounon* qui, en se simplifiant, se transforma peu à peu en celui de *Lugdunum* dont nous avons fait Lyon.

Pendant les guerres de César et de Pompée, de graves dissensions ayant surgi à Vienne, une partie des habitants de cette ville en furent expulsés, ils se réfugièrent sur les bords du Rhône et de la Saône où ils s'installèrent. Le Sénat Romain projeta alors de les allier aux Ségusiens, le consul Plaucus s'empara de la bourgade existante, il la reconstruisit, y établit les exilés, dès lors la cité était fondée.

Auguste, charmé par la beauté de son site, y installa une colonie militaire et en peu de temps, la ville nouvelle, parfaitement placée pour la navigation, s'enrichit, s'agrandit et acquit une grande importance. On y retrouve, ainsi que dans les environs, de nombreux vestiges d'aqueducs, monuments et antiquités qui témoignent de sa prospérité. Des peuplades gauloises y édifièrent un temple dédié à Rome et à Auguste, sur les ruines duquel s'élève encore aujourd'hui la vieille église d'Ainay. Mais détruite par les Sarrasins, elle fut reconstruite dans le style byzantin et consacrée par le pape Pascal II, quatre colonnes de granit qui en soutiennent la coupole datent de l'époque de sa première affectation.

La ville de Lyon occupait jadis l'espace compris entre la Croix Rousse et le confluent du Rhône et de la Saône qui se trouvait à Ainay; à la fin du xviiie siècle, un sculpteur nommé Perrache conçut le projet de reculer la jonction des deux fleuves au point où elle a lieu aujourd'hui, l'espace conquis sur ces rives porta depuis lors son nom. Vaise est le quartier industriel et commerçant, détruit en partie par l'inondation de 1840, il fut reconstruit depuis. La Croix-Rousse, faubourg habité par les ouvriers, est ainsi appelé d'une croix en pierre jaunâtre érigée sur le plateau de Saint-Sébastien, lors des processions solennelles ordonnées par le cardinal de Tournon, après la conspiration d'Amboise.

Les Brotteaux, sur la rive gauche du Rhône, datent du commencement du siècle dernier, des rues larges et alignées, formées de maisons modernes, en font l'un des plus beaux quartiers; depuis peu, une digue insubmersible le défend contre les inondations. On y trouve un grand nombre de lieux de réunion et de plaisir; les Brotteaux touchent à la Guillotière, ville populeuse et malpropre.

Les quais et les ponts de Lyon sont une de ses principales curiosités, de tous côtés ils offrent des points de vue pittoresques. Plusieurs places sont superbes et très vastes, mais la plus réputée et la plus belle est certainement la place Bellecour. Ses bassins, ses jets d'eau, ses jardins et ses arbres lui impriment une certaine majesté et il en est peu en France qui puissent rivaliser avec elle pour l'étendue et la régularité.

Le parc de la Tête d'Or, bois de Boulogne lyonnais, est la promenade la plus fréquentée, des arbres d'essence rare y projettent leur ombre et le Jardin des Plantes qui s'y trouve est très riche en collections animales et végétales.

L'église primatiale de Saint-Jean, de style gothique, date des XIIIe et XIVe siècles. Les deux tours carrées et la partie supérieure de son portail sont intéressantes, quant aux voussures de la façade, elles contiennent encore des bas-reliefs curieux. Les boiseries du chœur rapportées de Cluny, les vitraux anciens, une belle chaire en marbre blanc et les statues de saint Jean et saint Etienne en constituent les principales curiosités.

L'église Saint-Nizier, bâtie au-dessus d'une chapelle souterraine, offre un beau portail Renaissance de Philibert Delorme ; on y remarque une Vierge de Coysevox et un maître-autel en marbre de Carrare sculpté avec art et délicatesse.

Saint-Irénée renferme une crypte qui contient les tombeaux du saint de ce nom, de saint Epipode et de saint Alexandre ; une autre chapelle souterraine, située à côté de l'église d'Ainay, passe pour avoir été la prison de saint Pothin et de sainte Blandine.

Tandis que je parle des monuments religieux, je ne veux pas oublier le sanctuaire qui s'élève sur la plus haute colline de la ville et qui, érigé en l'honneur de la Vierge, devint un lieu de pèlerinage très révéré, j'ai nommé Notre-Dame de Fourvières. De style roman, cet édifice est flanqué d'une tour, dont les proportions énormes s'harmonisent mal avec son ensemble, d'une hauteur de 52 mètres, cette tour est elle-même surmontée d'une statue de la Vierge en bronze doré. L'intérieur de la chapelle est tapissé d'ex-voto apportés par les fidèles, de tous les coins de la France.

La fabrication des soieries, qui occupe le premier rang dans l'industrie lyonnaise, lui a acquis dans l'univers entier une réputation justement méritée. Des Italiens, exilés par les luttes des Guelfes et des Gibelins, importèrent à Lyon, au commencement du xve siècle, le tissage des étoffes de soie ; l'esprit inventif des ouvriers, leur activité prodigieuse et leur amour du travail donnèrent un essor ample et rapide à la nouvelle industrie. François Ier la favorisa, Henri II en promulgua les statuts, et Henri IV y participa par les nombreuses plantations de mûriers qu'il fit faire. Si Lyon est une ville industrielle, elle est aussi un grand centre commercial ; sa situation lui permet d'être la principale station du transit des marchandises qui arrivent par la Méditerranée pour être distribuées dans toute la France.

Pendant longtemps elle conserva ses coutumes, ses fêtes, ses usages qui rappelaient le Moyen Age. Le jour de la fête des Merveilles, fondée en l'honneur de saint Pothin, une imposante procession de bateaux avait lieu sur la Saône ; après cette cérémonie, de jeunes taureaux étaient jetés vivants dans la rivière, poursuivis et combattus par des hommes vigoureux qui les amenaient ensuite dans la rue Ecorchebœuf pour y être abattus.

Les joutes sur l'eau étaient fréquentes : deux bateaux conduits par des rameurs adroits passaient vivement l'un à côté de l'autre, sur chacun d'eux, un homme debout tenait une énorme lance à la main et cherchait à renverser son adversaire. Quelquefois le choc était si violent que tous deux étaient projetés à l'eau, ils recommençaient à nouveau jusqu'à ce que l'un des deux restât seul debout.

Mais le divertissement le plus répandu, le plus recherché, le plus apprécié, était assurément le jeu de boules. Les Brotteaux consistaient alors en terrains vagues qui appartenaient aux hôpitaux, on n'y rencontrait que des restaurants et des pistes de jeux. Tout Lyonnais qui se respectait venait y faire sa partie quotidienne, des paris énormes s'engageaient et des joueurs y affluaient de toutes parts, afin de se livrer à leur passe-temps favori. Aujourd'hui le Cercle a remplacé les boules ; ce jeu existe bien encore, mais il est devenu le passe-temps de la classe inférieure.

Il me faut ici dire un mot de l'esprit lyonnais, joyeux et caustique, qui, par ses lazzis et ses plaisanteries, a fait éclore le théâtre cher aux enfants, le Guignol. Oui, c'est dans cette cité que Guillaume vit le jour, mais non pas celui de Paris, fier de jouer des tours à son propriétaire ou à son concierge, aux gendarmes et à l'autorité, mais un Guillaume malicieux, satirique, aimant se livrer à des allusions et même à des critiques sur ses contemporains ou sur la politique. Le Guignol de Lyon eut une époque de splendeur, des personnages importants y furent représentés et on put un instant le considérer, à juste titre, comme une censure avec laquelle il fallait compter.

Nous quittons cette antique cité, dont le temps et les événements ont respecté la gloire ; au point de vue administratif, elle est classée parmi les préfectures de premier ordre ; au point de vue judiciaire elle possède une Cour ; au point de vue des lettres et des sciences, on y trouve des facultés et une Université de la plus haute importance et son archevêque porte le titre éminent de cardinal, Primat des Gaules.

La beauté de ses environs est connue depuis longtemps, Jean-Jacques Rousseau lui-même célébra l'aspect enchanteur des rives de la Saône. Succession de collines couvertes de bosquets, semées de villas et baignées par une onde aux flots encaissés et rapides ; le charme du site, l'abondance de la verdure, les accidents du terrain, transforment cette vallée en l'une des plus fertiles et des plus magnifiques de la France. Nous la suivons jusqu'à Mâcon.

Nous brûlons Villefranche, ville importante du Beaujolais, contrée renommée pour l'excellence de ses vins ; après de nombreux castels situés au milieu de vignobles connus, nous apercevons au loin les tours du château de Varennes, sis à quelques kilomètres de Mâcon.

De style gothique, cette demeure seigneuriale fut réparée d'après un plan primitif par son propriétaire, l'un de nos amis : l'illusion du temps passé y est si complète qu'une fois le pont-levis franchi on croit être transporté à une époque lointaine. Les meurtrières qui nous entourent, les galeries qui nous enserrent et les créneaux qui semblent encore avoir leur raison d'être, font pressentir l'apparition de quelque princesse vêtue d'hermine ou de quelque chevalier en pourpoint. Pour comble, le crépuscule hâtif en ces épaisses murailles m'imprégnait d'une enfantine terreur qu'augmentait encore la vue d'anciens portraits représentant les héros de ces lieux.

Après quelques jours consacrés dans cette demeure au charme de l'amitié, nous regagnons Mâcon.

Cette ville, ni mieux ni plus mal qu'une autre ville de province, est située à l'extrémité du département de Saône-et-Loire, dont elle est le centre administratif ; seul, un pont sur la Saône la sépare de l'arrondissement de Bourg dans l'Ain. Ses vastes quais sont favorables à l'extension de son commerce qui consiste surtout dans l'exportation de ses vins. L'église Saint-Vincent, construite au XIII° siècle, est classée comme monument historique.

On ne peut passer dans la cité Mâconnaise sans adresser une pensée à Lamartine, dont la statue s'élève majestueusement au bord de la Saône. Les paysages qu'il a décrits avec tant de grâce et de fraîcheur encadrent les châteaux de Milly et de Saint-Point où les mêmes arbres continuent à ombrager les mêmes bancs, où le lierre persiste à enlacer les mêmes murs et où la mousse envahit de plus en plus les jardins ; si le barde a disparu du moins ses chants sont restés immortels.

CHAPITRE XLIX

LA COTE-D'OR — DIJON

Nous reprenons notre route et passons à Tournus, bourgade qui, jadis sous les Romains, fut très importante, les vestiges de ses fortifications en font foi. Sa vieille église romane de Saint-Philibert (xɪᵉ siècle) est l'une des plus belles de France.

Nous continuons à remonter le cours de la Saône ; au loin nous apercevons une agglomération de maisons, tours et clochers qui forme la ville de Chalon. L'église Saint-Vincent des xɪvᵉ et xvᵉ siècles est seule intéressante ; cette cité ne possède aucun monument artistique, elle s'adonne tout entière au commerce de ses vins. Ils sont très anciennement connus, car ce fut l'empereur Probus qui le premier y importa la vigne et en fit recouvrir les coteaux environnants.

Voici Chagny, station importante où viennent se raccorder à la ligne principale toutes celles du centre.

Nous arrivons dans le vignoble bourguignon ; la chaîne de collines, que nous suivons jusqu'à Dijon et à laquelle on a donné le nom euphonique de Côte-d'Or, est recouverte de ceps qui produisent les meilleurs vins de l'univers : Montrachet, Meursault, Volnay, Pommard pour les vins blancs ; Beaune, Aloxe-Corton, Nuits-Saint-Georges, Vosne-Romanée, Clos-Vougeot, Musigny, Gevrey-Chambertin pour les vins rouges. N'est-ce pas là la gamme complète de ce liquide vermeil, parfumé et savoureux, témoin de toutes les fêtes, complice de toutes les folies, élixir divin que les poètes anciens et modernes ont toujours fêté dans des vers joyeux. Si nous en croyons même le chansonnier de Montmartre :

Rien n'égale le Chambertin !...

. . . .

La réputation de ces vins fameux date de l'époque la plus reculée ; au commencement du IVe siècle, un rhéteur romain vantait déjà ces vignes dont il disait ne pas connaître l'âge : plus tard Grégoire de Tours affirme qu'il n'y a pas de liqueur préférable.

Beaune, assise au milieu de ses vignobles exquis, renferme deux monuments anciens et artistiques : sa Cathédrale et son Hôpital. Notre-Dame, construite aux XIIe et XIIIe siècles, est surtout remarquable par son portail, véritable chef-d'œuvre de l'architecture ogivale ; les quelques toiles de l'école française du XVIIe siècle qu'on y admire, possèdent une grande valeur.

L'Hôpital, monument historique d'architecture flamande du xve siècle, est unique en France. La porte d'entrée est surmontée d'un auvent à trois arcades avec statuettes et ornements de plomb repoussé ; une mouche sculptée sur le marteau paraît tellement naturelle qu'on cherche à la saisir ou à l'éloigner. Des girouettes finement découpées surmontent les pignons élevés et une dentelure d'épis orne l'arête du toit, que domine un clocher empreint de légèreté et de grâce.

Un tryptique de grande valeur, attribué à l'école des Primitifs flamands, représente le Jugement dernier et comme pour ajouter encore à l'importance de cette merveille, de magnifiques tapisseries du xve siècle, soigneusement conservées, embellissent ces vieux murs avec la silhouette de leurs personnages et l'éclat de leur verdure.

L'Hôpital de Beaune possède une partie des meilleurs vignobles de la région qui produisent le vin dit : de l'Hospice ; tous les ans, à l'époque des vendanges, les commerçants les plus connus et les amateurs les plus fortunés, se réunissent pour en acheter la récolte ; cette vente qui établit les cours de l'année, atteint presque toujours des chiffres fabuleux.

Le beffroi (xve siècle), vestige de l'ancien hôtel de ville, est formé d'une tour carrée surmontée d'une toiture aiguë, d'une lanterne et de petits clochetons d'aspect pittoresque. La grosse cloche qu'il abrite fut rapportée du sac de Dinant.

A quelques kilomètres de Vougeot, bâtie sur un ancien camp romain, s'élève l'abbaye de Citeaux très connue jadis; fondée au xi° siècle par Robert de Molêmes, aujourd'hui elle est transformée en colonie pénitentiaire, de même qu'à Clairvaux, les criminels y ont remplacé les moines.

Nous traversons le canal de Bourgogne, puis la rivière de l'Ouche, aux eaux claires et rapides recherchées des truites; nous contournons le Parc, nous apercevons des jardins, des maisons, des faubourgs, nous atteignons Dijon.

Coquettement assise au milieu d'une plaine riante, entourée d'une ceinture de collines qui se perdent à l'horizon et arrosée par le confluent de ses deux rivières, l'Ouche et le Suzon, la Capitale bourguignonne offre un aspect pittoresque. Au loin ses tours, ses coupoles, ses flèches de toutes époques et de tous styles se confondent; ses édifices se coudoient, s'entremêlent au hasard pour se fondre en un ensemble harmonieux. Son ciel pur, sa température exquise, l'excellence de ses produits et l'esprit hospitalier de ses habitants, en font un endroit délicieux, où l'on est heureux de vivre entouré de tout le confort provincial.

Les souvenirs historiques surgissent à chaque pas, dans cette antique résidence des Seigneurs de Bourgogne, surnommés Grands-Ducs d'Occident. Puissants feudataires du royaume, leur autorité égala celle des rois de France et par leur magnificence et leur libéralité, ils firent de leur capitale l'un des centres importants du monde politique de l'époque.

A peine a-t-on traversé les quartiers nouveaux aux maisons élevées et confortables qui rappellent le caractère banal de notre temps, qu'on aime à voir surgir la vieille porte Guillaume. La rue principale (qui naguère lui empruntait son nom), avec ses magasins animés et élégants, conduit à la Place d'Armes sur laquelle s'élève restauré le Palais des Ducs ou Logis du Roi, aujourd'hui transformé en Hôtel de Ville. De l'ancienne résidence fondée au xv⁰ siècle par le duc Philippe le Hardi, il reste encore les tours de la Terrasse et de Bar ; les cuisines, quelques pièces voûtées du rez-de-chaussée et la magnifique salle des Gardes qui vit resplendir jadis les somptueux banquets pour lesquels la Cour de Bourgogne était sans rivale.

Le Musée, construit sur l'emplacement de l'ancienne chapelle, fut créé par François Devosge, fondateur de l'école des Beaux-Arts. Au début, il ne comprenait que les travaux des élèves de la ville de Dijon ayant obtenu le grand prix, ou de ceux que les Etats-Généraux de Bourgogne envoyaient à Rome, et quels élèves !... Les noms de Jean Dubois, Ramey, Rude, Mathurin Moreau surgissent en pleine lumière ; enfants de la cité bourguignonne ils font rejaillir sur elle une partie de leur gloire !... A la Révolution, Devosge profita de l'occasion qui s'offrait à lui de réunir les statues et tableaux épars dans les églises et couvents, si nombreux à Dijon ; il les recueillit, les restaura, les classa, dès lors le Musée était fondé. Depuis il s'est enrichi par de nombreux dons et acquisitions ; la galerie de peinture contient des œuvres de toutes les écoles et, grâce à la direction artistique et savante de son Conservateur actuel, homme de goût qui tient à suivre les traces de ses prédécesseurs, le Musée de Dijon est l'un des plus beaux et des plus riches de province.

On y admire les magnifiques tombeaux de Philippe le Hardi, de Jean sans Peur et de sa femme Marguerite de Bavière. Formés d'un socle et d'une table de marbre sur laquelle reposent les statues des princes, ces sarcophages furent sculptés pour la Chartreuse de Dijon (crypte funéraire des Ducs bourguignons), mais la Révolution les ayant retirés de leurs caveaux et brisés, on put, après la tourmente, grâce à l'heureuse idée que l'on avait eue d'en conserver les débris, les réunir et les reconstituer. Le plus ancien, celui de Philippe le Hardi, exécuté en 1399, fait honneur à l'artiste qui le composa, Claude Sluter. Le second, qui supporte les deux statues de Jean sans Peur et de la Duchesse, est plus ouvragé ; des figures, fleurons, feuillages s'y entrelacent alors qu'il n'en existe point dans le premier.

Philippe le Hardi fonda la Chartreuse de Champmol destinée à servir de sépulture à la famille ducale. Sise à proximité de Dijon, cette abbaye est aujourd'hui transformée en asile d'aliénés. Dans le préau on remarque un piédestal hexagone orné des statues de personnages de l'Ancien Testament, et qu'on appelle le Puits de Moïse. Les têtes de David, Jérémie, Zacharie, Daniel, Isaïe et Moïse sont merveilleuses d'expression ; parfaitement conservées, on les croirait terminées d'hier, elles sont l'œuvre du même Claude Sluter, hollandais d'origine, et qui, attaché à la Cour de Bourgogne, avait été nommé *Ymaigier du Duc*.

La ville de Dijon a toujours été favorable aux arts

et aux artistes ; ses monuments religieux et ses édifices anciens en font foi.

La Cathédrale de Saint-Bénigne (saint local qui, au commencement du christianisme, fut martyrisé à Dijon alors qu'il prêchait l'Evangile) est une ancienne dépendance de la célèbre abbaye. Reconstruite au XIIIᵉ siècle, elle fut bien remaniée depuis et de son époque primitive elle n'a conservé que le portail et la crypte. Le martyre de saint Etienne, bas-relief qui surmonte la porte principale, est l'œuvre de Bouchardon ; de nombreuses statues du même artiste, des tombeaux de plusieurs Présidents au Parlement, garnissent les murs de l'antique chapelle. C'est à Saint-Bénigne que les souverains de la Bourgogne recevaient l'anneau ducal et juraient de maintenir les privilèges de la ville, du duché et de l'abbaye. La flèche du campanile s'élevait à plus de 90 mètres de hauteur, mais les ans ayant ébranlé la base sur laquelle elle était assise, on dut l'enlever et supprimer ainsi la partie la plus élégante de son clocher.

Saint-Michel, basilique latine du XIᵉ siècle, fut modifiée à la fin du XVᵉ. Sa façade principale flanquée de deux tours couronnées de coupoles octogonales, fut exécutée en partie par Hugues Sambin, élève de Michel-Ange. Le trumeau qui partage la porte principale en deux baies est surmonté d'un cul-de-lampe admirable de délicatesse. Sous le croisillon méridional s'élève la chapelle des Trois Rois, œuvre charmante de la Renaissance ; quant à son clocher qui devait s'élever au point d'intersection du chœur et de la nef, il ne fut jamais achevé. De nombreux cénotaphes enrichissent ses murs, tant au point de vue historique qu'au point de vue architectural ; ces vestiges de l'art religieux proviennent de la plus ancienne église de Dijon, Saint-Etienne, qui, ayant été désaffectée, fut convertie en halle au blé. Quant à celle de Saint-Philibert, qu'une élégante flèche de pierre surmontait, elle sert aujourd'hui de magasin à fourrage.

Notre-Dame occupe l'emplacement d'une ancienne chapelle placée sous le vocable de Notre-Dame du Marché ; elle contenait une statue de la Vierge à laquelle on attribuait une vertu miraculeuse. D'après Viollet-le-Duc, cette église est le type le plus complet de l'architecture bourguignonne du xiiie siècle ; de tout temps elle a attiré l'attention des connaisseurs et dans les cours d'architecture, elle est citée comme un chef-d'œuvre. Son portail gracieux orné de colonnettes, malheureusement veuves de leurs statues, ses voûtes et son abside sont des merveilles d'élégance et de légèreté. A l'intérieur on remarque le groupe de l'Assomption du sculpteur dijonnais Jean Dubois.

Sur le flanc méridional de sa façade s'élève un campanile dans lequel fut placée au xive siècle l'horloge rapportée de Courtray par Philippe le Hardi. Cette pièce automatique, que les Flamands prétendaient être la plus parfaite qu'on eût jamais vue, est attribuée à un mécanicien des Flandres appelé Jacques Marck, de là le nom de Jacquemart donné aux personnages qui frappent les heures et qui, par extension, s'applique à l'horloge elle-même.

L'église Saint-Jean, spécimen du style ogival fleuri, est l'une des plus anciennes de Dijon ; du temps de Grégoire de Tours, on l'appelait Basilique Hors les Murs ; en voici probablement la raison. A son origine, la bourgade dijonnaise consista dans quelques maisons de plaisance, bâties par de riches Gaulois en ce site délicieux, arrosé de belles fontaines chantées par les poètes. La tradition attribue dès cette époque à Marc-Aurèle l'établissement d'un camp, Castrum Divionense, qui, au siècle suivant, fut agrandi par Aurélien. Les évêques de Langres firent de ce lieu leur résidence de prédilection ; ils y élevèrent un château et une chapelle qu'ils dédièrent à saint Jean et qu'ils choisirent pour leur sépulture. Plus tard ils l'érigèrent en église, l'embellirent, l'agrandirent de façon telle qu'elle dut franchir la limite de l'enceinte primitive du Castrum Divionense et s'étendre hors les murs. Au commencement du siècle dernier l'abside de Saint-Jean fut coupée pour élargir la place de ce nom, ses deux tours furent respectées.

Le Palais de Justice, où se tenaient les séances de l'ancien Parlement de Bourgogne, se compose de plusieurs monuments anciens et modernes, qui successivement changèrent de destination et de forme. A l'extérieur, quelques fragments de vieux murs, de pilastres et de colonnes restent du portail principal. Commencé sous Henri II et achevé sous Charles IX, ce portique était décoré d'arabesques, croisillons et statues du plus joli effet, la plupart de ces ornements ont disparu ; il ne reste plus rien ni de ces sculptures, ni des lions de marbre qui gardaient jadis les escaliers.

A l'intérieur deux grandes salles ont conservé leur aspect primitif ; celle des Procureurs (Henri II) est remarquable par la hardiesse et l'élégance de sa voûte ogivale, ainsi que par la chapelle construite dans le mur du fond, où se célébrait la messe dite du Saint-Esprit.

La seconde, bâtie sous Louis XII, est aujourd'hui la salle des assises ; son plafond divisé en caissons, enrichi de dorures et d'ornements délicats, ses lambris recouverts de sujets allégoriques surmontés des armes de Louis XII et d'Anne de Bretagne, lui impriment un aspect grandiose et imposant, en complète harmonie avec la majesté de l'hermine et la toge du magistrat.

De cette ville, que la saveur de ses produits rend précieuse aux amateurs de bonne chère, il ne faut pas oublier l'une des promenades réputée, à laquelle une triple rangée d'arbres vous conduit : Le Parc commencé par Henri II de Bourbon, père du Grand Condé et achevé d'après les dessins de Le Nôtre, par ce prince lui-même quand il devint gouverneur de la Bourgogne, se compose de massifs, de grands arbres, de pelouses, artistiquement disposés sur les bords gracieux de l'Ouche. Et l'on est heureux de se reposer un instant sous la fraîcheur et la verdure de ces ombrages, au bruit de l'eau qui s'enfuit et de l'heure qui s'envole.

CHAPITRE L

LA BOURGOGNE — SENS

Ne nous attardons pas dans ces murs qui virent naître tant de personnages célèbres ; quittons la patrie de Crébillon, Piron, Bossuet, Rameau, etc. et reprenons notre train. Nous apercevons perchés sur leurs collines les deux bourgs de Talant et Fontaine, villages riants, qui pendant l'invasion allemande furent le théâtre de combats sanglants et acharnés. Le canon tonna, les obus éclatèrent, le sang jaillit et de nombreux prisonniers furent emmenés jusque dans les forteresses les plus éloignées de l'Allemagne.

Voici la petite bourgade de Plombières baignée par les méandres capricieux de sa rivière ; elle est le but de parties champêtres et d'agréables promenades. Après des tranchées, des tunnels, des remblais, nous brûlons Velars, station sinistrement connue par le déraillement survenu il y a quelques années, qui coûta la vie à plusieurs voyageurs et en blessa un grand nombre d'autres.

Sur la hauteur, nous voyons au loin les ruines du château de Mâlain ; un peu avant Blaisy nous arrivons à la ligne de partage des eaux, nous quittons le bassin du Rhône pour entrer dans celui de la Seine. Le train marche toujours, nous apercevons Flavigny connu pour son ancienne abbaye et son église gothique décorée de beaux vitraux. Les Laumes, village à quelques kilomètres duquel s'élève le château de Bussy-Rabutin, célèbre par le séjour de la marquise de Sévigné.

Au loin, dominant les alentours, se dresse sur sa montagne, la statue colossale de Vercingétorix, nous sommes à Alise-Sainte-Reine ; sur ce plateau était situé le camp que défendit si courageusement l'héroïque chef gaulois... Ce fut sous les rayons d'un soleil couchant que j'aperçus ce point disparaissant rapidement dans la brume, je rendis hommage une fois de plus à la vaillance du capitaine, dont le nom est devenu synonyme de patriotisme.

Nous arrivons à Montbard, j'envoie un souvenir au célèbre naturaliste Buffon né dans les murs de cette petite ville ; j'en aperçois le donjon, débris d'un des nombreux châteaux des ducs de Bourgogne, puis nous atteignons la vallée de l'Armançon, le département de l'Yonne. Nuits-sous-Ravières (qui de son enceinte fortifiée n'a conservé qu'une porte défendue par un pont-levis), Ancy-le-Franc (dont le château construit au XVIe siècle sur les plans du Primatice, renferme des fresques et des boiseries remarquables), passent devant nous comme des vues cinématographiques.

Des maisons plus élevées, des toits plus élégants, des clochers plus nombreux indiquent une ville, c'est Tonnerre ; bâtie sur le versant d'une colline, elle domine la vallée de l'Armançon. Une source qui jaillit à la base de ce côteau et qui va se jeter à deux cents mètres de là dans la rivière, se nomme la fosse Dionne ; la profondeur en est telle qu'on croirait de l'encre et l'orifice de ce bassin paraît être l'entrée d'un épouvantable gouffre. Si j'en parle ainsi, c'est que l'impression de frayeur que dès ma première jeunesse, je rapportai de cet endroit, est toujours présente à ma mémoire et qu'aujourd'hui encore le mot de gouffre se trouve lié pour moi à l'aspect de ce sombre lieu. Telle est l'intensité des images de l'enfance, qu'elles s'impriment dans le cerveau et y restent à jamais gravées. Il en est de même du Calvaire que possède cette ville, les attitudes effrayantes des personnages qui le composent sont restées tellement vivaces en mon souvenir qu'à présent encore je les vois et qu'elles me personnifient la trahison, la souffrance et la douleur.

Les églises Notre-Dame et Saint-Pierre, fondées ou reconstruites au xvi° siècle, n'offrent rien de bien remarquable ; seul l'hôpital renferme une ancienne salle des malades, de style ogival, bâtie au xiii° siècle par Marguerite de Bourgogne, veuve de Charles d'Anjou, frère de saint Louis. La ville de Tonnerre renferme le mausolée de cette princesse, ainsi que celui de Louvois.

Le pays est riant et fertile, c'en est fait des vignes, ce sont des plaines arrosées par les sinuosités d'une rivière dont les bords sont ombragés d'arbres magnifiques. Des bosquets, des bois, alternent avec les carrés jaunes et verts des céréales et des prairies, dont la monotonie est interrompue par de coquets villages. Flogny situé sur l'Armançon et le canal de Bourgogne, Saint-Florentin à quelques kilomètres de la gare, respirent la propreté et l'aisance, cette dernière station est la tête de ligne qui relie le Paris-Lyon à l'Est; son église est connue pour ses portails enrichis de sculptures, ses vitraux anciens et son jubé Renaissance.

Arrêt à Laroche, ce hameau dépendant de la commune de Saint-Cydroine, situé au confluent de l'Yonne et de l'Armançon, ne doit son importance qu'à ses embranchements sur Auxerre et sur Nevers. Nous nous éloignons du canal de Bourgogne et franchissons l'Yonne sur un très beau pont; la ville de Joigny, coquettement assise sur les flancs de la côte Saint-Jacques, nous apparait comme un nid entouré de verdure et de fleurs.

Nous brûlons Saint-Julien-du-Sault, où l'église est remarquable par son porche ogival, son abside et ses chapelles du XIIIe siècle. Villeneuve-sur-Yonne, dont le large pont relie la ville au faubourg Saint-Laurent, possède l'une des plus belles églises du département de l'Yonne; deux portails latéraux datent du XIIIe siècle et sur l'une de ces portes s'élève une haute tour carrée de grande allure. La façade principale, du XVIe siècle et de beaux vitraux

Renaissance en constituent la rareté et la richesse.

Nous poursuivons notre route et voyons surgir, au milieu d'une plaine étendue, les tours de la ville de Sens, sa basilique, ses clochers, ses flèches, ses maisons. L'ancienne capitale des Sénones renferme des monuments remarquables. Sa cathédrale de style gothique, dominée par deux tours inégales surnommées l'une la tour de plomb, l'autre la tour de pierre, fut fondée au xe siècle et rebâtie par Philippe-Auguste, sous le vocable de Saint-Étienne. Les sculptures de sa façade, ses piliers, ses colonnes, ses clochetons et son campanile, sont intéressants au double point de vue de l'art et de l'archéologie. Une verrière magnifique, une rosace lumineuse et des vitraux attribués à Jean Cousin, font l'admiration des connaisseurs.

Dans l'une des chapelles s'élève le mausolée en marbre blanc du fils de Louis XV et de la Dauphine sa femme ; deux statues agenouillées, de l'archevêque Jacques Duperron et de son neveu Jean sont superbes de vérité et d'exécution. Mais la richesse de ce sanctuaire consiste surtout dans son Trésor qui est l'un des plus importants qui existent. Il renferme des tapisseries anciennes d'un prix inestimable et parfaitement conservées ; le manteau du sacre de Charles X, les ornements sacerdotaux de Thomas Becket, différents autographes de saint Paul et de saint François de Sales. C'est sous les voûtes majestueuses de cette basilique que se célébra le mariage de Saint Louis et de Marguerite de Provence. Sur son anneau nuptial le roi fit, paraît-il, graver ces trois mots : Dieu, France,

Marguerite ; en le montrant il disait: « Hors cet annel, il n'est point d'amour. » Bel exemple, que la majorité des époux n'imitent pas toujours...

Tout près de Saint-Étienne s'étend le bâtiment de l'Officialité ; construit sous saint Louis, il se compose d'un sous-sol, d'un rez-de-chaussée qu'occupaient autrefois le tribunal et les prisons et d'un étage qui contenait la salle synodale. Aujourd'hui ce monument, transformé en musée, abrite les nombreux débris de la cathédrale, ainsi que les objets retrouvés dans les fouilles auxquelles on procéda dans les environs.

L'archevêché date du xvie siècle, il est relié à l'Officialité par une construction dont on remarque le portail latéral, de grandes fenêtres, le puits, et une baie d'escalier gothique et Renaissance.

L'église Saint-Maurice, construite du xiie au xvie siècle, est remarquable par ses deux absides latérales. L'antique sanctuaire de Saint-Savinien, classé comme monument historique, date, ainsi que sa crypte, du xie siècle.

Nous quittons l'antique Cité et, nous voyons peu à peu s'estomper puis s'effacer complètement le profil de sa basilique. Nous passons sous une double rangée d'arcades superposées de l'aqueduc qui amène les eaux de la Vanne à Paris, dans les réservoirs de Montsouris ; plus de cent kilomètres nous séparent encore de la Capitale, nous sommes à Pont-sur-Yonne. Jolie bourgade sise sur les bords de la rivière qui lui donne son nom, et remarquable par son église ogivale surmontée d'une tour. La statue de la Vierge qui en orne le portail principal date du xiie siècle.

Nous arrivons à Montereau, bourg agréablement situé au confluent de l'Yonne et de la Seine, jonction qui explique l'utilité de ses deux ponts; ce fut sur celui qui traverse l'Yonne qu'eut lieu l'assassinat de Jean sans Peur par Tanneguy Duchâtel, émissaire du Dauphin. En 1814, Napoléon, après un combat acharné, enleva cette ville aux troupes wurtembergeoises qui s'en étaient emparées.

Puis Moret, cité ancienne, jadis entourée de fortifications élevées par le roi Charles VII. Du vieux château, il ne reste plus que les débris d'un donjon du xiie siècle; plusieurs maisons en bois sculpté de la Renaissance sont fort bien conservées. Les environs de cette petite ville offrent des promenades pittoresques et fort agréables; c'est là qu'a lieu la bifurcation des lignes de Bourgogne et du Nivernais.

CHAPITRE LI

FONTAINEBLEAU — MELUN

THOMERY est le centre de la culture du raisin connu sous le nom de chasselas de Fontainebleau, sur tout son coteau s'étendent des murs recouverts d'espaliers exposés au midi ; cette production et ce commerce ont pris une extension considérable. Ce nom de chasselas me remémore une petite anecdote que les habitués des jeux de mots attribuent à Napoléon. Un jour que l'empereur, hésitant entre son amour pour Joséphine et son désir de fonder une dynastie, songeait au moyen d'atteindre ce but, une voix aigrelette et incisive se mit à crier Chasselas de Fontainebleau (Chasse-la de Fontainebleau)... Furieux de ce cri perçant qui répondait si bien à ses intentions les plus secrètes, le maître fit taire ce malheureux qui n'avait pas cru, en clamant sa marchandise, se trouver en si parfaite communion d'idées avec César !

Dans les environs se trouve le bois de By, que Rosa Bonheur choisit comme retraite et où elle composa ses œuvres si justement renommées.

Nous atteignons la station d'Avon qu'un tramway de quelques kilomètres relie à Fontainebleau, ville connue surtout par son château et l'admirable forêt qui l'entoure.

Cette résidence royale est d'une origine ancienne et presque tous les souverains travaillèrent et contribuèrent à son embellissement. Aussi ce palais formé d'une réunion de bâtiments construits à différentes époques se ressent-il de ces variations successives ; imposant par ses dimensions, il est confus par sa disposition générale et disparate dans son architecture. Du temps de Louis VII qui l'habita, c'était déjà un manoir féodal que Philippe-Auguste et Louis IX fréquentèrent surtout à l'époque des chasses et où Charles V créa une bibliothèque réputée pour le nombre et la valeur de ses manuscrits.

Jusqu'à François Ier, le château royal resta abandonné ; mais ce prince, ami des arts, ayant attiré à sa Cour les artistes les plus célèbres de l'Italie : le Rosso, le Primatice, Benvenuto Cellini, résolut de transformer cette ancienne demeure, en un palais digne de la royauté. Le manoir fut démoli à l'exception du pavillon de saint Louis et de nouvelles constructions furent édifiées sur un plan plus vaste. Les travaux, continués sous les Valois, furent repris par Henri IV qui augmenta l'étendue des bâtiments et des jardins, il fit édifier la galerie de Diane, la cour des Offices, la porte Dauphine.

Louis XIII, qui y naquit, construisit la cour du Cheval Blanc à laquelle on donna plus tard le nom de Cour des Adieux en mémoire de Napoléon Ier qui, au moment de son abdication, y avait adressé des paroles émues à son armée. Louis XIV confia l'agencement des jardins à Le Nôtre qui sut les disposer avec art et symétrie ; sous Louis XVI les petits appartements furent transformés et décorés à neuf, enfin sous Napoléon le palais fut remanié complètement. Des millions furent dépensés pour cette restauration et le renouvellement du mobilier, pillé pendant la Révolution ; l'Empereur fit de cette résidence sa demeure favorite.

La salle du Conseil ornée de peintures de Boucher et de meubles de Beauvais, les appartements des chasses, avec leurs tableaux représentant des scènes cynégétiques du temps de Louis XV, le salon de François Ier tendu de tapisseries des Gobelins, la galerie de Saint-Louis qui contient la statue équestre de Henri IV et la galerie de Henri II ou salle des Fêtes avec ses compositions mythologiques d'après le Primatice, sont très intéressants au point de vue artistique et fort bien conservés.

Une enceinte de trois jardins entoure le château ; d'abord le parterre, puis le jardin anglais et enfin celui du Roi ou l'Orangerie. Un étang magnifique y déploie ses ondes tranquilles agitées seulement de temps à autre par d'énormes carpes qui s'amusent à pourchasser les insectes et les libellules se mirant dans l'eau. La tradition veut que quelques-uns de ces poissons dorés mis dans ces bassins par François Ier lui-même soient encore existants.

Le Parc s'étend bien au delà du parterre ; un très beau canal le divise en deux parties égales. Deux rampes y donnent accès, entre lesquelles furent aménagés un château d'eau et de nombreuses cascades. Les grappes de la treille du Roi de France y acquièrent une saveur justement appréciée.

Dans cette verdure, sous les rameaux d'arbres centenaires, on aime à songer et à rêver ; l'imagination vagabonde retourne en arrière, reconstitue les scènes historiques dont ces lieux furent témoins. Que de pieds mignons et élégants foulèrent ces allées, que de traines de brocart et de velours effleurèrent ces gazons !..... Notre époque égalitaire a fait disparaître les races privilégiées, le cadre seul de leurs demeures est resté.

François Ier reçut dans ce palais Charles-Quint, Catherine de Médicis y déploya le faste italien de sa Cour, Christine de Suède y fit assassiner son favori Monaldeschi, Condé y mourut, Pie VII y fut retenu prisonnier et Louis-Philippe y maria son fils aîné avec la princesse Hélène de Mecklembourg dont l'union fut si tragiquement dénouée.

La Forêt, l'une des plus belles des environs de Paris, offre à ses visiteurs avec de superbes promenades une quantité de routes et sentiers qui permettent de la parcourir en tous sens avec facilité. On y admire de nombreux rochers, d'énormes blocs de grès qui se détachent pittoresquement sur les talus escarpés des collines ; en certains endroits ils forment des gorges étroites et profondes dont l'aspect imposant et sauvage surprend en un lieu si rapproché de la Capitale.

La voie ferrée traverse une partie de ces ombrages séculaires, où se blottissent, enfouis dans la poésie et la verdure, des cottages, des hameaux, des bourgades. La jolie campagne de Barbizon, colonie de peintres paysagistes, se trouve sur sa lisière, la beauté de son site a inspiré à Millet ce charme qu'il a si bien rendu dans son « Angelus ».

A quelques kilomètres s'élève le fameux château de Vaux-le-Vicomte, où Fouquet par le faste de ses réceptions eut l'imprudence d'éblouir Louis XIV; le parc fut dessiné par Le Nôtre.

En continuant toujours nous retrouvons la Seine, et arrivons à Melun. D'origine très ancienne, cette ville, que César mentionne dans ses Commentaires, fut primitivement construite dans une île, où fut érigée l'église Notre-Dame; dominée par deux tours cette basilique remonte au XIe siècle.

Saint-Aspais (XVe siècle), de style gothique, possède de beaux vitraux et une flèche élancée d'un gracieux effet; tout à côté de ce sanctuaire se trouve la maison où naquit Jacques Amyot, traducteur de Plutarque.

Une tour carrée ornée d'une horloge et surmontée d'un clocher, est le seul vestige qui reste de l'ancienne église Saint-Barthélemy.

En quittant la ville de Melun, nous franchissons la Seine et atteignons Lieusaint, village situé à l'extrémité de la forêt de Sénart, aussi connue que celle de Bondy, par les brigands qui l'infestaient jadis.

Nous laissons alors le plateau de la Brie pour

atteindre la coquette vallée de l'Yères, ce ne sont, sur les bords sinueux de cette jolie rivière, que villas et châteaux assis dans la verdure, à l'ombre des grands arbres. On sent l'élégance d'une nature, cultivée, soumise au caprice de propriétaires fortunés, ne lui demandant que beauté et agrément.

Brunoy nous apparait avec les ruines de l'ancien château des ducs de la Rochefoucauld, puis Montgeron avec ses coquettes propriétés où se réunissent en famille les commerçants et employés de Paris qui viennent y jouir des quelques instants de repos que leur laissent leurs occupations. Nous franchissons l'Yères, puis la Seine sur un pont suspendu ; nous apercevons une agglomération de villas, le château de Beauregard ; nous atteignons Villeneuve-Saint-Georges, Maisons-Alfort dont le nom évoque son école vétérinaire rivalisant avec celles de Lyon et Toulouse.

Nous traversons la Marne, très large à l'endroit de son confluent avec la Seine ; au loin nous apercevons le fort de Charenton, les clôtures du parc de l'asile d'aliénés. Nous franchissons les fortifications, le chemin de fer de ceinture ; nous nous égarons dans une quantité de hangars, halls, voies de garage, locomotives sous pression, wagons de marchandises, notre train ralentit sa marche, des coups de sifflet stridents déchirent l'air, nous stoppons, nous descendons, nous revoyons Paris !

CHAPITRE LII

RETOUR — CONCLUSION

Après un mois d'absence nous rentrions dans la Capitale de la France et du monde entier ; nous allions retrouver ce bruit, cette circulation, ce mouvement qui sont le propre des moindres artères de la grande ville. Aussi fûmes-nous pleinement heureux de revoir nos boulevards, nos avenues, nos maisons, de reprendre possession de notre demeure où quantité d'objets familiers nous semblèrent d'autant plus indispensables que nous en avions été privés depuis plus longtemps.

Après quelque repos, je retrouvai ces notes prises en cours de route, je les relus et j'éprouvai un certain plaisir à me remémorer les principaux épisodes de notre voyage. Ce sont ces pétales de roses, détachés de leur tige, que je vous demande, chers Lecteurs, de vouloir bien accepter ; malgré le temps passé dans mes cartons, puissent-ils avoir conservé leur parfum et vous communiquer une partie de leur charme primitif...

Comme toujours, en peu d'années, de nombreux événements sont venus modifier quelques points de mon récit. Le Roi Humbert a disparu ; la Chaire de Saint-Pierre est passée en des mains moins habiles que celles de Léon XIII ; ce joyau des temps anciens, le Campanile de Venise n'existe plus. Le célèbre critique d'art et le Directeur de la Villa Médicis, rencontrés à Florence et à Rome, sont décédés, le premier dans l'épanouissement de son talent, le second après avoir suivi glorieusement le cours d'une longue carrière.

L'Italie possède les mêmes origines, les mêmes sentiments, les mêmes aspirations que nous, sous un ciel plus pur et sous les rayons d'un soleil plus radieux ; aussi ne pouvons-nous parcourir le pays latin sans y rencontrer des affinités de race, de poésie et d'art qu'il est bien difficile de voir éclore, avec la même intensité, dans une autre contrée.

Entre toutes les villes parcourues, quatre par leur originalité et leur caractère particulier m'ont laissé l'empreinte la plus profonde : Venise ne représente-t-elle pas la Poésie, Florence l'Art, Rome l'Histoire et Naples la Beauté ? Mais le spectacle qui m'impressionna le plus, fut le Vésuve ; rien ne peut rendre la grandeur et la majesté qu'offre la vue du monstre en furie…

Italie ! terre féconde en souvenirs, foyer de l'art et de la civilisation, quelle impression profonde et inoubliable, ne laisses-tu pas au cœur des privilégiés, qui ont le bonheur de fouler ton sol historique et d'admirer ton ciel d'azur !

Je te salue, ô terre antique d'Ausonie,
Reine par tes Césars, Reine par ton génie,
Par tes puissantes lois, par l'éclat sans pareil
De tes brillants palais que dore ton soleil.

O superbe Italie où le marbre respire,
Où d'immortels pinceaux se joignent à la lyre
Pour exalter ton peuple et chanter ton pouvoir,
Ma voix te dit « Adieu ». Mon cœur pense : « Au revoir ! »

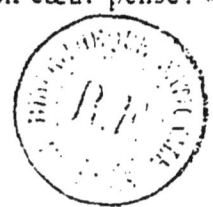

TABLE

Chap. I.	— Région de l'Est	1
II.	— Suisse	8
III.	— Savoie	12
IV.	— Turin	17
V.	— Milan	22
VI.	— Vérone et Padoue	32
VII.	— Venise	35
VIII.	— Ferrare et Bologne	48
IX.	— Florence	53
X.	— Florence (*suite*)	70
XI.	— Florence (*suite*)	79
XII.	— De Florence à Rome	93
XIII.	— Rome. Le Capitole	98
XIV.	— Le Forum	107
XV.	— Le Palatin	112
XVI.	— Le Colisée	118
XVII.	— Les Thermes. Arcs de triomphe de Titus, Septime-Sévère, Constantin. Temple des Vestales	124

TABLE

XVIII	— Le Panthéon. Fin du Paganisme. Commencement du Christianisme.	130
XIX.	— Les Catacombes	137
XX.	— Les Eglises. Saint-Jean-de-Latran, Sainte-Marie-Majeure	150
XXII.	— Eglises (suite). Sainte-Marie-Majeure, Saint-Laurent, Saint-Pierre-aux-Liens, Saint-Paul hors-les-Murs.	154
XXIII.	— Pont et fort Saint-Ange. Place Saint-Pierre	158
XXIV.	— Le Vatican	163
XXV.	— Le Pape	172
XXVI.	— Rome nouvelle. Le Quirinal. Villa Médicis.	177
XXVII.	— La campagne romaine. De Rome à Naples.	183
XXVIII.	— Naples.	188
XXIX.	— Musée de Naples	195
XXX.	— Naples moderne. L'aquarium. Le palais de la reine Jeanne. Le port.	202
XXXI.	— Les églises de Naples	210
XXXII.	— De Naples à Pompéï.	215
XXXIII.	— Pompéï	220
XXXIV.	— Maisons célèbres. Temples. Allée des Tombeaux.	228
XXXV.	— Le Vésuve	239
XXXVI.	— Départ de Naples. Retour en Toscane	245
XXXVII.	— Sienne.	251
XXXVIII.	— Pise.	261
XXXIX.	— Pise (suite)	268
XL.	— Livourne. Corniche. Gênes	274
XLI.	— Gênes (suite). La Corniche.	281
XLII.	— Monaco	288
XLIII.	— Nice	294
XLIV.	— Toulon	301
XLV.	— Marseille.	307
XLVI.	— Arles	313

TABLE

XLVII. — Avignon. Valence	. . . .	320
XLVIII. — Lyon. Mâcon	. . . .	328
XLIX. — La Côte-d'Or. Dijon.	. . . .	336
L. — La Bourgogne. Sens.	. . . .	346
LI. — Fontainebleau. Melun	. . . .	353
LII. — Retour. — Conclusion	. . . .	359

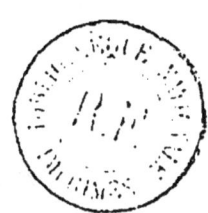

ACHEVÉ D'IMPRIMER

LE CINQ JANVIER MIL NEUF CENT NEUF

SUR LES PRESSES DE

DARANTIERE, IMPRIMEUR

A DIJON

www.ingramcontent.com/pod-product-compliance
Lightning Source LLC
Chambersburg PA
CBHW060057190426
43202CB00030B/1878